图1　户外一角

图2　科学探索厅

图3　空中花园

图4　花草墙

图5　水系游戏区

图6　齿轮转动墙面

图7　科学环保厅

图8　电学、力学、声学、视觉
　　　成像、磁性玩具

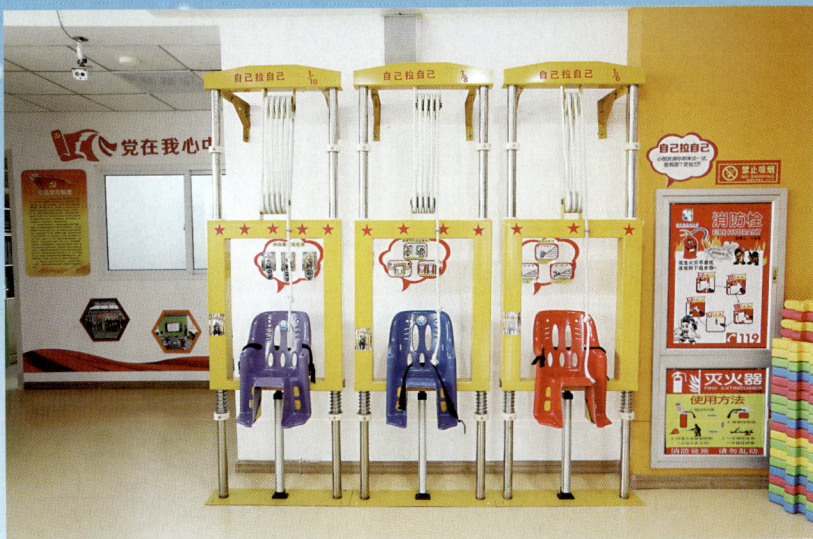

图9 "自己拉自己"玩具

图10 楼道拐角

图11 参观"农业嘉年华"

图12　参观未来科学城大桥

图13　参观中国航空博物馆

图14　户外攀爬玩具

北京市教育科学"十三五"规划2016年度单位资助校本研究专项课题成果

幼儿园主题式科学探究课程

北京市昌平实验幼儿园
Beijing Changping District Experimental Kindergarten

王凤新　主编

中国农业出版社
农村读物出版社
北　京

图书在版编目（CIP）数据

幼儿园主题式科学探究课程 / 王凤新主编. —北京：
中国农业出版社，2020.6
ISBN 978-7-109-26547-9

Ⅰ.①幼… Ⅱ.①王… Ⅲ.①科学知识－教学研究－
学前教育 Ⅳ.①G613.3

中国版本图书馆 CIP 数据核字（2020）第 012215 号

中国农业出版社出版
地址：北京市朝阳区麦子店街 18 号楼
邮编：100125
责任编辑：孙利平
版式设计：杨 婧 责任校对：吴丽婷
印刷：中农印务有限公司
版次：2020 年 6 月第 1 版
印次：2020 年 6 月北京第 1 次印刷
发行：新华书店北京发行所
开本：889mm×1194mm 1/16
印张：11 插页：2
字数：372 千字
定价：58.00 元

编 委 会

序 一

　　2001年教育部颁布了《幼儿园教育指导纲要（试行）》（以下简称《纲要》），将"科学"正式列入幼儿教育领域，幼儿科学教育开始在幼儿的认知发展及创新意识培养中担负起重要的职责。2012年教育部出台了《3～6岁儿童学习与发展指南》（以下简称《指南》），其中明确指出："幼儿科学学习的核心是激发探究兴趣，体验探究过程，发展初步的探究能力。"幼儿科学教育作为全民科学教育体系的起始阶段和基础环节，对幼儿思维发展及社会进步起着举足轻重的作用。

　　关键经验（PCK）是近年来学前教育理论研究中备受重视的概念，是连接《指南》与幼儿园教育实践的桥梁。所谓关键经验，是指儿童在所处年龄段应有的、必要的经验，它们在很大程度上决定了教育的内容，既包括知识，也包括知识的运用，具有教育目标的属性，对于选择课程内容和评估儿童发展具有直接的指导意义。基于核心经验（本书核心经验即为关键经验）开展主题式科学探究课程有助于幼儿园课程的发展，有利于厘清和突显幼儿园科学领域课程自身的规律和方法，更有利于教师将发展目标、课程内容、评估指标紧密联系在一起，促进科学领域课程向纵深发展；同时它还可以作为整合的突破口，实现各领域内在经验的前后联系和不同领域之间经验的相互联系，达到课程的深层融合。

　　本书为北京市教育科学"十三五"规划2016年度单位资助校本研究专项课题的研究成果，课题在北京市昌平实验幼儿园开展实施。为提升幼儿科学探究能力，幼儿园充分利用周边的科学环境优势，依据科学领域核心经验，开展主题式科学探究活动，从而帮助幼儿在探究中学习，在探究中提升学习能力。

　　在主题式科学探究课程中嵌入科学领域关键经验，捕捉幼儿关键经验的发展机会，围绕关键经验创设课程相关物质环境、心理环境是本书的创新特色和研究突破，为教师开展科学领域课程教学提供了理论和实践参考。与此同时，通过科学探究主题课程的实施，融合艺术、语言、社会、健康领域的内容，为课程整合提供了立足点，从而促进了幼儿的全面发展。

本书是关键经验与学前领域科学课程有效结合的成功案例，从创新的视角制订课程目标、课程内容；从幼儿的视角，评价课程的实施效果，为后续基于核心经验的课程开展提供了宝贵的经验。希望广大读者能够从本书中有所收获，有所思考，共同为学前领域科学探究课程的发展提出宝贵的建议。

北京师范大学教授　霍力岩

2019 年 12 月

序 二

习近平总书记在党的十九大报告中提出："建设教育强国是中华民族伟大复兴的基础工程，必须把教育事业放在优先位置，深化教育改革，加快教育现代化，办好人民满意的教育。要全面贯彻党的教育方针，落实立德树人的根本任务，发展素质教育，推进教育公平，培养德、智、体、美全面发展的社会主义建设者和接班人。"习近平总书记特别谈到了素质教育，而科学教育作为素质教育分支的一门综合学科，可以说它教授的除了一般科学知识外，还有科学的态度与实验探究的精神，这些教学内涵都是素质教育不可缺少的重要组成部分。我们可以简单地理解为科学教育是素质教育发展中的一个基础环节和基础部分，受到了国家、教育部高度重视。

科学课程为什么会受到国家、教育部的重视？它是一门怎样的学科呢？

科学能解决幼儿感兴趣的问题，科学能培养幼儿的科学素养，科学能使幼儿将学到的知识与其他学科联系起来。幼儿学习科学是认识世界的方式之一，是启蒙智慧人生的一把金钥匙。《纲要》中明确指出："幼儿园的科学教育课程是科学启蒙教育，主要是激发幼儿的认知兴趣和探究欲望，推动幼儿学习科学的内在动力，对其终身发展具有重要的作用；它又是一门实践课程，探究活动是幼儿学习科学的重要方式，孩子们亲身经历动手、动脑的实践活动，了解科学探究的具体方法和技能，理解基本的科学知识，积累认知世界的经验，同时也学会了同伴间的尊重、交流与合作；它还是一门幼儿园教育的综合课程，幼儿通过对科学现象的感知与体验、动手动脑、相互合作，将科学与社会实践相结合，增强记忆力、理解力和探索、创造的能力，从而促进自身科学探究能力全面发展。

北京市昌平实验幼儿园是一所成立七年之久的科学特色幼儿园。王凤新园长从事学前教育工作二十五年，她热爱幼儿教育事业，爱孩子、爱老师，对工作有着无限的追求，并积累了丰富的幼儿科学教育经验。在"十三五"开局之年，她带领团队申请并获得立项北京市教育科学规划课题"基于学前儿童核心经验的主题式科学探究课程开发与实践研究"及中国智慧工程研究会教育科学"十三五"规划重点课题、子课题"科学创新幼儿体操的研究与实践"。在课题研究中，她认真学习、理解科学教育创新的内涵，注重幼儿科学发展的特征，尊重幼儿各年龄段的生长发育规律，尊重幼儿的认知特点，尊重幼儿的动作能力，特别是在设定幼儿认知目标上有了科学的定位。她带领团队深入教研，将幼儿科学探究学习融入到生活化、常态化的课程体系中，呈现出富有科学特色的幼儿园主题式科学探究课程。

为了适应我国当前学前教育改革的需求，满足各种类型幼儿园科学教育课程的需要，给幼儿园教师提供新的幼儿园主题式科学探究课程的新教育理念和方法，北京市昌平实验幼儿园在王凤新园长的引领下，组织全园教师依据《纲要》《指南》的精神和要求，历经三年的科学实践，创新研发出这套幼儿园主题式科学探究课程。本书最大的特点是理论联系实际，以幼儿为主体，将多年来科学探究实践的成果进行了梳理与展示，突出了幼儿科学探究的重点与过程，强调幼儿亲身经历、探究和发现的过程，强调激发幼儿获得科学领域核心经验，使幼儿在探究的过程中，真正学会了科学的思维方式，激发了科学的探究精神。同时，本书整合了幼儿园科学文化建设与开发、运用家园共育实现科学探究的目标与方法，通过幼儿园的各种科学探究活动，展示出孩子们的科学探究能力。这是一本适宜幼儿园教师开展科学教育活动的工具书。

本书结合《纲要》《指南》宗旨，依据幼儿园科学领域教学目标和要求，梳理了园所主题式科学探究课程实践的研究成果，体现出新的科学教育视角，用基于幼儿核心经验的新观念统领全书内容，是不可多得的幼儿园主题式科学探究新课程。期望本书的出版，能为广大幼儿园一线教师提供科学教育实践的新思路。

北京市特级教师、首都师范大学学前教育学院副教授　文　岩

2019 年 12 月

前 言

　　本书是北京市教育科学"十三五"规划课题的研究成果,成果来源于幼儿实践,又用于幼儿实践。如何有效开展幼儿园科学领域教育活动是教师最困惑的方面,教师们急需可操作性强的科学领域教学实践活动内容,而本书就是一本具有参考、借鉴意义的科学领域教师指导用书。

　　幼儿园中的科学探究,不是成人理解的科学实验,更不是将难以理解的科学概念灌输给幼儿。幼儿的科学探究是幼儿思维与行动的表征。幼儿的探究行为,小到一次仔细的观察、一个不起眼的提问,大到持续一段时期的操作和游戏……为了满足幼儿的探究欲望,发展幼儿的探究能力,教师们积极收集幼儿在科学探究中的精彩问话,利用适合的场域、充分的材料与玩具,构建以幼儿为主体的形式多样的科技竞赛与成果展示活动,并形成适宜园所及幼儿发展需要的科学探究课程。

　　北京市昌平实验幼儿园是一所充满神奇和探究机遇的科学特色幼儿园。这里三季有花、四季有果,这里声、光、电、力、磁等科学玩具应有尽有,这里的老师致力于幼儿科学领域核心经验的研究与实践,并取得了初步进展。研究依据幼儿的年龄特点及结合幼儿园毗邻未来科学城地域的高科技资源优势,为幼儿创设充满探究的园所环境,让幼儿在探究的乐园中最大限度地发挥天性,开启探究之旅。

　　通过三年的研究,幼儿园的科学文化内涵逐渐积淀,教师的科学素养大力提升,家长的科学观念得以转变,幼儿的科学探究能力也得到了全面发展。

　　本书包括幼儿园科学探究课程构建理论、课程构建的文化资源、课程建构基本框架、科学领域核心经验、课程实施策略、主题园本课程,充分展示了园所构建科学探究课程的过程及实施效果,是一本非常适合幼儿园教师的科学领域教学实践指导用书。

　　本书在研究、开发中,得到了北京市昌平区教师进修学校学前教研室、教科室的指导与帮助，得到了北京师范大学霍力岩教授、首都师范大学文岩特级教师的细心指导，在此表示诚挚的感谢与敬意！对脚踏实地进行科学探究课程研发而加班、加点的北京市昌平实验幼儿园的领导和教师团队表示感谢。感谢北京市昌平实验幼儿园的教师团队为广大的学前教育工作者提供科学领域探究课程的支持，给学前教育者在科学领域实践带来新的启发与思路。由于时间仓促，书中不妥之处敬请指正。

北京市昌平实验幼儿园园长　王凤新

2019 年 12 月

目 录

第 一 章
幼儿园主题式科学探究课程建构的理论依据

第一节 幼儿的科学探究

探究是科学研究的基本方法，热衷于探究是科学家的基本性格组成，也是儿童的天性。《指南》中指出："幼儿的科学学习是在探究具体事物和解决实际问题中，尝试发现事物间的异同和联系的过程。幼儿科学学习的核心是激发探究兴趣、体验探究过程、发展初步的探究能力。""科学探究"从幼儿的角度出发则表现为幼儿的"探究式学习"。"探究式学习"这一概念最早由美国芝加哥大学教授施瓦布在1961年《作为探究的科学教学》演讲中提出。他认为，探究式学习是幼儿自主参与、获得知识的过程，能够掌握研究自然所必需的探究能力，同时形成认识自然的基础——科学概念，进而树立积极探索未知世界的科学态度。这是一种强调幼儿自主地、积极地投身到科学探究中去的学习方式。近年来，"探究式学习"在我国受到广泛的重视，实现幼儿的"探究式学习"成了幼儿园科学教育追求的目标。

正如科学家的探究一样，幼儿的科学探究也是一个不断循环的过程，经历了提出问题、做出假设、收集证据、做出解释、得出结论一系列过程。幼儿在探究的过程中会不断发现新的问题，尝试新的探究。在探究过程中，幼儿首先要发现并提出问题；其次是收集问题，做出假设，拟订调查方案；为了验证假设，需要收集相关信息；在收集信息的基础上，幼儿会对探究结果进行分享与交流，并得出一定的结论（图1-1）。

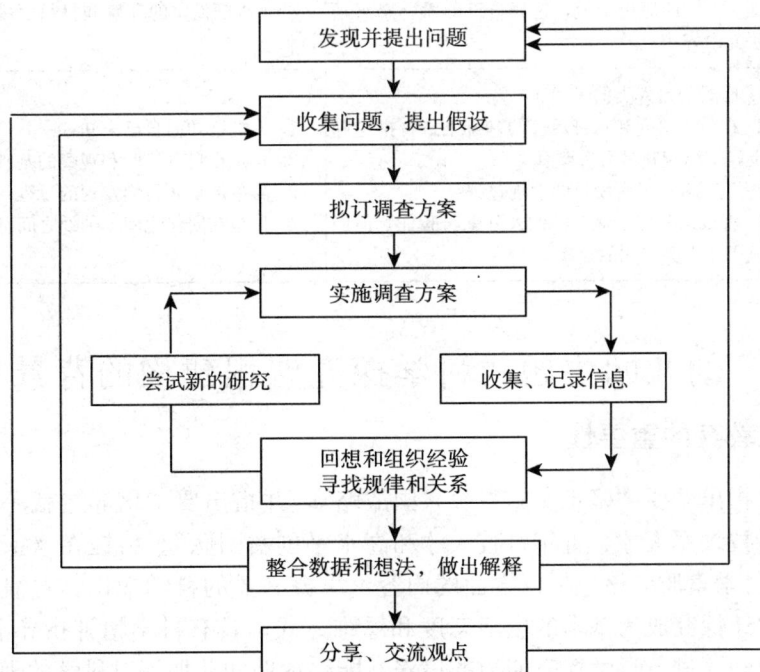

图 1-1 幼儿科学探究的过程

幼儿的科学探究又不同于科学家的科学探究，我国学者刘占兰教授曾从探究兴趣、探究的结构与性质、探究的程序与环节三个方面比较、分析了幼儿的科学探究与科学家探究的异同（表1）：

（一）幼儿探究的热情与科学家一样强烈

幼儿有着与生俱来的好奇心、求知欲，探究的热情和科学家一样强烈。而科学家也常常被认为是长不大的孩子。"科学家们，由于他们急切的好奇心，在他人眼中，常常显得很孩子气。"所以从探究的兴趣来看，幼儿与科学家一样热衷于对外部世界的探究，对外界事物与现象常常"具有奇妙的思想"。

（二）幼儿自由探究的程度低于科学家的探究

幼儿和科学家都在一定结构限制内自由探究，但探究的结构和性质程度不同。科学家处于一定的历史阶段，选择自己熟悉的、感兴趣的研究内容进行探究，探究的自由度较大；而幼儿则处于教师所创设的环境与投放的材料之中，探究的结构性高于科学家，是在教师特定的教育环境中自由地按照自己的想法操作材料，探究环境。但与科学家相比，自由度要低一些。

（三）幼儿探究的每个环节在程度上都异于科学家的探究

从总体来说，幼儿的探究与科学家的探究尽管经历了大致相似的探索与发现过程，但在每个环节上都有程度上的差异。幼儿与科学家都要面对未知，但科学家面对的是人类的未知，而幼儿面对的则是人类已知而自己未知的知识；幼儿与科学家都运用已有经验提出假设，但科学家是在前人研究和自身观察的基础上进行推论与假设，文献资料具有重要的作用，而幼儿则是在自身经验和观察基础上进行假设；幼儿与科学家都要对自己的假设进行验证，但科学家要经历漫长的科学发现过程，甚至要付出几代人的努力，而幼儿则是简单地重演科学发现的过程；幼儿与科学家都要与他人交流、分享发现的成果，但科学家是将成果公之于众，供他人分享与验证，其成果是人类共同的财富，而幼儿的交流与分享往往只局限于同伴之间或师幼之间。

表1　幼儿的科学探究与科学家的科学探究比较

三个方面	科 学 家	幼 儿
探究兴趣	长不大的孩子	有与生俱来的好奇心
探究的结构与性质	处于一定的历史阶段，选择自己熟悉、感兴趣的研究内容	处于教师设定的环境和材料之中，按自己的想法去支配材料
探究的程序与环节	1. 面对的是人类的未知 2. 在前人研究和自身观察的基础上进行推论和假设，文献资料具有重要意义 3. 验证假设要经历漫长的发现过程 4. 将成果公之于众，供他人分享与验证，他们的成果是人类共同的财富	1. 人类已知而自己未知 2. 只是在自身经验和观察的基础上进行假设 3. 简单地重演科学发现的过程 4. 只是在同伴之间、师幼之间进行分享、交流和质疑

第二节　幼儿园主题式科学探究课程建构的背景与意义

一、幼儿科学教育的重要性

党的十九大报告指出，要"坚定实施科教兴国战略"，并指出要"培养造就一大批具有国际水平的战略科技人才、科技领军人才、青年科技人才和高水平创新团队"。韦钰在《探究式科学教育》一书中指出："公民的科学素质应该包括三方面的内容：掌握必要的科学知识；习惯于对遇到的问题用探究的方式来对待，让探究成为基本的生活态度和思维方式；具有科学精神指导下的价值取向。"可见，在幼儿时期，对幼儿进行科学探究能力的培养，能够帮助幼儿加深对科学的理解，理解科学的本质，掌握独立探究的必要技能，从而为其终身的学习与发展奠定扎实的基础。

二、落实《纲要》《指南》目标的现实要求

《指南》在有关科学内容的阐述中就强调了幼儿科学学习的探究性，指出"幼儿的科学学习是在探究具体事物和解决实际问题中，尝试发现事物间的异同和联系的过程"，明确了"幼儿科学学习的核心是激发探究兴趣、体验探究过程、发展初步的探究能力"，且对幼儿科学探究能力的要求做出了具体的说明。与此同时，《纲要》中指出："要尽量创造条件，让幼儿实际参加探究活动，使他们感受科学探究的过程和方法，体验发现的乐趣。"让幼儿亲历以探究为主的学习活动，是幼儿学习科学的主要途径。由此可见，幼儿科学探究在幼儿发展中的重要地位。

三、探究能力的培养是幼儿科学教育活动的关键

《指南》指出："幼儿科学学习的核心是激发探究兴趣、体验探究过程、发展初步的探究能力。"因此，具有初步的探究能力是幼儿科学教育的重要目标。每个幼儿都是天生的科学家，儿童从出生之日起就对周围的世界充满了好奇心，他们有着与生俱来的求知欲和探索欲。正如杜威所说，儿童有调查和探究的本能，探索是幼儿的本能冲动，好奇、好问、好探究是幼儿与生俱来的特点。因此，幼儿科学教育就是应当引导幼儿在大自然和大社会中发现问题，并通过自己的探索解决问题。科学领域的学习目标要紧紧围绕着激发幼儿探究热情、培养幼儿探究兴趣、注重幼儿的亲身参与和真实体验、发展幼儿初步的探究能力和解决问题的能力展开。

第三节　幼儿园主题式科学探究课程建构的理论依据

一、皮亚杰的认知发展理论

皮亚杰是最早关注儿童科学认知的心理学家，他把毕生的精力都用于探索儿童智力发展规律的创造性研究，认为儿童知识的获得是其主动探索和操纵环境的结果，学习是儿童进行发明与发现的过程[①]。他提出了认知发展阶段理论、认知结构理论，其中与儿童科学教育直接相关的有以下几个方面。

皮亚杰认为儿童的认知发展是一个连续的阶段性过程，他将儿童的认知发展分为四个阶段：感知运动阶段（0～2岁）、前运算阶段（2～7岁）、具体运算阶段（7～11岁）、形式运算阶段（11～18岁）。处于前运算阶段的幼儿具有以下几个特征：能够使用语言表达概念，以自我为中心，具体形象思维明显，能初步利用符号代表实物，具有初步的思维能力，但思维缺乏逻辑性，不能进行可逆运算。皮亚杰所说的运算，是一个特定的概念，是指一种内化的、可逆的动作，是外部动作在头脑内部进行的一种具有可逆性的心理操作。例如把瓶子里的水倒进杯子里，它包含一系列倒水的动作，对于达到运算水平的儿童和成人来说，可以不用去做这个动作，也能在头脑中想象完成这一系列倒水的动作，并预见结果。这里所说的在头脑中想象倒水的动作，不仅要能把水从瓶子里倒进杯子里，而且还能把水再从杯子里倒回瓶子里，恢复原来的状态。这种在头脑中完成的一系列动作，就是内化的、可逆的动作。

儿童的科学认知水平取决于认知结构的发展水平，根据皮亚杰的认知发展阶段理论，我们可以发现，儿童的以自我为中心和思维的不可逆性决定了幼儿的科学认知来自主、客体之间的相互作用，幼儿科学教育要通过儿童的亲身经历和动手操作培养幼儿尊重事实的科学态度。

根据皮亚杰的认知结构理论，认知发展是一种个人在环境中为解决认知冲突，通过同化和顺应两种机能，以达到平衡状态的内在自我调节过程。儿童认知结构的发展就是将新的经验纳入已有的认知结构中去，并促成原有认知的改变，通过同化与顺应的过程实现新知识的建构。皮亚杰的认知结构理

---

① 王素苓，佟林. 好玩的数学课程推进研究［M］. 北京少年儿童出版社. 2015：2-3.

论说明，知识获得的过程是主体通过其内在的心理活动自我调节、主动建构的过程。学习并不是简单的知识累加和知识的被动灌输，幼儿已有的知识、经验在幼儿认知发展中起着重要作用，教师的经验不能代替幼儿的经验，更不能告诉幼儿如何去建构。

因此，科学活动必须由幼儿通过自己的探究来完成，而不是被动地接受科学知识。幼儿是主动的学习者与建构者，教师应当呵护幼儿的好奇心，鼓励其大胆探究，让其在动手、动脑的过程中，身体和感官接触外界事物，发展认知能力，丰富自身的知识与经验。

二、建构主义理论

建构主义认为，知识不是通过教师传授得到的，而是学习者在一定的情境即社会文化背景下借助学习过程中其他人的帮助，利用必要的学习资料，通过知识意义建构的方式获得的。建构主义强调以学生为中心，认为学生是认知的主体，是知识意义的主动建构者。可见，在建构主义学习环境下，教师和学生的地位、作用和传统教学相比已发生很大的变化。建构主义学习理论强调：学习是学习者主动建构内部表征的过程，是学习者通过原有的认知结构，与从环境中接受的感官信息相互作用，来生成信息意义的过程。学习的建构是对新信息意义的建构和对原有经验的改造和重组，学习者以自己的方式理解事物的某些方面，不存在唯一标准的理解。由此可以看出，幼儿的科学探究是为幼儿提供具有科学教育特征的学习环境，结合幼儿的已有经验，引导幼儿在与这种特定的环境互动中去探究、解决问题的方法，从而不断建构对科学的认识。

（一）杜威的教育思想

杜威是美国著名的实用主义教育家，他的"思维五步"教学法，对教学有着很大的影响。杜威认为，科学教育不仅仅是给学生百科全书式的知识记忆，也是一种过程和方法。他主张教学要遵循以下步骤："真实情境——发现问题——占有资料——提出假设——检验想法"，关注教育理论与教育实践相结合。杜威主张"在做中学"，在问题中学习。他认为，教学的任务不仅在于教给幼儿科学的结论，更重要的是促进并激发幼儿的思维，使他们掌握发现真理、解决问题的科学方法。引导幼儿发现真理的方法包含两个因素，一个是智慧，一个是探究。探究是一种主动、积极的活动。它的价值在于可以使幼儿在思维活动中获得"有意义的经验"，将模糊、疑难、矛盾的情境转化为清晰、确定、和谐的情境。

（二）陈鹤琴的教育思想

陈鹤琴提倡"做中学，做中教，做中求进步"，他认为主动、自发的学习均是以"做"为出发点。因此，儿童需要自己动手、动脑获得知识。陈鹤琴的课程理论提倡以儿童为主体，坚持把儿童的兴趣、动手能力、独立思考能力放在教学工作的首位，批判和反对以教师讲授为主的灌输知识，反对压抑儿童力量和思想的注入式、填鸭式教学。

三、《纲要》《指南》中关于科学课程的理论

《纲要》之所以将幼儿的科学探究纳入科学领域，是因为幼儿的科学学习是在探究具体事物、解决实际问题的过程中获得的。科学教育的目标和价值取向是激发探究兴趣、体验探究过程、发展初步的探究能力。《纲要》在对科学探究的教学目标阐述中，进一步指出了"对周围事物、现象感兴趣，有好奇心和求知欲""运用各种感官动手、动脑，探究问题"等具体内容。所以说，幼儿的科学教育不再是科学知识的静态传递，而是要引导幼儿不断积累经验，探究问题，解决问题，形成终身受益的学习品质。

基于科学探究活动对于促进幼儿思维能力、创造能力的重要作用，本书在明确幼儿科学领域学习和发展的特殊性基础上，准确把握幼儿科学领域核心经验，坚定《纲要》科学教育的精神和要求，尝试以园所科学特色资源为依托，开展幼儿园科学探究课程的探索。

第二章
幼儿园主题式科学探究课程的文化资源

　　幼儿园主题式科学探究课程的开发是建立在幼儿园独特的科学特色环境中，充分挖掘幼儿园本身的科学设备资源，是支撑科学探究活动持续进行的必要条件。有效利用园所条件进行科学探究符合幼儿发展的规律，有助于推动科学探究课程的开发与实施，但还需要幼儿园主动筛选，有智慧地对这些资源进行充分的考量与研究。

第一节　室外科学教育资源的打造

　　幼儿园科学生活环境优美，植物种类繁多，保持着三季有花、四季常绿的绿植环境。其中，树种16种46棵，有苹果树、樱桃树、柿子树等，为幼儿采摘提供了便利条件。幼儿园在紧邻水渠的地方为幼儿开辟了种植园地，方便每个班级的幼儿开展种植活动；饲养角设计了低矮的兔子窝，便于幼儿观察。

　　户外有风向标观测仪、吊大秤、太阳能发电机、不同质地或粗糙或光滑的路面及跑道、滑轮组合运物、齿轮水车、齿轮风车等具有科学元素的探究玩具。结合幼儿喜爱玩沙、玩水的特性，幼儿园在户外区域精心打造了沙区和水区两大科学主题游戏区，使其成为幼儿科学探究的必要教育资源。沙区蕴含着丰富的科学教育元素，滑轮运沙、塑沙模具、运水管道、双层楼潜望镜等便于幼儿进行沙的探究与思考。水系列的科学游戏区有连通水路、"南水北调"、手摇水车、压水机，还有利用走独木桥、踩石头、趟水等多种方式进行的过河设备。沙、水区游戏设备丰富多样，能够充分满足幼儿探究沙和水的愿望，是幼儿喜爱的科学游戏区域。

第二节　室内科学教育资源的设置

　　室内科学益智游戏设施多样，每层楼道都设有不同年龄段的科学互动玩具，有带声响与感知类的科学互动玩具，如手动发电机、各种乐器、触摸墙等；有操作性强的科学互动玩具，如齿轮联动装置、各种乐器、旋转陀螺等；还有发现与应用的科学互动玩具，如压力气缸、惯性玩具、斜坡和滑轨装置、磁力迷宫。除此之外，给幼儿带来更大探究空间的还有每层楼的展厅和楼道拐角的科学主题探究区域，涵盖天文、农业、树木、奇石等体验和认知区。

　　楼道主题式探索空间，室内每层楼道都设有不同年龄段的科学互动玩具。一层主题是"科学走近我"。利用有趣的科学互动玩具，激发小班幼儿探究兴趣。针对小班幼儿提供的是带声响与感知类科学互动玩具，如手动发电机、各种乐器、玩具风雨雷电、光滑粗糙触摸板、哈哈镜、磁力迷宫等；二层主题是"科学陪伴我"。中班幼儿在操作与感知中发现科学的原理，针对中班幼儿主要投放操作性比较强的齿轮联动装置、制造各种声音的装置、旋转陀螺等科学互动玩具。三层主题是"科学改变我"。大班幼儿可以学习简单的科学知识，了解科技原理。针对大班幼儿主要投放了压力气缸、斜坡装置、滑轨装置等探究应用类科学互动玩具。

科学探索厅，是能满足幼儿探究愿望的教室。科学特色幼儿园应集电学、力学、声学、视觉成像、磁性玩具于一体，供幼儿操作与探索。科学探索厅包含齿轮转动墙面、光学镜片组装、自己拉自己等操作玩具，将现代化科技融入其中，还有一体机、影子投影游戏机、飞机操控电脑等。

科学环保厅，为幼儿提供废旧物品和材料，鼓励幼儿动手创作，体验环保和科技带来的便捷。投放了各种木工材料和工具，支持幼儿动手、动脑设计自己的木工作品。另外，幼儿园还创设了"绣工坊"，以发展幼儿小肌肉动作的灵活性与协调性为主，让幼儿在一针一线之间感受刺绣的乐趣。

第三节　社区科学教育资源的利用

一所科学特色幼儿园应充分依托当地的地域教育资源开展科学探究课程。依据园所紧邻北京未来科学城、小汤山现代农业科技示范园、中国航空博物馆、"农业嘉年华"参观地等科学元素多元的地理位置优势，挖掘资源，有助于形成"幼儿园—家庭—社区"三位一体的资源课程。园所利用北京未来科学城的科技资源，定期与相关单位联手，开展全园的大型科学主题参观活动，如参观科学城大桥、走进科学城消防站、参观中国航空博物馆系列活动，开阔幼儿的现代科技视野，体验现代科技给生活带来的便利，切实感受科学的神奇魅力。为充分利用周边的"农业嘉年华"参观地、现代农业科技示范园、草莓博览园等生命科学资源，我园幼儿每年都走进以上种植区域、参观区域，观察动、植物的生长、变化，体验丰收的乐趣，感受自然科学的魅力。

依托毗邻小学的优势，园所每日组织幼儿在操场开展户外活动，定期开展运动会，使幼小衔接常态化，增强幼儿对小学生活的向往，促进幼小衔接的顺利过渡。基于园所独特的地域优势，增加了幼儿与社会、环境、人际之间的互动与交往，幼儿园的科学课程延伸到了社会生活中，极大地拓展了幼儿的生活与学习经验。

第 三 章
幼儿园主题式科学探究课程建构的基本框架

我园依据《纲要》《指南》的精神和要求，依托"用爱培育、用心启智"的办园宗旨，在深入理解《纲要》《指南》科学教育目标的基础上，着力构建富有园本特色的主题式科学探究课程，并在课程建设初期制订了《北京市昌平实验幼儿园主题式科学探究课程纲要》。

第一节　课程目标

一、课程开发总目标

1. 亲近自然，喜欢探究，有好奇心和求知欲。
2. 运用各种感官，动手、动脑，探究问题。
3. 在探究过程中认识周围事物和现象，具有初步的探究能力。
4. 能用适当的方式表达、交流科学探究的过程和结果。

二、各年龄段课程开发目标

在课程总目标的指引下，结合小班、中班、大班幼儿科学学习的特点，进一步明确各年龄段幼儿主题式科学探究课程的目标（表 3-1）。

表 3-1　各年龄段幼儿主题式科学探究课程目标

小班（3~4岁）	中班（4~5岁）	大班（5~6岁）
1. 喜欢接触大自然，对身边的事物、现象感兴趣 2. 经常问问题，喜欢自发地摆弄新物体 3. 能用自己喜欢的方式表达在感知、操作过程中的感受与发现 4. 能对感兴趣的物体进行自发地观察，并发现其明显特征	1. 喜欢接触新事物，经常问与新事物有关的问题 2. 主动动手、动脑探索物体和材料，并乐在其中 3. 能有目的地观察常见事物，对事物进行比较连续地观察，发现事物之间的差异和变化 4. 学会对事物和现象进行观察、比较，总结、梳理比较的过程和结果 5. 能根据观察结果提出问题，大胆猜测答案，并在教师的引导下进行验证 6. 学会简单收集信息的方法，如绘画、拍照、用符号记录与表达 7. 观察和思考动、植物外部特征、习性与生活环境，了解以上因素对其生存的影响 8. 感知常见材料的溶解、导热等特性，了解其用途	1. 对自己感兴趣的问题主动思考，能提出一系列相关问题 2. 学会动手、动脑，利用书籍等资源寻求问题的答案 3. 能通过观察、比较和分析，发现并描述不同种类物体的特征，并进行分类 4. 学会观察和对比某一事物前后的变化 5. 学会用数字、图画、符号或简单的图表完整地、持续一段时间地记录 6. 进一步了解常见动、植物外形特征、生活习性和生存环境之间的关系 7. 能根据常见物体、材料的特性和物体的结构特点，推测和证实其用途 8. 能主动探索常见的物理现象产生的条件或影响因素，发现事物之间的联系 9. 初步了解人类生活环境与自然的关系，知道要尊重和珍惜生命，保护环境

（续）

小班（3～4岁）	中班（4～5岁）	大班（5～6岁）
	9. 感知一年四季的特征，体验季节对人和动、植物的不同影响 10. 感知和发现简单的物理现象和变化，如水、空气、磁力、沉浮等 11. 了解常见科技产品的用途和弊端 12. 初步进行简单的科学创新	10. 大胆进行简单的科技发明与创造 11. 在观察、比较、探究及解决问题的过程中，养成专心、坚持和敢于创新的学习品质

第二节　课程框架

主题式科学探究课程注重幼儿科学探究过程中的专注性、游戏性、生活性、发展性，本着"角角落落有科学、时时处处有探究"的原则，从学前儿童核心经验入手，找到教育目标与幼儿兴趣的结合点，在深入对接园所科学特色资源的基础上，明确课程框架，将园本科学课程框架梳理为园外科学实践课程、园内科学探究主题课程（图3-1）。

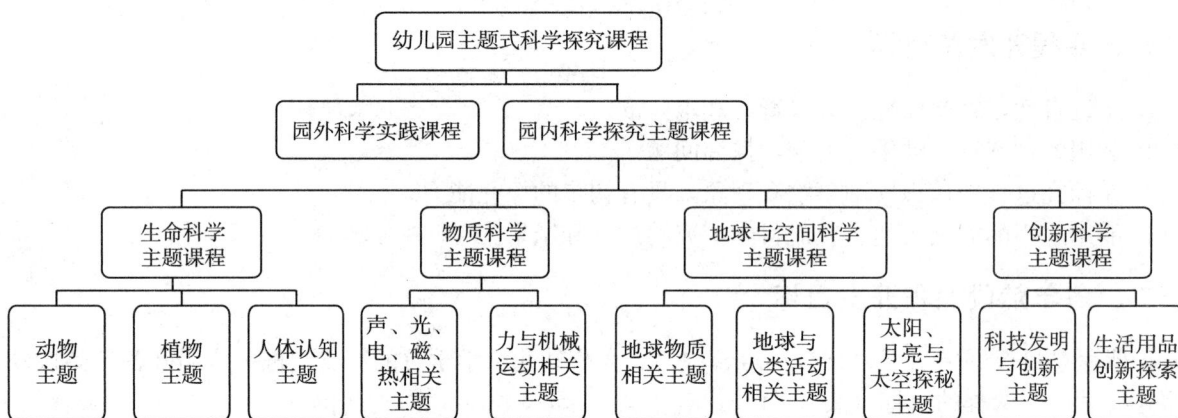

图3-1　幼儿园主题式科学探究课程框架

在园外科学实践课程中，结合小汤山现代农业科技示范园、苗圃种植基地、"农业嘉年华"参观地、中国航空博物馆等优质资源，引导幼儿有效参观，帮助幼儿打开科技视野。

结合幼儿科学教育的核心概念及园内资源，将园内科学探究主题课程分为生命科学、物质科学、地球与空间科学、创新科学四大类，包括动、植物及人体认知；声、光、电、力、磁、沙、水探索；季节变化与太空探秘；科学创新与生活日常用品探究等相关主题，形成了集主题活动来源、主题活动目标、主题活动网络、主题活动教学计划、科学领域教学活动、科学领域核心经验观察记录表、科学游戏案例为一体的课程体系。

第四章
幼儿园主题式科学探究课程中科学领域核心经验的建构

在认真学习南京师范大学张俊教授的著作《幼儿园科学领域教育精要——关键经验与活动指导》的基础上，我园围绕幼儿科学领域核心经验（即关键经验）开展了主题式科学探究课程的研发与实践。

其中，将科学探究核心经验明确为幼儿科学学习内容中重要习得的经验，是指学前阶段儿童成长发展过程中应当形成和获得的、最为重要的科学经验，包括观察实验能力核心经验、科学思考能力核心经验、表达交流能力核心经验、设计制作能力核心经验。

为了将核心经验与幼儿科学教育内容相对应，特依据幼儿科学核心概念将生命科学、物质科学、地球与空间科学课程的核心经验进行了梳理。

第一节　幼儿生命科学课程的核心经验

幼儿通过近距离、经常性地接触自身和观察周围环境中的植物、动物，从而产生对生命科学的感知与体验。生物与自身的密切关系无不影响着幼儿的一日生活。为此，结合幼儿生命科学的核心概念，从生物的身体特征、基本需求、简单行为、生命周期、生物的多样性和生物与环境的相互作用介绍各个年龄段幼儿的核心经验。

一、生物的身体特征

（一）3～4岁幼儿核心经验

1. 认识身体各部位（包括五官），初步感知身体各部位的作用（如嘴巴吃东西、耳朵听声音等）。

2. 通过观察，发现生物由不同的部分组成。如观察幼儿园里的树，知道树是由不同部分组成的；通过看、数、闻，发现花由花瓣、花蕊、花蒂构成，且颜色、味道不同。

3. 通过多种感官用看、摸、闻的方式感知发现植物和动物不同的显著外形特征。如能使用放大镜观察花瓣的数量、花瓣的形状和花蕊的颜色等基本特征；发现植物在夏天的变化（如树木掉皮、荷花开花、小麦成熟等）；感知秋天果实颜色、形状、大小、表皮、味道等明显不同；观察、发现生活中常见哺乳动物（如兔子、猫、狗等）的外形特征（如有毛、腿等）；发现卵生动物（如蚕、蜗牛、青蛙等）的外形特征（如颜色、有无触角、壳、尾巴）；通过放大镜观察，发现蚂蚁明显的外形特征（有触角、头、胸、腹、足）；观察发现冬天植物的外形特点及一些小动物不见了的现象。

4. 在观察的基础上，尝试用简单的词汇描述动、植物的外形特征，如用"粗粗的、高高的、有树叶、树干"等简单的语言描述大树的明显特征；能够用"毛茸茸、滑溜溜、软绵绵"等词汇来描述动物皮毛的特征。

（二）4～5岁幼儿核心经验

1. 能够通过观察动、植物的外部形态和内部结构，了解其特征的不同。如感知春天里树的变化（如发芽、变绿、开花、长叶），并初步对比不同树种花、叶外形特征的不同；连续观察幼儿园的树木，发现秋天不同种类的树木树叶、树干花纹的不同。

2. 能够通过观察发现动、植物的基本组成及其作用。如发现树的基本结构是由树干、树叶、树枝和树根组成；观察花朵，发现花都是由花蕊、花瓣、花蒂、花茎组成；通过观察蚂蚁、蝈蝈、螳螂、蝴蝶、瓢虫等，发现它们的身体是由头、胸、腹、足组成的；使用放大镜观察瓢虫等小型昆虫，发现昆虫外形特征的不同；通过秋天收集成熟的果实，发现玉米、花生、栗子、核桃、枣等外形特征的不同（如光滑与粗糙、软与硬、颜色、形状等）；观察、比较幼儿园秋天的植物，发现植物叶形、叶脉、茎等外观的不同；观察常见小动物，了解其外形特征及主要功能，如兔子的腿有助于跳跃。

3. 观察并发现植物在一段时间内的生长变化，如发现花在春天由花苞到开放过程中的变化（如花开和花落的时间不同、不同时期花的外形不同等）；通过观察感知秋天、冬天大树的明显变化，如叶子变黄和掉落、果实成熟等。

4. 能够使用放大镜观察植物的细微特征，如观察花朵绽放的前后变化。

5. 尝试用语言、图画、照片等形式记录观察到的植物外形变化。

（三）5～6 岁幼儿核心经验

1. 通过观察与照顾，对比、发现植物各组成部分与功能之间的关系，如对比室内和室外花草生长方式的不同、植物的根能吸水、叶子能呼吸。

2. 发现身体各部位和内部结构的特征，了解其生理作用（如鼻子用来呼吸、闻味道；大脑用来思考等）。

3. 观察、比较多种生物的相似与不同，如连续观察植物生长变化的过程，发现多种植物茎、叶、果实等方面的不同，并进行梳理、总结；通过观察、比较幼儿园秋天的植物，发现植物叶形、叶脉、叶子掉落时间的不同。

4. 能区分非生物和生物。

二、生物的基本需求

（一）3～4 岁幼儿核心经验

1. 发现生物的各种需要，如树需要水、阳光、土壤才能得以生存。

2. 能够表达、交流喂养动物时的发现（如把小兔吃的菜叶洗净后，需要晾干叶子上的水分再吃，才不会生病；蜗牛喜欢潮湿的环境；蚕爱吃桑叶等）。

3. 感知身体不同部位的功能，发现人和动物都离不开食物和水。

（二）4～5 岁幼儿核心经验

1. 能够通过照顾植物，发现植物的生长条件（包括阳光、水、土壤、空气）。

2. 能够使用喷壶、铁锹、剪刀等工具照顾植物。

3. 了解植物和动物生长所必需的条件有哪些。如观察大蒜在暗室、有阳光的室内、室外三种不同环境中生长状态的不同，探究阳光对植物生长的不同影响。

4. 通过对比植物，发现植物生长环境的不同。如通过观察幼儿园及园外的花，发现花生长环境的不同（如干燥与潮湿、有阳光与无阳光、高温与低温等）。

5. 通过喂养、照顾小动物，发现动物的生长需要食物、水、居所。如观察蚂蚁，发现它们需要寻找食物、水，居住在洞穴里；观察蚕的生长变化过程，发现蚕需要吃桑叶，才能长大、吐丝、结茧。

6. 通过观察发现动物的生活习性。如观察蚂蚁，发现蚂蚁群居、觅食、合作运粮、识路、建巢；观察把果皮、饭粒等放在蚂蚁洞口后，蚂蚁出行路线的变化；发现小蚂蚁搬运较大的食物时，会通知其他小蚂蚁来帮忙。

7. 发现人体感官和身体各部位的基本功能，知道人和动物都需要食物、水、适宜的温度、空气才能生存。

（三）5～6岁幼儿核心经验

1. 通过观察、猜想、种植、对比、发现室内和室外花草在生长环境、浇水方式等方面的不同。

2. 掌握满足动、植物需求的基本方法，如通过观察泡根植物容器里的水位不断减少，知道给植物根部浇水。

3. 通过喂养小动物，发现动物生长都需要食物、空气、适宜的温度和水。

4. 了解人体各部位的名称及主要功能。

三、生物的简单行为

（一）3～4岁幼儿核心经验

1. 通过观察动物，思考动物喜欢的食物。如观察"蚂蚁工坊"里的小蚂蚁和生活中的小蚂蚁，思考小蚂蚁喜欢吃什么。

2. 通过观察，了解小动物的生活习性和繁殖过程。如发现小兔、小羊等秋天长出绒毛，度过寒冬；观察蚂蚁工坊里的小蚂蚁，发现小蚂蚁建巢的过程。

3. 观察植物适应环境的明显变化，如有的大树春天长叶、秋天落叶。

（二）4～5岁幼儿核心经验

1. 发现植物能对周围环境的变化及气候做出反应，如有的植物秋天结果、有的植物秋天落叶。

2. 知道小动物依靠自己的行为去获取基本的生存需求，如观察蚂蚁工坊，发现蚂蚁能挖隧道、会分工合作；蝈蝈喜欢阴凉的环境，爱吃蔬菜、果皮等食物，能发出叫声；燕子南飞、小兔长毛、看不到一些昆虫等现象是因为秋天天气变冷，寒冬即将来临。

3. 观察、发现小动物的行为具有差异性，如不同的乌龟喜欢干湿环境，小鱼在水里。

（三）5～6岁幼儿核心经验

1. 知道动物的运动行为与所处环境、自身特征相关，如小鱼能利用鱼鳍、尾巴游泳。

2. 初步了解动、植物的行为会受到内部需求和外部环境变化的影响，如含羞草的叶子被触碰后会合拢；小兔遇到危险时会快跑；变色龙遇到危险时会通过改变身体的颜色保护自己；猪笼草捕捉到小昆虫后，盖子会盖上。

四、生物的生命周期

（一）3～4岁幼儿核心经验

1. 通过观察，发现动物和植物会不断生长、变化，如观察、感知蝌蚪的生长变化过程。

2. 能用拍照、绘画等各种形式记录植物变化的过程，如给花朵开放的过程拍照。

3. 提出动、植物变化有关的问题，并猜想原因，如提出蚕（或蝌蚪）怎么出生和变成蛾子（或青蛙）的问题，并发现蚕、蝌蚪和它们的妈妈长得不一样，知道植物春天发芽、开花，夏天生长，秋天结果，冬天落叶。

4. 能将人生长、变化的特征与年龄建立联系（如老爷爷头发花白、小朋友皮肤嫩）。

（二）4～5岁幼儿核心经验

1. 感知动、植物的部分生命周期，如观察、发现花朵会经历花苞到开花的过程。

2. 发现动、植物都经历了出生、生长、繁殖、死亡的过程。如通过喂养蝈蝈、蚂蚁等昆虫，发现它们都经历了生长和死亡的过程。

3. 能根据生物的生命周期提出问题并猜想答案，如为什么蚕会结茧、产卵之后会死去。

4. 了解自己的生长和变化，知道自己要经历出生——童年——少年——成年——老年——死去的生命过程。

（三）5～6岁幼儿核心经验

1. 感知不同生物的生命周期不同，如用语言、图画、照片、符号等多种形式记录不同花草成长到枯萎的过程；观察幼儿园大树、种植园里的植物，发现植物开花、长叶、结果等生命周期的不同。

2. 通过观察动物标本，发现几种动物的特殊生长过程和生命周期，如蝌蚪变青蛙、毛毛虫变蝴蝶、蚕变蛾子。

3. 观察、比较、发现哺乳动物和它们的亲代长得很像。

4. 知道人生命周期的规律。

五、生物的多样性

（一）3～4 岁幼儿核心经验

1. 通过观察和比较知道动、植物是多种多样的，如树叶是多种多样的。

2. 发现在相似的环境中，可以找到相似的动物（如在池塘里可以找到青蛙、鱼、小虾等）。

3. 会对生物进行简单的比较。

（二）4～5 岁幼儿核心经验

1. 感知和体会自然界的生物是多种多样的，通过对多种树木的观察，发现树有很多种。

2. 观察生物之间的相同点和不同点。如观察幼儿园的开花植物，发现花朵的相同点和不同点。

3. 能够概括生物相同或不同的特征。如大树都有树叶，小鸟都会飞。

（三）5～6 岁幼儿核心经验

1. 细致观察生物的特征，发现生物细微的差别，如通过观察比较班里的小鱼，发现小鱼体形、眼睛、鱼鳍、鱼尾、鱼鳞等多处不同。

2. 感受动、植物的相似性和差异性并进行分类。

3. 感受不同动、植物的多样变化。

六、生物与环境的相互作用

（一）3～4 岁幼儿核心经验

1. 通过观察发现春季人们穿衣、皮肤和体感的明显变化。

2. 感受动、植物和自己的生活息息相关。如在夏季，可以利用树荫乘凉。

3. 发现动、植物的生长需要阳光、水等。

（二）4～5 岁幼儿核心经验

1. 思考动、植物和自己生活的关系，初步进行与动、植物有关的活动。如利用秋天的落叶、果壳、果实拓印、制作标本。

2. 感知动、植物要依靠其他非生物和人来满足自身的需要。如用棉布包裹树干，帮助大树过冬。

3. 照顾果树，尝试用果实制作水果制品。如能够安全地使用水果刀，切开水果，晾晒果干；能够尝试正确使用制作果泥的工具，通过切块、捣烂、研磨等方法制作水果泥。

4. 在采摘的过程中，知道哪些植物吃根、哪些吃茎、哪些吃果实。如知道白薯是植物的根，土豆是植物的茎，山楂是植物的果实，它们都可以食用。

（三）5～6 岁幼儿核心经验

1. 通过观察与收集资料，发现花草名称和用途、形状等之间的关系，如驱蚊草味道独特，能驱蚊虫；老人须的根像老人的胡须；三角梅的花瓣是粉色的，三个瓣。

2. 乐于思考动物和人的关系，能说出动物对人类生活的影响。

3. 感知和理解动、植物的外形特征、习性与生存环境相互依存。

4. 运用自己对生命需要的理解进行活动，如将果实通过风干、晾晒、泡制、腌制等方法进行冬季储藏。

第二节　幼儿物质科学课程的核心经验

幼儿生活在充满科学探究和科学玩具、材料的物质环境中，不同物质的种类和特点，不同玩具的位置改变、运动方式，充满乐趣的声音传递、光影游戏、磁铁游戏等，都深深地吸引着幼儿。物质科学蕴含着丰富的科学原理，以下将从物体与材料的特性、物体的位置和运动以及声、光、电、磁、热等现象三方面梳理幼儿物质科学相关课程的核心经验。

一、物体与材料的特性

（一）3～4 岁幼儿核心经验

1. 通过观察、触摸不同材质的物体，发现物体和材料具有光滑或粗糙、软或硬的特性。如镜子表面是光滑的，沙子的软硬、干湿、粗细不同。

2. 在玩水的过程中，发现水是会流动的。

3. 通过感官观察、感知液体颜色、味道的不同。

4. 尝试将不同的液体进行混合（如颜料混色实验），观察混合现象，并能说出结果。

（二）4～5 岁幼儿核心经验

1. 通过观察、操作，能够发现液体和固体的特性不同，并会区分。如液体会往下流淌，液体的形状会随着容器形状的改变而改变。

2. 在操作中发现物体运动的现象。如圆的球会滚动。

3. 通过操作发现材料的性质会发生变化。如配色游戏。

4. 通过观察、操作发现物体的特性是可以测量的。如用不标准的测量工具——绳子测量树干粗细。

5. 在玩水的过程中，发现水总是向下流淌的。

6. 感知并体验物体溶解、传热、沉浮等现象。

（三）5～6 岁幼儿核心经验

1. 通过观察、操作、感知物体的结构和功能之间存在联系。如飞机起飞和机翼、螺旋桨之间存在联系；风筝的系线位置对风筝平衡状态的影响；放大镜中间凸、边缘凹，能将物体影像放大；哈哈镜镜子形状变化能使被照物体变高、变矮或变胖、变瘦。

2. 发现物体的特性可以改变。如水的三态变化。

3. 观察发现不同物体与材料的特性。

4. 使用简单的工具测量和比较物体的性质。如重量、温度、长短、大小等。

二、物体的位置和运动

（一）3～4 岁幼儿核心经验

1. 观察、发现没有生命的物体是不会运动的。

2. 通过操作、观察，初步感知推或拉可以改变物体的位置和运动情况。如推动小车，小车的轮子会带动小车前进。

3. 感知不同物体在水中的状态。如糖、盐会溶化，油会漂浮在水面上。

（二）4～5 岁幼儿核心经验

1. 通过观察发现物体的形态或位置会发生变化。如圆柱形的物体能滚动；齿轮、陀螺会转动。

2. 尝试采用多种方式使物体运动。如尝试用吹、跑、转等多种方式使风车转动；通过推的动作使磨盘转动；通过转的动作使陀螺转动；通过拉动滑轮绳子使滑轮转动；向下拍球，球撞击地面，可以使球弹起。

3. 通过操作、观察发现物体的运动可以被阻止。如将向上弹起的球抱住，则球不会再向上运动；停止推动，则磨盘会停止转动等。

4. 通过操作、观察发现物体在光滑程度不同的斜坡上，下落的速度不同。如小车在光滑的斜面上比粗糙的斜面跑得快。

（三）5～6 岁幼儿核心经验

1. 通过操作、观察发现物体有多种运动方式。如陀螺的圆周运动、球弹起的直线运动。

2. 通过操作、观察发现物体的运动方式是能够被改变的。如球滚动的路线、反弹球运行的轨迹等。

3. 通过操作、观察发现影响物体运动的因素有很多种。

4. 通过操作、观察发现外界条件的变化可以使物体的运动状态发生改变。如增加路面光滑程度，球会滚得更远。

5. 探索滑轮、齿轮等简单机械，发现机械的作用。

三、声、光、电、磁、热等物理现象

（一）3～4 岁幼儿核心经验

1. 感知自然界各种不同的声音。如虫鸣、鸟叫、风声、雨声等。

2. 体验不同声音的意义。如雷声代表要下雨、警报声代表有危险等。

3. 体验、发现不同的物体音色不同。如不同的乐器能发出不同的声音。

4. 通过观察、感知发现光的亮度有明暗的区别。

5. 通过观察发现影子的形成需要光源。

6. 通过操作实验，发现磁铁能吸铁质的物品。

7. 感知发现物体表面温度不同。如小动物摸上去是温热的，石头摸上去是冷的。

（二）4～5 岁幼儿核心经验

1. 通过操作、对比，发现声音的不同特性。如音量有大、有小。

2. 通过操作，尝试改变声音的特征。如用很大的力气击打鼓面，鼓声更响。

3. 探索产生声音的不同方法。

4. 感知声音传播的现象。

5. 探索光影现象，发现影子会随光源的变化而变化。

6. 探索连接简单的电路。

7. 感知、体会静电现象。如冬天的时候，天气干燥，脱毛衣时头发会竖起来；将玻璃棒、橡胶棒和丝绸、毛皮摩擦会产生静电现象。

8. 体验物体的冷热传递。如热水放置一会儿，会变冷。

9. 通过操作，发现磁铁的部分特性。

（三）5～6 岁幼儿核心经验

1. 体验发现声音变化和声音来源与传播媒介等有关。

2. 发现噪音产生的原因及危害。

3. 探索发现影子形状、数量变化与光源的变化有关。

4. 体验光对生活的重要性。如植物的生长离不开阳光。

5. 操作连接简单的电路并解决连接中的问题。

6. 尝试使用常见的电子产品。如电脑、手机、相机等。

7. 通过观察发现磁铁在生活中的应用。如门吸、磁力玩具、指南针等。

8. 感知热能在物体之间相互传递。如将热水倒入杯中，杯子会变热。

第三节　幼儿地球与空间科学课程的核心经验

　　浩瀚的星空充满了无限的奥秘，广袤的大地也蕴含着无穷的未知。幼儿对地球的物质充满了好奇，对天气和气候的变化感到欣喜，对天空和宇宙充满了向往。现将地球与空间科学课程与园所资源对接，细化幼儿地球与空间科学课程下的核心经验。

一、地球物质的特性

（一）3～4 岁幼儿核心经验

运用多种感官初步感知岩石、沙、水等物质的特性。如通过多种感官感知沙的软硬、干湿、颜色以及粗细的不同，石头的外形、颜色，土的颜色、干湿，水的无色、无味。

（二）4～5 岁幼儿核心经验

1. 感知沙、石、土、水、空气的多种物理特性。如观察发现水是透明的、无味的、没有固定形态的，具有流动性；空气是看不见、摸不着的透明气体。

2. 知道物质有不同的用途。如沙子、石头可以用来建造房子；水可以用来解渴；空气供动、植物生存等。

（三）5～6 岁幼儿核心经验

1. 理解沙、石、土具有不同的种类且存在差异。如岩石的形成、软硬、纹理不同；沙子软硬、干湿、粗细不同；土壤颜色不同、营养成分不同等。

2. 初步理解地球物质对于人、动物、植物和环境的重要性。如人类的生存离不开水和空气等。

二、天气和气候

（一）3～4 岁幼儿核心经验

1. 感知各种天气现象。如通过观察发现晴天有太阳、阴天有乌云等。

2. 感知和体会天气的变化。如通过观察发现由晴天变为下雨天的过程，乌云密布、会打雷、有闪电等现象。

3. 体验季节和气温的变化。如下雪天寒冷、晴天温暖、下雨天潮湿等。

4. 学习使用简单的词汇表示晴天、阴天、下雨天、下雪天等。

（二）4～5 岁幼儿核心经验

1. 感知各种天气，了解其特点。如晴天的时候有太阳、下雨天的时候会有乌云等。

2. 了解四季的名称。

3. 感知不同季节的气候特点。如春季暖和，夏季炎热，秋季凉爽，冬季寒冷等。

4. 体验和发现周围环境在不同季节的变化。如春天花开，草绿，大树长叶；夏天大树枝繁叶茂；秋天树叶变黄并落下；冬天草木枯萎等。

5. 发现季节变化对动物、植物和人的影响。如春天万物复苏，动、植物开始生长；夏天，动物都要避暑；秋天，植物开始结果实，动物开始储备过冬的食物；冬天，有的动物要冬眠等。

（三）5～6 岁幼儿核心经验

1. 感知每天天气的变化。

2. 感知气温会随着季节发生变化。

3. 知道四季的变化规律。

4. 体验季节变化的周期性。如在观察中发现每一年都会有春、夏、秋、冬四个季节，且四季不断循环变化。

5. 知道天气可以通过温度、风力等表示。如温度的高低、风力级数、风速的大小、不同的风向等。

6.感知季节变化与动物、植物、人类生活的关系。如春天天气变暖，人们开始减少衣服；夏天天气炎热，人们穿裙子、短裤，室内开空调避暑。

三、太阳与月亮的活动

（一）3～4岁幼儿核心经验

1.通过观察发现太阳与月亮、星星都存在于天空中。

2.通过观察发现太阳和月亮的位置是不断变化的。如通过观察发现太阳每天都会升起和落下。

3.知道与天空特征有关的物体。如太阳、月亮、星星、云等。

（二）4～5岁幼儿核心经验

1.知道太阳和月亮每天都在运动。如通过观察发现太阳东升西落，月亮晚上会出来。

2.了解月亮是不断变化的。如月亮有时是圆形的，有时是半圆形的，有时是弯的。

（三）5～6岁幼儿核心经验

1.通过观察知道太阳和月亮的基本运动轨迹。如知道太阳和月亮每天都是东升西落，每天升起和落下的时间不一样；能够运用多种方式记录月亮的圆缺变化。

2.知道太阳提供可以保持地球温度所需的光和热。如知道太阳能够发光、发热。

四、地球与人类的活动

（一）3～4岁幼儿核心经验

1.知道人类生活在地球上。

2.感知和体验天气对自己生活和活动的影响。如下雪天可以去玩雪；夏天天气炎热，不能在外面长时间停留等。

（二）4～5岁幼儿核心经验

1.知道地球物质为人类生活提供了便利。如太阳发光、发热，能够为人类提供太阳能；空气为人类提供氧气，让人们可以呼吸等。

2.知道人类、动物、植物的生存离不开空气。

3.体验季节对人们生活和生产活动的影响。

（三）5～6岁幼儿核心经验

1.初步了解地球表面在不断变化。如地球表面的山丘、岩石、河流会发生变化。

2.知道地球的变化会影响人类的生活。如全球气候变暖会使夏季更炎热等。

3.了解空气污染对人类的危害。如雾霾天气会引起人类各种呼吸道疾病。

4.知道要节约用水、保护水源。

5.初步了解自然灾害对人类生活的影响。如地震灾害会导致房屋倒塌、洪水会淹没村庄等。

第五章
幼儿园主题式科学探究课程的实施策略

幼儿园科学教研团队结合小、中、大班幼儿的年龄特点，以小班初步感知和体验、中班操作、大班深入探究为思路，构建了主题式科学探究课程。

在课程实施和推进过程中，教师结合园所资源和科学游戏，通过幼儿"初步感知——深入探究——发现问题——猜想验证——解决问题"的科学探究过程，采用教师指导与幼儿探索相结合、社区资源与园内资源相整合、集体教学与生活活动渗透相结合、共同参与与课程展示相结合的策略，使课程开展深入、有效。

第一节　社区资源与园内资源相整合，
　　　　促进课程探索丰富化

将社区中的科学资源融入幼儿一日生活，充分发挥因地制宜的资源优势、借助家园共育丰富主题课程，是主题式科学探究课程探索丰富化的有效策略。

在"幼儿园的果实熟了"主题活动中，孩子们和教师、爸爸、妈妈一起寻找幼儿园内、外成熟的果实，把观察果实的发现在"新闻播报"的环节中与大家分享。小朋友们还走进小汤山苗圃基地，观察到了更多的果实，发现不同果实外形特征的不同。回到幼儿园里，孩子们对采摘果实的兴趣尤为浓厚。幼儿园共有9种果实需要采摘，孩子们自己设计《果实采摘报名表》，并邀请哥哥、姐姐领取小任务，共同采摘果实。采摘过程中，小朋友们对适宜采摘的工具进行了热烈的讨论，他们有的选择爬网，有的拿来蹦床，有的用梯子，还有的用长长的垃圾钳……收获山楂的教师和小朋友们还展开了一场"山楂干晾在哪儿"的讨论，阴凉地、阳光下、户外的小房子里、冰箱里的冰块上、家里的阳台上……孩子们的想法各不相同，爸爸、妈妈和幼儿在家中阳台晾晒果干，并记录了不同地点晾晒果干的效果。花生、梨、南瓜丰收后，教师和小朋友们一起分享果实，还结合"重阳节"进行了果实义卖活动。孩子们将果实分类、打捆，自主投票竞选义卖员、收银员、服务员……孩子们精心准备了价签、收银盒、宣传海报，现场大声地吆喝、叫卖，果实抢购一空后，收银员紧张地统计收取的钱币，并进行了记录（图5-1）。

图5-1　收银员统计义卖款

这一活动有效地利用家园和社区资源，使幼儿获得了观察和了解果实、思考采摘和晾晒的方法、体验买卖的过程、进行日常统计等核心经验。

在有效利用社区资源开展科学探究课程的实践中，家长们通过家园配合共同参与课程实施，为课程实施"添砖加瓦"，对幼儿在课程开展前后的科学探究能力发展给予充分肯定。

百合花和琴声

《百合花和琴声》的故事源于这样一件小事：放学回家的路上，伟宁陪妈妈去取网购的百合花。因为没有及时取到，花都有些蔫了。回到家后，妈妈赶紧把蔫了的百合花插进了花瓶，并给花瓶倒上了水，放在了钢琴上。

伟宁开始练琴，等钢琴弹完，他惊奇地发现有朵百合花开了。伟宁根据观察到的现象，好奇地问我："爸爸，是不是百合花听到了琴声才开的花呢？"

我没有简单地敷衍他，而是按照老师教的方法，鼓励他去探究。我问了他几个问题："你觉得花开和什么有关系呀？"

"和琴声有关呀！"

"一定是这样吗？要是别的小朋友不相信，你有什么办法让他们相信？"

伟宁为了验证自己的猜想，开始自己设计实验来探究"声音和开花"之间的关系。他跑到卧室，拿来纸和笔，开始了自己的实验设计。他画出再买 4 朵同样没有开放的百合花做对比实验，如果放在钢琴上的花又因为琴声而开放了，就说明开花和声音有关；如果没有开花，而是变蔫了，就和声音无关。就这样，他画出了百合花和琴声的实验设计图（图 5-2）。

我当时很震惊，这不是控制变量实验法嘛！孩子能这么想，真是不简单啊！我马上追问道："你怎么想到这个好办法的？"

"我想起来，在中班的时候，王老师带着我和暖暖做过'纸船沉水实验'，就和这个类似。用不同的纸，折同样的小船，放水里，进行比较。"

图 5-2 百合花和琴声实验设计图

看来，中班时，王老师在孩子科学探究时播下的"种子"，大班时开出了一朵"小花"。

当天晚上，因为百合花开花实验材料没有准备好，所以没有开展实验。第二天早晨，我还没起床呢，伟宁就把我叫醒了，并且告诉我结论。他着急地说："爸爸，爸爸，我知道了，开花和声音没关系。因为早晨我发现又开了几朵花。昨天夜里，我们都睡觉了，家里很安静，没有声音。"

就这样，百合花和琴声的问题解决了。虽然伟宁的实验没有进行，但是小家伙爱探究的欲望和探究的能力已经影响了他。毕业前，班里的小朋友送给他的称号是"科学探索家"。这个称号是小朋友们集体讨论起的，小家伙很自豪。作为爸爸的我相信，不论现在与未来，伟宁都会带着这样的探究精神，去探索世界上更多的奥秘。

（大三班伟宁爸爸）

第二节 材料提供与主题活动相结合，保障课程实施多样化

在一日生活中，自由、自主的科学区域活动是幼儿最喜爱的。教师持续性地为幼儿提供材料，满足了幼儿的探究需要，是保障主题课程开展的有效前提。

（一）结合主题提供材料

对于科学游戏来说，区域材料与主题课程相对接十分必要。为了让幼儿更好地进行科学探究，教师应与幼儿一起结合主题，提供具有操作性、层次性、科学性、支持幼儿探索的科学材料。随着主题活动的开展，材料的提供应源于生活，服务于主题活动科学领域目标。

如，在开展主题活动"美丽的秋天"时，我们将落叶带回班里。幼儿经常会用放大镜观察树叶的叶脉，寻找树叶的不同之处。随着主题活动的开展，孩子们还玩起了"拔根"游戏。在玩的过程中，他们又发现有的叶柄很湿，有的叶柄很干。每次从户外回班前，孩子们都会捡很多树叶，期待着下一场拔根比赛。有一天，孩子们又探究出了获胜的新方法，一名小朋友同时用三根叶柄与另一个小朋友对决，结果发现数量多的叶柄可以战胜对手。孩子们在这样的主题活动下，玩起了贴近自己生活的游戏材料，兴趣越来越浓厚，探究的能力也在慢慢发展。通过提供贴近幼儿生活和与主题相关的材料，幼儿的探究欲望更加强烈了。

（二）家园合作提供材料

《纲要》中指出："家庭是幼儿园重要的合作伙伴。"在幼儿园开展主题活动时，家长积极参与其中，与幼儿共同收集材料，会使幼儿的探究欲望更加强烈。如在开展"弹起来真好玩"的主题活动时，幼儿对能弹起来的物品非常感兴趣。他们不仅在幼儿园里寻找能够弹起来的玩具，家长也会和幼儿在园外边寻找边探索能够弹起来的玩具。家长还会和幼儿在家中制作能够弹起来的玩具。在幼儿充分玩弹力玩具、获得经验的基础上，家长和幼儿一起搜集自制弹力玩具的材料和工具，设计并制作弹力玩具。通过这种积极有效的家园合作，为主题活动的开展提供了源源不断的支持。

（三）幼儿参与提供材料

每个班级的幼儿都是独一无二的，随着时间的推移，每个幼儿的发展水平、兴趣、需求都各不相同。我们所提供的材料也应该根据幼儿的发展水平进行调整，这就需要教师及时观察到幼儿的需求并随时调整。如班里的孩子喜欢玩齿轮游戏。一开始，教师投放了几个齿轮，鼓励幼儿进行平面的拼摆转动。在幼儿会玩平面齿轮游戏后，教师需要增加齿轮数量，包括大小不一的齿轮、更宽阔的齿轮底板等。这样就能鼓励幼儿探究如何让数量更多的齿轮一起转动。随着齿轮游戏的深入开展，幼儿还自发地进行了齿轮转动挑战赛，发现了齿轮一带多、锯齿相连、叠加齿轮可以使更多的齿轮同时转动。随着幼儿探究欲望和兴趣越来越高涨，教师还可以投放链条，鼓励幼儿用链条带动齿轮。整个过程，教师投放的材料难度不同，是根据幼儿探究程度不断深入而调整的，从侧面支持了幼儿一步一步深入探究。

教师在为幼儿提供材料时，应关注幼儿的实际需要和参与度，选择有利于幼儿动手操作、反复尝试的材料。如开展"弹起来真好玩"的主题活动时，教师为幼儿自制了一个弹力玩具。这个玩具有一个能弹起来的支点，支点的对面有远近不同的球筐。幼儿通过游戏发现弹球弹起来的高度、距离与使用力气的大小有关。幼儿反复操作，知道了向下扔球的力气越大，弹球弹得越高越远；力气越小，弹球弹得越低越近。

可见，巧妙地选择和使用常见的、多样的、与幼儿生活密切相关的材料，不仅能使幼儿养成珍惜和利用身边废旧资源的好习惯，还能在科学活动中充分调动幼儿的各种感官，确保幼儿最大程度地参与科学探究课程。作为教师，我们一定要善于观察和发现，为幼儿持续提供适合他们探究的材料。

第三节　教师指导与幼儿探索相结合，
推进课程建构自主化

（一）教师预设与幼儿生成相结合

在主题活动建构后，教师与幼儿共同按照预先设计的主题网络图参与主题教学活动。幼儿的兴趣并没有维持在教师预设的主题活动上。因此，主题课程的实施更应该抓住幼儿自主探究的时机，进行

适宜的调整。

在进行中班"有趣的磁铁"主题活动时，教师预设了"磁铁的秘密"教学目标，幼儿需要获得的核心经验即在操作中感知磁铁同极相斥、异极相吸的特性。教师为了完成活动目标，设计了两个科学小实验，首先请幼儿尝试使用多块条形磁铁连成一列"磁铁小火车"，感受异极相吸的特性；接着，教师将材料更换为圆形磁环，又请幼儿观察任务图卡"不会粘住的糖葫芦"，引导幼儿利用同极相斥的特性使磁环悬浮在立柱上。活动中，两个实验显然关联性不强，由于教师预设为主，幼儿在教师的"主导"下操作，连贯性不强，未能充分地操作磁铁材料获得相关的核心经验。

教师观摩后，围绕"活动是否充分体现了幼儿的主体地位""活动是否引导幼儿充分地进行科学探究"两个关键点进行讨论，深入认识幼儿科学探究课程的核心价值。为了将幼儿参与科学探究的过程由被动变为主动，教师们学会了在区域游戏中认真观察幼儿并生成活动。在一次区域游戏中，两名幼儿正在用磁力棒组装小火车，组装成功后，开始推着小火车向前跑。这个现象立即引发了教师的思考。中班幼儿喜欢进行磁力火车游戏，为何不从游戏的需要出发，带动全体幼儿参与体验磁力火车呢？于是，教师借此机会生成了新的活动"磁力火车比赛"，由两名小朋友在全班幼儿面前发起磁力火车比赛的邀请为兴趣导入，大家共同回忆比赛规则——快速组装5节车厢的磁力小火车，再用磁力棒作为发动器，在不触碰火车厢的前提下，推动火车前进。回忆规则后，教师为每个幼儿提供了数量充足的磁铁、磁力棒、"火车"护栏，请幼儿自主组装磁力火车厢。每一次磁铁连成车厢的过程便是幼儿成功感受磁铁异极相吸的过程。组装成功后，幼儿又利用一节新的磁力棒，在"磁力火车"末端推动"火车"前进，感受磁铁的同极相斥。之后，教师利用多媒体演示幼儿组装磁力火车并进行比赛的过程，幼儿清晰地表达出："红色和蓝色的磁铁会紧紧地吸在一起，相同颜色的磁铁会'你推着我，我推着你'。"最后，在磁力火车比赛的愉快氛围中，幼儿再次感受到磁铁同极相斥的特性，利用磁力棒助推"磁力小火车"前进，体验了探究的乐趣。这一课程的调整充分体现了幼儿在课程中的自主性，满足了幼儿充分探究的愿望。

总之，主题课程的实施不是教师预设而成，而是在师幼互动中，将教师预设方案与幼儿兴趣和实际开展过程进行有效的结合，从而形成可实施、可参考的活动，达到师幼共建课程的目的。

（二）教师启发式提问与幼儿的探究需要相结合

教师通过观摩教师指导科学游戏的录像和案例，发现科学课程实践过程中指导科学游戏高控行为过多，关注幼儿自主游戏的意识和对幼儿游戏的深入指导、随机指导能力较弱，尤其是在科学游戏中运用有效指导语推动幼儿科学探究的能力亟待提高。因此，通过收集教师与幼儿语言互动的科学游戏案例进行分析，教师运用启发式提问提升幼儿探究能力十分重要。下面，将以中班科学探究课程中的游戏为例，分析教师启发式提问如何与幼儿的探究需要相结合。

中班科学游戏案例：总是掉的链条

今天的区域活动环节，骞骞选择玩齿轮玩具。他先是拿起了齿轮的固定板，将它们拼在一起，然后，又分别拿起红色、蓝色、绿色等颜色和大小不同的齿轮开始连接，将齿轮锯齿相互挨着连接，都安装好后，他高兴地一边转一边说："我连了7个齿轮啦！"

我看到后，向他提问："7个齿轮都转啦，你真棒！你是怎么让齿轮都转起来的呢？""就是齿轮的这个齿儿要挨着那个齿轮的洞洞。"说完他又要去拿齿轮，突然发现了材料筐里的绿色链条，他拿了起来，迟疑地问我："老师，这个链子怎么连呀？""你觉得这个链条应该怎样和齿轮连起来呢？"我反问道。

骞骞看我没有回答，自己动手试着将链条和齿轮连在一起。链条松弛地围着齿轮后，他开始转动齿轮，转着，转着，链条掉了下来，他调整了掉落的位置，又一次转动齿轮，链条还是掉了。

"怎么回事呀？老是掉。"

"没关系，看看是不是链条太松了？"他按照我的提示，再次尝试了一下，还是没有成功。

"还是不行！"他显然有些沮丧。

"你看小图例中的链条是不是直直的，而你这个怎么还是松松的呢？"骞骞这下受到了启发，把齿轮的圈变大，链条绷紧后，再次尝试。

这一次终于成功了，他高兴地叫起来："终于成功了！待会儿，我要把我的发现和小朋友们说一说。"

"没问题，你有什么新发现呀？"

"链条要撑得直直的。"

（车晓彤）

结合案例中的师幼对话，分析指导语运用得是否适宜（表5-1）。

表5-1　科学游戏案例"总是掉的链条"中的教师指导语运用适宜性分析表

幼儿语言	教师语言	是否适宜
我连了7个齿轮啦	7个齿轮都转啦，你真棒！你是怎么让齿轮都转起来的	适宜。鼓励式指导语肯定幼儿的成功，启发式追问激发幼儿兴趣
老师，这个链子怎么连呀	你觉得这个链条应该怎么和齿轮连起来呢	1. 不适宜。教师没有给幼儿指导方向，幼儿缺少自信和成就感 2. 适宜。教师不直接重复幼儿问题，而是在反问中包含了隐性指导 3. 适宜。教师用反问式语言，把问题抛给孩子，给孩子思考的空间 4. 不适宜。教师重复提问，降低幼儿探究兴趣
怎么回事呀？老是掉	没关系，看看是不是链条太松了	前半句适宜，后半句不适宜。教师直接给出答案，没有引导幼儿自主探究
还是不行	你看小图例中的链条是不是直直的，而你这个怎么还是松松的呢	不适宜。教师没有给幼儿思考的空间
终于成功了！待会儿，我要把我的发现跟小朋友们说一说	没问题，你有什么新发现呀	适宜。教师及时给予幼儿肯定，并且鼓励幼儿说出经验，为分享活动做准备

研讨分析后，结合指导语运用的适宜性分析，提出以下改进方法（表5-2）。

表5-2　科学游戏案例"总是掉的链条"中的教师指导语改进情况表

教师指导语	如何改进			
	方法1：借助图例	方法2：平行游戏	方法3：经验迁移	方法4：启发提问
你觉得这个链条怎么和齿轮连起来呢	一起看一看，小图例中的链条是怎么连接的	看看我的链条是怎么连接的	我好像在幼儿园里见过这样的链条。咱们一起找一找	指向突破点：你看看链条的这里是什么呀？（洞）齿轮的齿能插在链条的哪里呢
没关系，看看是不是链条太松了	图例中的链条是什么样的？你的链条是什么样的	你看看，我的链条和你的有什么不一样	咱们班门口就有这种链条带着齿轮的装置，看看它是怎么连接的	链条要带着齿轮转，是要让齿轮紧紧地跟着它，还是离齿轮远远的呢
你看小图例中的链条是不是直直的，可你这根链条怎么还是松松的呢	不要着急，图例中的链条和你的有什么不一样	我先安两个齿轮，也像你这样把链条松松地圈着，转动链条，看看能带齿轮吗		

结合表5-1和表5-2，分别从横、纵两个维度分析、运用启发式指导语的方法：

首先，从表格的横向看，运用启发式指导语的过程中，可以借助图例、平行游戏、迁移生活经验和单纯运用启发式提问的方法进行指导，也就是说启发式指导语支撑着多种指导策略的实施，它并不是孤立地存在于科学游戏指导过程中。如果单纯地使用语言指导，那么启发式指导语的运用要比直接告知或给定幼儿唯一答案的讲述式、封闭式指导语更适合支持幼儿的科学探究。

再纵向观察表格可见，启发式指导语的应用不可急于求成，而是要通过一个切入点或一种指导策略逐步深入，层层推进。也就是说，教师可以运用递进式追问的形式进行启发式提问。

其次，再仔细分析表5-2中的方法4，即启发式提问改进法。通过观察可知，如运用启发式提问的方法进行语言指导，应直接指向问题，结合幼儿在探究中的困难点、认知结，明确此问题下的关键突破点，进行有效发问，使问题能辅助幼儿仔细观察和思考，最终解决遇到的问题。

最后，再针对争议较大的反问式指导语的运用情形进行分析可知，教师在运用反问式指导语时，首先要考虑游戏中幼儿的发展水平差异，针对能力较强的幼儿可以运用变化式反问，即非完全重复幼儿问题式的反问。而针对能力较弱的幼儿，这一方法并不适宜，教师更适合采用多种策略支撑的递进式追问、启发式提问的指导语带着幼儿一步步解决问题。

教师开展科学探究课程时，可以通过以下策略运用启发式指导语。

一是启发式指导语的应用并非孤立地作为一种指导方法在科学游戏中发挥作用，它可以凭借平行游戏、交叉游戏、指导媒介（如图例）等多种指导行为共同发挥指导作用。

二是启发式指导语的应用要明确指向幼儿科学探究问题的困难点、认知结，采用简化问题的方式引导幼儿观察、发现、逐步思考。也就是说，启发式提问的层次要清晰，层层递进，逐步深入，使提问向着纵深发展，形成有效的递进式追问。

三是启发式指导语应用于科学游戏时，反问式的提问要充分考虑幼儿的发展水平差异，遇到能力较强的幼儿其效果较好；遇到能力较弱的幼儿或反问无效的情况时，要及时更换指导语，思考并采用多种指导行为支撑的启发式提问、递进式追问来解决问题。

启发式提问策略与幼儿科学探究实践的真实案例并不局限在一种情形下，认真记录幼儿科学游戏过程中的"小问号"，就会有新的发现和收获。以下便是幼儿探究与教师启发相结合生动的瞬间。

怎么让"孙悟空"变多再变少

"光影小屋"一直是孩子们喜欢的地方，他们总喜欢在那里进行光影探究游戏。这天，"光影小屋"里突然传来了孩子们的惊呼："哇！真假孙悟空出现啦！看我72变！"我走过去，只见润心和晗晗正用两个手电筒照着一个放在幕布前的孙悟空自制小道具，旁边的焙焙跟着一起惊讶："真棒啊！你们是怎么变的呀？"润心说："我本来是用一个手电筒照着这个孙悟空的，就只有一个孙悟空的影子。然后，晗晗也拿了一个手电筒，她也照着这个孙悟空，就有了两个孙悟空了。这样，我们就可以表演'真假美猴王'啦！"焙焙迫不及待地说："能再表演一下吗？"润心欣然同意了："好的！就是这样，我在左边，她在右边！"接着，晗晗自告奋勇地说："我们就是用两个手电筒，从不一样的方向照，就出现了两个孙悟空。"

焙焙问："那能变出3个孙悟空或者4个孙悟空吗？"她们自信地说："没问题，再加一个手电筒就会多一个孙悟空的，只要方向不一样就行啊！"说着，她们还真试验成功了。这时，我又出了个难题："多的孙悟空，你们会变。把孙悟空变少，可以吗？"润心说："这有什么难的？拿掉一个手电筒，不就少一个吗？"我点点头："这倒是个办法，那要是不能拿掉手电筒呢，4个手电筒能不能变出一个孙悟空？"

于是，她们又开始试验起来。不一会儿，晗晗就开心地跑来告诉我，她们知道怎么用4个手电筒变一个孙悟空了。于是，我和很多小朋友都来当观众，我们静静地看着，晗晗一边和润心表演，一边讲了起来："看，把这两个手电筒并在一起，就少了一个孙悟空吧？就这样，手电筒并起来一个就少一个孙悟空，并起来的手电筒又变成了一个光，把4个手电筒都并起来，就能变出一个孙悟空啦！"我们大家都朝她们竖起了大拇指："你们真是小小发明家啊！一会儿，快把你们的发现分享给其他小朋友吧！"她们开心地点了点头。

（马彩云）

小问号发展评价：

活动充分体现"师生互动、生生互动"以及与材料互动的原则，幼儿在"孙悟空 72 变"的游戏背景下，自主探究孙悟空如何变多、变少，从而发现了光源与影子数量变化的关系。

（王凤新）

你是怎么把自己拉上去的

科学探索厅中有一个神奇的玩具——"自己拉自己"。孩子们非常喜欢坐在座椅上，拉着绳子，比一比谁被拉得更高，但是没有人知道为什么可以把自己拉起来。

一天区域游戏时，译元玩着二楼科学探索厅的玩具"自己拉自己"，说："王老师，你看！我力气大不大？"

"好大的力气呀！"我故作夸张地说。

"哇！译元，你怎么那么高了！"嘉宁拍手说。

"对啊！你怎么把自己拉上去的？"昕羽问道。

带着这样的疑问，我也假装和小朋友一样好奇地问："奇怪，为什么译元一下子变得那么高了？"

"我觉得是因为他拉了这根绳子。"嘉宁说。

"因为这个椅子下边有弹簧，弹起来的！"译元猜测着。

"译元力气大！"昕羽挠挠头，说。

"因为有上边那个圆圆的东西。"小艾也跑过来，指着上边的滑轮，说。

"你们每个小朋友都有自己的想法。接下来，王老师来给你们变一个魔法，你们把眼睛闭起来！"说着，我将滑轮上的绳子放了下来。"嘛哩嘛哩轰！好了，这次，你再试一试，能不能拉动译元？"

嘉宁使劲拉了拉，发现拉不动："王老师！好像不是因为有弹簧。"

"原来不是因为弹簧呀！"

"也不是因为有绳子。"

"圆圆的那个东西没用上！"小艾说道。

"我知道了！绳子和那个轮子分开了！"

"哇！好聪明呀！王老师再变一次魔法，把它们变回去吧！你们把小眼睛闭起来。嘛哩嘛哩轰！"说完，我把绳子又放回滑轮上。

"原来是小轮子和绳子一起把我'拉'上来的。"译元说道。

"哇，它们两个是好朋友吧？"昕羽说道。

"我刚刚说对了一半，因为有绳子！"嘉宁也说。

"王老师，这个小轮子叫什么呀？"小艾指着滑轮，问我。

"它叫滑轮。"我说。

"滑轮？"昕羽有点疑惑。

"你们看看，这个小滑轮和平时玩的轮子有什么不一样吗？"我继续追问。

"我玩的齿轮上边有一个一个的、突出来的东西。"译元用手比划着，说道。

"小汽车上的轮子和它一样都是圆的。"嘉宁说。

"不太一样，你看这儿有个坑。"小艾指着滑轮的凹槽说。

"对！你看这儿有个坑。车轱辘上面没有这个坑。"昕羽说。

"这个坑是一个小凹槽。"我说道。

"我知道它是干什么用的，可以把小绳子放在里边！你看，这个椅子上的就是。"嘉宁走到另一个玩具"自己拉自己"边上，指着滑轮的凹槽说道。

"你们看，这个'自己拉自己'是因为有上边的这个滑轮和这根绳子，才能把自己拉起来的。"嘉宁说。

"为什么这个上面的滑轮有3个，那个椅子上边的有5个呢？"小艾挠挠头。

"你们都坐上去试一试，不就知道了。"我故作神秘地说。

"好！"说完，他们3个人一人坐在一个"自己拉自己"的小椅子上了。

"预备，开始！"昕羽一声令下，他们3个人都奋力地拉着小绳子。最后，还是嘉宁胜利了。

"我已经用了好大的力气了，可还是没赢。"译元说。

"对呀！嘉宁比我力气还小，可还是赢了！"

"译元，你这个小椅子上边有几个小滑轮？"我问道。

"有3个。"潞延抢着答道。

"我这个有5个呢！"嘉宁也说。

"我知道了！小滑轮多，拉得就快，就能赢！"昕羽说。接下来，区域活动分享环节到了。他俩把自己的发现分享给了全班的小朋友。

在这次探究活动中，孩子们发现了滑轮与绳子的秘密，了解了滑轮的多少是赢得比赛胜利的关键。

（王欣玉）

小问号发展评价：

滑轮在幼儿园中的应用随处可见：定滑轮"自己拉自己"、手摇风车、动滑轮组装滑道和滑轮组运送沙子……这些玩具材料在给小朋友们带来快乐的同时，也引发了他们极大的好奇。"为什么在'自己拉自己'玩具中，我能把自己拉上去呢？"为了解决孩子们的疑惑，教师巧妙地利用变魔术的手法，将玩具稍作调整，引发孩子们对比、观察，将原因聚焦到小小的滑轮上；孩子们发现滑轮后，教师再引导他们仔细观察滑轮的外形特征、感受滑轮个数不同和上升速度之间的关系。整个探究过程中，教师层层递进地进行引导，幼儿步步深入地进行体验，巧妙自然，有效转换！

（邢　源）

为什么气球会变得这么大

涵涵在科学区给气球打气，涵涵用力地推拉着打气筒。不一会儿，气球就变大了。一会儿，他又突然松手，气球"刺"的一声就飞走了。他反复玩了好几次，可开心了。不一会儿，他疑惑地问我："梁老师，为什么气球会变得这么大？"

"你刚才做了什么，气球就变大了？"我试图引导他回忆刚才的过程。

涵涵回答："我用打气筒给气球打气了。"

"那是什么跑到气球里了呢？"

"我也不知道。"

这时候，不少小朋友看到我和涵涵在玩打气筒的游戏，都好奇地围了上来。

我对小朋友们说："孩子们，你们一起来试一试，推一推打气筒，看看会有什么变化？"

说着，小朋友们拿起打气筒，和我一起又推又拉。气球变大了，我突然松手，他们被吹得立刻闭上了眼睛。

我笑着问他们："气球里什么跑出来了呀？"

"是气！"

"是风！"

"是气球里的气吹的风！"

孩子们积极响应着。

"哎呀，你们可真厉害！原来是气从打气筒里跑了出来，感觉像风一样。"

"那我们快点看一看，打气筒是怎么把气吹进气球里的？"

茜茜抢过打气筒，说："我来看看。"一会儿，她惊喜地说："哦，我看到了一个个的小孔。"

"这些小孔是干什么用的呀?"我问。

涵涵说:"一定是让气'走路'的!"

"真棒!有了小孔,气才能走得通!"

接着,我又说道:"你们现在试一试,把嘴和鼻孔堵住,有什么感觉?"

小朋友们都照着做,用手捂住了鼻子,同时紧紧地闭上了嘴巴。不到半分钟,他们喘着气,对我说:"老师,不行啦,喘不上气啦!"

我疑惑地问:"为什么小朋友们会喘不上气来呀?"

"因为我们没有办法呼吸空气了。"

"因为鼻孔、嘴巴都被堵住啦!"

"你说得可真好!原来我们身边有空气!我们需要用鼻孔和嘴巴呼吸,气球也是一样,它也需要通过打气筒的孔把气压进去,才能变大!"

孩子们非常惊喜地发现了气球变大的秘密。

这个小小的打气筒和憋气游戏,引发了孩子们对空气的探索。他们初步感知了打气筒打气的原理,体验着空气无处不在的神奇!

(梁颖慧)

小问号发展评价:

空气无处不在,虽然它看不见、摸不着,但时时处处都影响着我们的生活。"气球为什么会变这么大"就是幼儿对空气现象的典型疑问。幼儿提出了这一问题,教师没有直接告知答案,而是请幼儿通过用打气筒给气球打气、猜测气孔的作用感知空气填充气球的过程。在孩子们发现了气孔后,教师引导他们用鼻孔、嘴巴闭气的方法亲身感受气孔与空气之间的流通现象,就好像气球和打气筒的气孔之间也需要空气流通、让气球填满空气一样。孩子们通过亲身感受和体验,解开了"气球为什么会变这么大"的问题。

(邢 源)

磁铁能吸毛巾吗

今天的区域活动开始了,辰辰和几个小朋友一起来到了科学区。他们在玩用磁铁、毛巾和曲别针感知磁铁磁力大小的实验游戏。

"磁铁都可以吸什么啊?你说磁铁能吸毛巾吗?"辰辰问道。

小瑜说:"能吧?"

荞荞很坚定地说:"不能!"

坤坤说:"磁铁吸不起毛巾来,它只能吸铁的东西。"

瑞瑞说:"你是怎么知道的?我觉得它能吸毛巾。"

听到孩子们的不同意见,我说道:"刚才,我听到有的小朋友说能,有的小朋友说不能,那么我们就来试一试吧!试过之后,我们就知道了。"

于是,我和孩子们针对"磁铁能不能吸毛巾"进行了实验。荞荞先拿毛巾和磁铁碰了碰,吸了一下,结果并没有把毛巾吸起来。

小瑜说:"没有吸上来,磁铁不能吸毛巾。"

我很神秘地说:"我很想看看瑞瑞是怎么做的。瑞瑞能够大胆地说出自己的想法,真的很勇敢。瑞瑞,你来试一试吧!"

听我这么一说,其他小朋友也安静了下来,大家都想看看她会怎么做。只见,瑞瑞拿起了一大、一小两块磁铁,然后将毛巾夹在中间,最后,她攥住大块磁铁,把毛巾翻过来,置于空中,毛巾垂下的四个角正好盖住了下面的小磁铁,远远看去,就像是磁铁吸住了毛巾一样。

我把毛巾拿过来,说:"你们看,瑞瑞是怎么让磁铁吸毛巾的呢?"

孩子们仔细观察，发现两块磁铁可以把一层毛巾夹住。

我接着问道："如果把毛巾对折之后，再试一试，结果会怎样呢？"

小朋友们纷纷议论起来。最后，瑞瑞把毛巾对折后，用同样的方法又做了一次实验进行验证。

"这次磁铁为什么没有夹住毛巾呢？"

辰辰想了一下，说："因为毛巾太厚，磁铁夹不住了。"

"哦，原来是磁铁的力量不够大，夹不住这么厚的毛巾呀！"

"老师，我也想试一试。"

我笑着说："好呀，感兴趣的小朋友都可以到科学区自己动手试一试，也许还会发现更有趣的事情呢！"

孩子们尝试将毛巾对折，再次用两块磁铁夹吸毛巾，进一步感知磁铁吸毛巾的神奇。

（李婉晴）

小问号发展评价：

幼儿喜欢探索有关磁铁的有趣现象，针对"磁铁能不能吸毛巾的问题"展开了激烈地讨论和验证。在探究中，一名幼儿像神奇的魔术师一样，利用磁铁的穿透性把毛巾吸了起来。猜想、观察、实验、再次猜想、再次验证、发现的科学探索过程在一个小小实验中全部囊括，实在是难能可贵。

（王凤新）

为什么雪花插片能漂起来呢

每周五的下午，保育员老师都会给玩具消毒，今天也不例外。有的小朋友吃完水果，会主动帮老师将需要消毒的玩具放在水池旁边。老师将玩具倒入盛满水的水池中，清洗、消毒。

这时，就听见瑞瑞在水房里发出了惊奇的声音："哇！你们快来看！雪花插片全都漂起来啦！"其他小朋友听到瑞瑞的喊声，马上围了过去，七嘴八舌地讨论起来。

"好神奇呀！小雪花插片飘在水上，真漂亮！"婉瑜说："老师！快来，快来！这个好神奇呀！"

我听到孩子们的呼喊声，马上走了过来，问道："咦？是什么玩具漂起来了？"

"为什么雪花插片能漂起来呢？"嘟嘟满心好奇地说。

"一定是因为水有'魔法'！"洲洲说道。

"唉！我发现水池底下有一个小铁球！"美琪说道。

"为什么小铁球不漂起来呢？"婉瑜好奇地问道。

"对呀，这是怎么回事呢？哪个小朋友知道？"我反问道。

美琪说："我觉得，是因为小铁球太重了，才跑到水底去了。"

"到底是不是美琪说的那样呢？"我继续追问着。

"我有一个好办法！我们可以让雪花插片和小铁球比一比，谁轻、谁重，就知道了！"瑞瑞想了一下，说道。

"瑞瑞，你真是太聪明了！"我说，"可是，我们怎么才能知道谁轻、谁重呢？"

美琪想了想，说："我有办法了！咱们用小天平比一比，就知道啦！"

于是，我和这几名小朋友从大班借来了小天平。孩子们在小天平的一边放了一片雪花插片，另一边放了一个小铁球。很快，小天平就向小铁球的方向倾斜了。

"哇！美琪真聪明！"我说道，"洲洲说得对，水宝宝有一个神奇的小魔法。这个小魔法可以让一些东西在水宝宝上边游泳，你们想知道是什么吗？"

"想！我想知道！"

"我也想知道！"

"那么，我们一起和水宝宝做个小游戏吧！"我说道，"大家去找你认为能在水宝宝上边游泳的东西，放进水里试一试，看看谁和水宝宝是好朋友！"

孩子们听后，都开心地在班里找了起来。不一会儿，就找到了许多东西：小剪刀、水彩笔、磁力棒、小沙锤、弹力球、黏土等，找到了这些材料之后，孩子们又开始了新的探索……

（王宇彤）

小问号发展评价：

孩子们由浮在水面上的雪花插片引发了提问与思考。教师递进式提问促进了幼儿深度思考，提高了幼儿的探究能力。同时，教师根据幼儿的现有认知水平，为他们提供了测量工具，引导幼儿学会借助简单的工具进行科学探究活动，更好地激发了幼儿深入探究的兴趣。

（张　瑶）

冰怎么才能挂起来呢

"老师，我想把我这个漂亮的冰块挂在树上！可是怎么才能挂起来呢？"

"可以去弟弟、妹妹的班里，搬把椅子，站在上面，把冰挂在树上！"

"可是，有了椅子怎么把冰挂住呢？"

"我有一个好方法，找根绳子系在冰上，再挂到树上！"

"不行！冰滑滑的，系上绳子，肯定会掉下来！"

"那可怎么办呢？"小朋友们开始讨论起来……

"我有一个好主意，我们把冰凿个洞，把绳子放在冰里。"

"对！放进去试试！"

"不行，我不同意！冰凿个洞，容易碎！"

"对！我参观冰灯节的时候，看见工人叔叔用锤子凿冰，冰就碎了！"

这时，一个小朋友提议："那我们一起来试一试吧！"

说完，小朋友们一起去三层木工区拿来了一把锤子，轻轻地敲了敲冰，果然，冰花碎了一地……

"我来用筷子钻一钻冰花，试一试！看看能不能钻出个洞洞。"

"我找到一根木棍，我用木棍也试一试！"

小朋友们用筷子、木棍用力钻冰，可是冰太硬了，根本钻不动呀！

"那怎么才能把绳子放进冰里呢？"

"我想到好办法了！我们重新冻一次冰，把绳子放进水里，这样冰花冻上后，绳子就能紧紧地冻在冰里啦！"

"同意！咱们快来试一试吧！"

于是，孩子们开始了第二次制作冰花，除了在水里加了颜料，还将各种漂亮的绳子加进了水里……

又过了一天，孩子们去看冻好的冰花。这一次，绳子牢牢地和冰冻在了一起，怎么拽都不会掉下来了。小朋友们开心地把漂亮的五彩冰球挂在了山楂树上。

有了冰球的装饰，山楂树变得五彩斑斓、异常美丽！

（王　晴）

小问号发展评价：

想要用绳子悬挂冰球，并不是简单的系绳、钻孔可以解决的，这是由于冰独特的物理特性——表面光滑、硬度较低导致的。因此，如何悬挂冰球给中班的小朋友们带来了不小的挑战。在亲自猜想、尝试和验证后，聪明的小朋友们终于将问题解决的办法指向冻冰的过程。由此可见，幼儿的思维已经由具体形象思维逐渐向逻辑思维转化。这说起来简单，做起来可是需要孩子们大量的感知体验与实践探索的！

（陈立云）

教师在进行科学游戏指导时，启发式指导语的应用可以渗透在各个指导策略或指导媒介中。教师只有树立启发幼儿自主探究的意识，与幼儿共同参与科学探究过程，更好地运用启发式指导语，才能充分发挥促进幼儿深度探究的作用。

第四节　集体教学与生活渗透相结合，
落实课程实践生活化

主题式科学探究课程的有效开展不仅要借助社区资源与预设课程，还要融入幼儿一日生活中的各个环节，确保主题活动的多样化实施，实现主题式科学探究课程化整为零、在生活中落实的目标。

（一）晨间入园环节开展科学探究课程的真实案例

在"幼儿园的果实熟了"主题活动开展期间，孩子们伴随着动听的音乐，陆陆续续来到了班里。有的小朋友在晨间劳动，收拾玩具，有的小朋友在观察晾晒的果干。花生小朋友一进班就跟我说："老师！我和奶奶周末去摘果实了。一会儿，我想跟小朋友们分享！"正说着，飒飒也带着"新闻"来到我面前："老师，我在家晾晒山楂干了！我也想分享！"于是，在"新闻播报"环节，我请他们走到了小朋友们的面前，分享了自己的收获。

花生说："大家好！今天，我想跟大家分享一下我跟奶奶在大棚里摘韭菜。韭菜上面开起了小黄花，韭菜是插在土里的。我还帮奶奶摘花生了。花生是长在土里面的，我看见花生是有一个豆、两个豆……不一样数量的花生豆在花生皮里。"

飒飒说："大家好！今天，我给大家分享我在家里晾晒的山楂干。我先把山楂洗干净，然后把它切成薄薄的小片，晾在我们家窗台上，这是一个星期晾晒完成的山楂干。"

"新闻播报"环节结束后，孩子们将自己带来的"新闻"图片张贴到了班级新闻角。

小朋友们陆续进餐时，周周站在新闻角的墙前面观看小朋友带来的新闻："老师，我们也晾晒山楂干，可以吗？""当然可以！"在周周的提议下，我们在集体活动中共同讨论"山楂干晾在哪儿"。有的小朋友说晾在阴凉的地方，有的说晾在阳光下，有的说晾在户外的小房子里，还有的说晾在冰箱里的冰块上……孩子们的想法各不相同。于是，我们开始分组晾晒，并记录了不同的晾晒地点。

过了一周，又到了晨间"新闻播报"环节，小朋友们陆续观察着从不同地点收集来的山楂干。"这几个地方的山楂干不一样！"我问道："哪里不一样？"昊宸说："窗台上的山楂干是干干的。""冰箱里的呢？""冰箱里的开始硬硬的，现在变得湿湿的、软软的，感觉不像山楂干。"我又问："你们觉得在哪里晾晒山楂干比较好呢？"小朋友们都说出了自己的想法，大家发现了山楂切得薄一些、在室内窗台上晾晒最适宜（图5-3～图5-6）。

图5-3　晾晒山楂干：阳台上

图5-4　晾晒山楂干：冰块上

图5-5　晾晒山楂干：户外小房子里

图5-6　晾晒山楂干：小花下

（二）晨间环节开展中班科学探究课程的有效策略分析

通过分析晨间环节开展科学探究课程的案例，教师总结了以下适宜策略。

1. 充分利用幼儿陆续入园时间进行连续、对比观察。在案例中，幼儿陆续入园时，除自主选择晨间劳动、整理手头玩具外，还可以融入植物观察、实验结果连续观察活动。如幼儿在晾晒山楂干后，自主进行山楂干晾晒效果的科学观察活动，发现果干的变化以及不同位置晾晒果干效果的区别。

2. 以"科学小新闻"播报的形式，通过家园共育积累科学探究前期经验。在案例中，幼儿将自己在家中收获果实和晾晒果干的发现通过照片、绘画、符号等形式记录成"新闻"，并带到班里和其他幼儿分享，他们在分享中讲述了常见果实的外形特征、生长位置、收获方法、品尝感受以及晾晒果干的新发现、新经验，激发了其他幼儿的探究欲望。

3. 积极创设与科学课程相关的环境或互动墙饰，鼓励幼儿在操作墙面材料的过程中探索发现。在案例中，"新闻播报"环节过后，幼儿将自己带来的"小新闻"图片贴到了班级新闻角，陆续进餐的幼儿可观看和讨论。此外，教师也可以利用墙面及植物角设计果实触摸板（感知果实表面光滑还是粗糙）、果实娃娃等互动区域，鼓励幼儿利用这段时间操作感知果实的外形特征。

（三）餐前准备环节开展科学探究课程的真实案例

在开展"秋天"主题活动时，小朋友们户外活动后，回到班里，陆续如厕，在外面等候的几个小朋友提议一起说儿歌。于是，我们说起了《秋天》这首儿歌。来到睡眠室后，有的小朋友选择"拔根"游戏，有的小朋友选择"叶子找朋友"游戏，有的小朋友选择观看秋天的影集，有的小朋友选择观察大家一起收集来的果实……

小羽玩了一会儿，说："老师，我发现根越粗越厉害！"睿睿观看着影集，和周边的小朋友说："我是在未来科学城拍的秋天，那里的银杏树叶子特别黄！"钒宇触摸着不同的果实，自言自语道："核桃硬硬的，山楂软软的……"

这时候，新闻角的墙上贴满了小朋友们前期为秋天拍摄的美丽照片。小朋友们陆续拿起小印章，选择自己喜爱的作品，盖章、投票。

在"神奇的纸"主题活动中，孩子们特别喜欢在餐前准备的过渡环节里自由选择各种各样的纸游戏，如纸杯塔、折纸照相机、方宝、纸飞机、纸蜻蜓、"东南西北"等。今天，默默和安安小朋友选择了纸蜻蜓的游戏，他们搬来一把小椅子，站在小椅子上，从高处把3个不同质地的纸蜻蜓往下扔。看到他们玩得兴致勃勃，我问道："你们有没有发现纸蜻蜓下落有什么不同啊？""我发现它们有的快，有的慢。""哪个快，哪个慢呢？""这个硬卡纸第一快，彩纸第二快，报纸第三。""你们知道这是为什么吗？"他们想了想，说："我们不知道。""你们用手摸一摸纸蜻蜓，看一看有什么不一样的地方？"我又问。"我发现有的硬，有的软。""那硬的下落快，还是软的下落快？"我再次追问，默默大声回答："我知道啦，硬的快！"

楼道里，周周在玩方宝。只见，他正使劲摔方宝，想把其他小朋友的方宝翻过来。依依拿起了"东西南北"，对张老师说："老师，请问您想要哪个方向？要几下？"张老师说："我想要'东'，7下。"依依特别认真地数着："1、2、3、4、5、6、7。老师，您看，您的这个是一朵小花，送给您。"

牛牛拉着客人老师给她讲起了自己带来的新闻："老师，您知道纸是怎么来的吗？我给您讲一讲。先选好木头，然后把木头切成片煮，然后洗，再过滤，选出好的，就是纸了。"客人老师听了他清楚的讲解，竖起了大拇指。

娇娇和婉婷在电脑桌前观察着自己做的纸浆作品，娇娇说道："有的干了，有的还没干。""这个小熊厚，所以没干，那个薄，干得会快一些。"婉婷观察后，解释着。

第二天早晨，娇娇和婉婷分享了自己制作纸浆的发现，引发了全班小朋友的好奇，小朋友们利用区域游戏、过渡环节和自主游戏时间，选择废旧纸张，通过碎纸、浸泡制作纸浆，尝试捏出各种新奇的造型。临近主题结束时，一个个活灵活现的造型——恐龙、机器人、花朵等，陆续呈现在班级美工区的展台上。

（四）餐前准备环节开展科学探究课程的有效策略分析

教师发现，餐前环节幼儿自主游戏时间充分，可以通过以下策略开展科学探究课程的尝试。

1. 投放幼儿前期共同制作的与科学主题相关的手头玩具材料，如"神奇的纸"主题活动下，投放了幼儿与教师共同制作的纸杯塔、折纸照相机、方宝、纸飞机、纸蜻蜓、"东南西北"等纸玩具，还投放了纸浆等材料，供幼儿科学游戏。

2. 引导幼儿自主观察、操作与主题相关的科学小实验，发现并感知科学现象。如案例中，教师在幼儿纸蜻蜓下落实验中及时介入，以启发式提问和追问的形式引导幼儿发现科学现象，如"纸蜻蜓为什么有的落得快，有的落得慢""它们有什么不一样"等。

3. 餐前过渡环节陆续开展相互投票、连续观察等循序渐进、人人参与且等待结果较长的科学活动，如在案例中，幼儿自主地为小朋友的秋天摄影作品投票、持续观察纸浆变化等。

（五）午餐后过渡环节开展科学探究课程的真实案例

午餐后的过渡环节是一个幼儿流动性大、自理活动较多的环节，由于孩子们进餐速度不同，既要保证孩子们进餐后的散步时间，又要让幼儿充分自主游戏，为了使科学探究课程贯穿于餐后散步环节，教师进行了以下尝试。

在开展"神奇的迷宫"主题活动中，孩子们午餐后陆续来到楼道里。花生和昊宸选择了墙面拼摆设计迷宫"小蚂蚁的地洞"。看完他们拼摆的迷宫，我向他们提出了新的挑战："你们给小蚂蚁迷宫设计了两条通路呀，真棒！能给小蚂蚁设计点儿新的障碍吗？增加点儿难度。""行！我们试试！"说完，他们继续操作起来。

旁边的小朋友们分别选择了六面迷宫、滚珠迷宫、电子图片迷宫、磁铁迷宫等玩具材料进行游戏。"你们最喜欢玩哪种迷宫玩具？"我问。"我最喜欢这个六面迷宫。""你觉得这个难吗？""有点儿难，但是难才好玩！"曦诗笑着说。"我也觉得之前的迷宫太简单了，我都会了，我喜欢这里更难的迷宫。"海洋指着 iPad 里的复杂迷宫图说。

还有的小朋友在餐前玩了垫子迷宫拼摆游戏，餐后继续拼摆立体迷宫。"你们好厉害呀！迷宫的进口和出口在哪里？"我问。"这里是进口，那里是出口。"昕晨回答我说。"怎样才能让小朋友一下子就能看出哪里是进口、哪里是出口呢？"我接着问。她回到班里，快速拿来了之前用来做标记的胶钉，把它贴在了入口处和出口处。垫子迷宫终于搭建成功了。这时，多数小朋友也已进餐结束，他们来到了楼道里了，准备去散步了。在"小队长"的带领下，小朋友们边念《走迷宫》的儿歌边走起了用垫子拼摆的迷宫。

随着小朋友们对迷宫游戏的兴趣越来越高，一场自发的迷宫挑战赛在班里火热展开。小朋友们投票选择了比赛迷宫图，并积极练习。我们利用餐前和餐后过渡环节在班里进行小组比赛，并为每个参赛的小朋友计时。从刚开始的挑战 5 分钟走完 4 个迷宫图，到后来 2 分钟内全部完成。班里的小朋友们观察迷宫画面、快速走迷宫的能力迅速提升。

（六）午餐后过渡环节开展科学探究课程的有效策略分析

教师通过实践发现，可以通过以下策略在午餐后过渡环节开展科学探究课程的尝试。

1. 投放丰富多样、与主题相关的科学游戏材料和玩具。如在"神奇的迷宫"主题活动中，教师将六面迷宫玩具、滚珠迷宫、磁铁迷宫等玩具放置在幼儿午餐后散步区域，陆续进餐完毕的幼儿可以自主选择与主题相关的玩具材料进行探究与操作。

2. 创设与主题相关的科学互动墙饰。如在案例中，幼儿陆续到楼道操作"小蚂蚁的地洞"迷宫设计。在游戏中，尝试设计带有通路和岔路口的迷宫，有效地发挥了幼儿与墙面互动的功能。

3. 利用多媒体设备添加主题科学游戏。如在案例中，有的小朋友游戏能力强，前期投放的迷宫图已经不能满足他们的探究需求，所以教师及时在班里的电子设备 iPad 中投放更难的迷宫图，以满足不同幼儿的游戏需求。

4. 餐后散步环节融入了幼儿自创的低结构路线游戏。如案例中，幼儿在散步时走起了用垫子拼摆的迷宫，既达到餐后散步的目的，又延续了对设计、拼摆迷宫路线的探究。

第五节　共同参与与课程展示相结合，呈现课程效果可视化

为了将主题式科学课程与幼儿的活动深入对接，课程实施过程中可以将幼儿日常的科学小实验、科学游戏、主题式科学探究活动融入科技节、表演秀、节日演出、评比竞赛等幼儿参与为主的班级、年级组活动及大型活动中，使幼儿在展演、竞赛中体会课程带给自己的快乐和成就感。

（一）丰富多彩的科技节

为了更好地落实幼儿园科学特色园本课程的教学宗旨和目标，让孩子们喜欢科学、亲近科学、走进快乐的科学世界，同时，也为了向社会和家长宣传科学教育对幼儿发展的重要性，结合"六一儿童节"，园所每年都会开展"拥抱科学，放飞梦想"的科技节活动。科技节活动包括幼儿探究体验的科学小实验、科学表演秀以及传统科学艺术项目表演。充满神秘色彩的泡泡秀、以中国四大发明为主题的造纸术和印刷术体验活动、皮影表演、小丑魔术表演等（图5-7），均能开发幼儿的科技视野，拓展幼儿的科学体验。每个班级的科学实验坚持"人人参与"的原则，鼓励幼儿以游园会的形式体验科学实验的有趣，感知初步的科学现象，了解简单的科学原理。丰富多彩的科技节活动充分体现了园所的科学特色，使幼儿在科学游戏的同时感受时代精神及传统文化的魅力。

图5-7　科技节小丑魔术表演

"拥抱科学，放飞梦想"科技节

——爸爸，您知道黄色跟红色混合后，会变成什么颜色吗？

——爸爸，您知道水跟油放在一起会是什么样吗？

——爸爸，您知道泡泡在太阳光的照射下会出现几种颜色吗？

女儿从幼儿园放学回家后，问了我一连串的问题。

我佯装不知，便问女儿答案是什么。女儿仰着小脑袋，如得胜将军般一个个地说出了答案，然后骄傲地跟我说："这是我在幼儿园科技节上学到的。"

看着孩子满足的笑容，我不禁回想起我的小时候。记得从入幼儿园开始就学习语文、数学等文化课，好不容易赶上喜欢的非文化课，也会随着老师一句"文化课最重要，其他的都得为文化课让路"被轻易"抹杀"。这种情况造就了很多"应试生"，除了学习文化课，其他的都很薄弱，扼杀了孩子的想象，限制了孩子对外界探索的欲望和时机——这就是应试教育产生的不良后果。北京市昌平实验幼儿园开展的"拥抱科学，放飞梦想"科技节活动，让孩子们避免了我们小时候走过的弯路。

　　这次活动是我带着女儿共同参与的。活动中，她表现得热情高涨，对颜色混合后发生的变化尤为好奇，在实验区观察了很久。回家后，还自己做实验，知道了红色和蓝色混合后会变成紫色、蓝色跟黄色混合后会变成绿色。尽管她把颜料弄得满身都是，但看着她富有成就感的样子，我们作为家长的也很开心。当女儿走进"泡泡秀"实验区时，还兴奋地跟我说："爸爸，你看，那个泡泡有好多种颜色，跟彩虹一样漂亮！""爸爸，你看小火山爆发了。""爸爸快看，牛奶变成烟花了！""爸爸，快看，水居然会自己往上爬。"这一天，孩子完全沉浸在科技带来的各种神奇之中，回到家之后还意犹未尽，也就有了文章刚开始时的画面。

　　幼儿园的科技节虽然短暂，但带给孩子和家长的远不止这一次简单的活动。让孩子们在游戏中学习，在活动中培养孩子们对科学的探索，让科技带给孩子们一双飞翔的翅膀，这是家长们希望看到的结果，也是幼儿园的办园宗旨。

（佚　名）

（二）定向越野亲子运动会

　　开展定向越野亲子运动会，是将科学与体育相结合，将家庭与园所相结合，将传统文化与挑战相结合，着力打造集健康、科学、文化为一体的融合型亲子体育活动。

　　定向越野亲子运动会把科学体育游戏融入幼儿的定向路线图，幼儿在科学游戏的过程中增强识图能力，提高身体素质的同时，进一步提升了科学观察能力、思考能力等。

　　亲子活动体育项目的设计也可以与传统文化相结合，设立套圈、舞龙等传统游戏项目，激发幼儿对中华文化的浓厚兴趣，通过文化与体育的结合让幼儿乐在其中、悟在其中，潜移默化地感受中华民族深厚、悠久的文化底蕴。

　　此外，园所以"科学创新幼儿体操"为载体，把园所科学游戏与幼儿体操歌谣相结合，鼓励教师创编具有园本特色的科学唱游体操，下面的《我爱我的科学园》即是一首介绍园所科学资源的小班唱游律动。

原创小班趣味唱游律动《我爱我的科学园》

　　趣味唱游律动是小班幼儿喜欢的唱游体操形式之一，它非常适合小班幼儿的身心发展特点和需求。本套体操在美妙的音乐伴随下，让小班幼儿边说歌谣边做动作，从而激发幼儿参与活动的兴趣。其最大的特点是结合本园的科学设施、科学环境和科学特色课程，通过唱游律动从小培养幼儿的科学兴趣，养成爱科学、爱探究的科学精神，打开幼儿的奇思妙想，为幼儿今后的科学素养、良好习惯的养成奠定基础。

　　本套操节内容包括了上肢动作、下肢动作、伸展动作、腰部动作等，时间约为1分半。下面介绍本套唱游律动的内容与方法：

　　　附歌谣：

我爱我的科学园

幼儿园里真美好，绿树鲜花开口笑；
光影游戏真奇妙，无土栽培效果好。
滑轮运沙省力气，流水滑梯哈哈笑；
爸爸妈妈去上班，我在这里做游戏。
幼儿园里真有趣，奇思妙想在这里；
大风车呀摇起来，索道从上滑下来。
磨盘转转要用力，空中花园真美丽，
我爱我的科学园，科学启蒙在这里。

动作方法：

第一个八拍动作：幼儿园里真美好

图 5-8　1～4 拍　　　　　　图 5-9　5～6 拍　　　　　图 5-10　7～8 拍

1～4 拍（图 5-8）"幼儿园里"：左脚开始原地高抬腿踏步，同时两臂于体侧前后直摆（双手握空拳，头稍向左右屈摆）。

5～6 拍（图 5-9）"真美"：双脚并拢，直立，同时双手左肩前击掌一次（头向左摆）。

7～8 拍（图 5-10）"好"：同 5～6 拍动作，但方向相反。

第二个八拍动作：绿树鲜花开口笑

图 5-11　1～2 拍　　　图 5-12　3～4 拍　　　图 5-13　5～6 拍　　　图 5-14　7～8 拍

1～2 拍（图 5-11）"绿树"：右臂伸至左前方，左臂屈于体后，同时上体稍向左转（右手握拳，食指伸出，左手五指并拢，手背贴于后腰，眼看手指方向）。

3～4 拍（图 5-12）"鲜花"：同 1～2 拍动作，但方向相反。

5～6 拍（图 5-13）"开口"：上身稍前屈，同时两臂体前立屈（双手五指并拢，外张，掌跟相靠，置于下颌处，眼视前方）。

7～8 拍（图 5-14）"笑"：还原成直立，两臂置于体侧，双手五指并拢。

第三个八拍动作：光影游戏真奇妙

　　　　1～8 拍（图 5-15）"光影游戏真奇妙"：两腿直立，同时两臂胸前平屈，两小臂向外交替绕环（双手握拳，左臂下、右臂上）。

图 5-15　1～8 拍

第四个八拍动作：无土栽培效果好

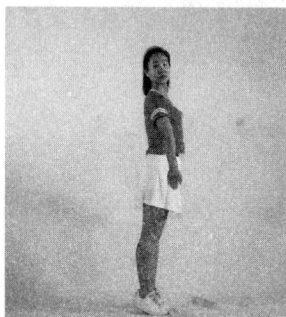  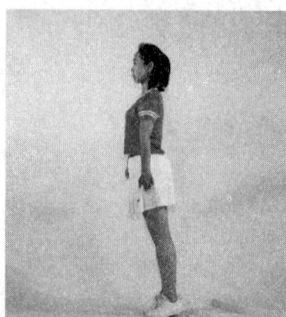 

图 5-16　1～2拍　　　　图 5-17　3～4拍　　　　图 5-18　5～6拍　　　　图 5-19　7～8拍

1～8拍（图5-16～图5-19）"无土栽培效果好"：两腿直立，提踵原地小碎步，向左转体360度，同时两臂侧斜下举（双手五指并拢，头向右转）。

第五个八拍动作：滑轮运沙省力气

1～2拍（图5-20）"滑轮"：两腿直立，同时左臂经上向下拉动至还原，右臂胸前平屈（双手握拳）。

3～4拍（图5-21）"运沙"：同1～2拍动作，但方向相反。

5～8拍（图5-20、图5-21）"省力气"：同1～4拍动作。

图 5-20　1～2拍、　　　　图 5-21　3～4拍、
　　　　　5～6拍　　　　　　　　　　7～8拍

第六个八拍动作：流水滑梯哈哈笑

1～4拍（图5-22）"流水滑梯"：左脚向左侧迈一步，同时左臂经侧上、右臂胸前平屈向下摆动至左臂胸前平屈、右臂摆至侧上举（眼随手动）。

5～8拍（图5-23）"哈哈笑"：同1～4拍动作，但方向相反。

图 5-22　1～4拍　　　　图 5-23　5～8拍

第七个八拍动作：爸爸妈妈去上班

图5-24　1～2拍　　　　图5-25　3～4拍　　　　　　　图5-26　5～8拍

1～2拍（图5-24）"爸爸"：左脚收回，同时左臂前平举（左手五指并拢，掌心向上，头稍向左屈）。

3～4拍（图5-25）"妈妈"：右臂前平举（右手五指并拢，掌心向上，头稍向右屈）。

5～8拍（图5-26）"去上班"：左脚开始高抬腿原地踏步，同时两臂前后交替直摆（双手握空拳）。

第八个八拍动作：我在这里做游戏

  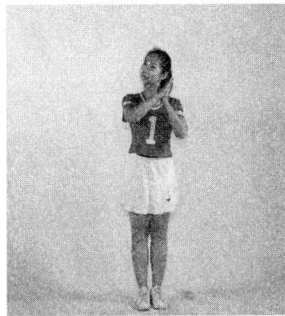

图5-27　1～4拍　　　　　　图5-28　5～6拍　　　　　　图5-29　7～8拍

1～4拍（图5-27）"我在"：继续原地踏步。

5～6拍（图5-28）"这里"：两腿直立，同时双手左肩前击掌一次（头稍向左屈）。

7～8拍（图5-29）"做游戏"：同5～6拍动作，但方向相反。

第九个八拍动作：幼儿园里真有趣

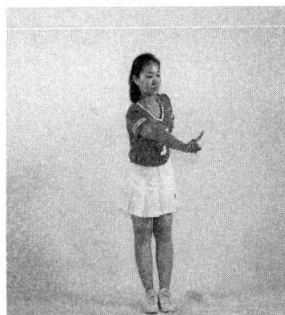 

1～4拍（图5-30）"幼儿园里"：左手背后，右臂向左前伸出至平举，同时身体稍向左转（右手握拳，食指伸出，眼看指出方向）

5～8拍（图5-31）"真有趣"：同1～4拍动作，但方向相反。

图5-30　1～4拍　　　　图5-31　5～8拍

第十个八拍动作：奇思妙想在这里

图 5-32 1～4 拍　　　　　　图 5-33 5～6 拍　　　　　　图 5-34 7～8 拍

1～4 拍（图 5-32）"奇思"：左脚开始高抬腿原地踏步，同时两臂前后交替直摆（双手握拳、头稍向左、右屈摆）。

5～6 拍（图 5-33）"妙想"：两腿直立，同时双手左肩前击掌一次（头稍向左屈）。

7～8 拍（图 5-34）"在这里"：同 5～6 拍动作，但方向相反。

第十一个八拍动作：大风车呀摇起来

1～2 拍（图 5-35）"大风"：左脚向左侧迈出一步，同时左手背后，右臂上举（右手握拳，食指伸出，头稍后仰）。

3～4 拍"车呀"：上体向左转体 90 度，同时右臂摆至前平举（头向左转）。

5～8 拍（图 5-36）"摇起来"：同 1～4 拍动作，但方向相反。

图 5-35 1～2 拍　　　　　图 5-36 5～8 拍

第十二个八拍动作：索道从上滑下来

 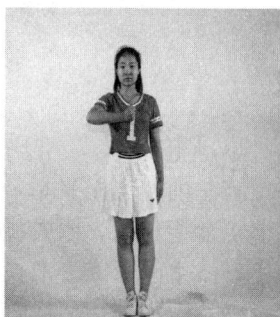

1～2 拍（图 5-37）"索道"：左脚收回直立，同时左臂经上举向下拉至体侧，右臂体前平屈（右手握拳，眼看左手）。

3～4 拍"从上"：同 1～2 拍动作，但方向相反。

5～8 拍"滑下来"：同 1～4 拍动作。

图 5-37 1～2 拍、5～6 拍

第十三个八拍动作：磨盘转转要用力

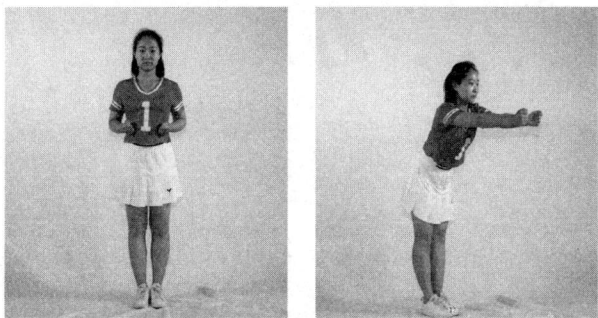

图 5 - 38　1～4 拍

1～4 拍（图 5 - 38）"磨盘转转"：原地碎步，向左转体 90 度，同时两臂经体侧向前推摆至前平举（双手握拳，拳心相对，上体稍前屈）。

5～8 拍"要用力"：同 1～4 拍动作，但方向相反。

第十四个八拍动作：空中花园真美丽

图 5 - 39　1～8 拍

1～8 拍（图 5 - 39）"空中花园真美丽"：两腿直立，原地碎步，向左转体 360 度，同时两臂斜上举（双手五指并拢，掌心相对，稍抬头）。

第十五个八拍动作：我爱我的科学园

 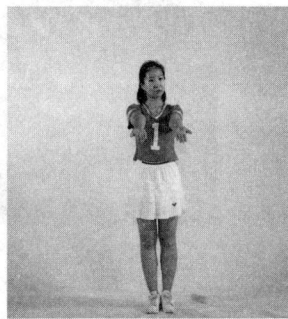  

图 5 - 40　1～2 拍　　　图 5 - 41　3～4 拍　　　图 5 - 42　5～6 拍　　　图 5 - 43　7～8 拍

1～2 拍（图 5 - 40）"我爱"：两腿直立，同时左臂前平举，右臂置于体侧（左手五指并拢，掌心向上，右手五指并拢，贴于大腿外侧，头向左屈）。

3～4 拍（图 5 - 41）"我的"：同 1～2 拍动作，但方向相反。

5～6 拍（图 5 - 42）"科学"：两腿稍屈膝，同时两臂胸前平屈（双手握拳，大拇指竖起，眼看前方）。

7～8 拍（图 5 - 43）"园"：还原成直立，两臂置于体侧，双手五指并拢。

第十六个八拍动作：科学启蒙在这里

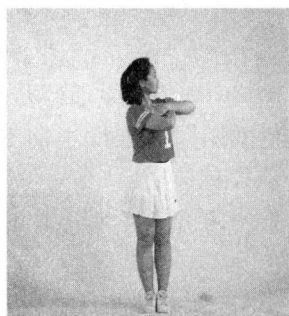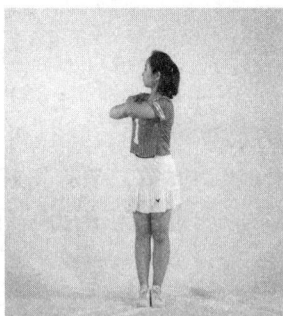

图 5-44　1~2 拍　　　　图 5-45　3~4 拍　　　　图 5-46　5~6 拍　　　　图 5-47　7~8 拍

1~2 拍（图 5-44）"科学启蒙"：上体稍向左转，同时两臂胸前屈，两小臂交叉，左小臂在上、右小臂在下（双手触肩，头向左转）。

3~4 拍（图 5-45）"启蒙"：同 1~2 拍动作，但方向相反。

5~6 拍（图 5-46）"在这"：两臂斜上举（双手五指并拢，掌心相对，稍抬头）。

7~8 拍（图 5-47）"里"：还原成直立。

（三）家园共育展示活动

本着"尊重、平等、合作"的原则，开拓家园共育资源的课程展示活动是科学文化的重要体现。展示活动在全体幼儿、教职工以及家长的共同努力下，集"健康、语言、社会、科学、艺术"为一体进行演出，汇集创意沙画展、科学儿歌、环保科学 T 台秀、科学童话剧等科学元素的节目，富有新意、突显水平。家园共育展演，将家长与幼儿园的教育成果相互整合，提升了家园共赢、共建课程的效果。（图 5-48~图 5-51）

图 5-48　沙画记忆展

图 5-49　科学儿歌精彩串烧

图 5-50　环保科学 T 台秀

图 5-51　科学童话剧《敢于怀疑的小狐狸》

原创散文诗表演《美丽的实验幼儿园》

姐姐，我想找到一个地方，那里有小溪，还可以划船。

我知道那个地方，那里的水一年四季都能玩，春天我们用水吹泡泡，夏天我们用水滋水枪，秋天我们用水摇水车，冬天我们用水做冰花。

姐姐，我想找到一个地方，那里有美丽的小花、小草。

我知道那个地方，那里的花草实在太多。可爱的绿萝倒挂房檐，美丽的迎春花在角落里开放，勇敢的爬山虎爬满围栏，最神奇的还有能在空气中生长的植物。

我知道那个地方，那里春天播种，秋天丰收。我们可以照顾自己的小苗，采摘收获的果实，但你要知道想要摘到果子、用果子做吃的也不是件容易的事情呢！

姐姐，我想找到一个地方，那里可以让我飞上蓝天，走进太空。

我知道那个地方，那里有一架大飞机，你可以感受到飞上蓝天的乐趣，还能知道飞机的所有秘密。

那里还有一艘太空飞船，它会带着我们飞到星球的身边，你会发现，原来地球这么小、太阳那么大、月亮不会亮，各种各样的秘密都会呈现在你的面前。

姐姐，我想找到一个地方，那里可以让我快乐地做游戏。

我知道那个地方，那里的游戏太多了！沙地挖水渠，连通南北水，和伙伴一起合作空中运沙。记得运沙时听到铃铛响起，一定就是沙子来了。

那里的魔尺游戏千变万化，变出所有的奇思妙想。那里的魔方争霸赛在打破、重组中找到游戏高手。比赛的时候，我的心脏都要跳出来了。

那里还有很多很多的纸杯、纸盒"变废为宝"，我们共同用小手搭建出各种建筑，我们每个人都是建筑大师。

那里还有最有意思的科技节。每一次科技节的游戏都很神奇，我到现在都记得，神奇的印刷术、有趣的造纸术、厉害的火焰掌，这些都是我喜欢的。

那里的游戏、玩具数也数不清、说也说不尽。那里还有一群爱护我们好奇心、帮助我们探索真相的老师，你不用害怕说出你天马行空的想法，他们不会嘲笑你，而是会了解你的想法多么有趣！我最敬爱他们了！

姐姐，那个地方在哪里？我好想去。

那个地方在美丽的温榆河畔、美丽的科学城北延、新建的土沟村中线、一所奇幻的科学乐园，那就是昌平实验幼儿园。

实验幼儿园，我们的科学乐园。

我们一直爱探索，我们一直爱科学，我们会将科学的种子深埋心间。

终有一天，我们会枝繁叶茂、树木参天！

（门雅娴）

原创三句半表演《夸夸我的幼儿园》

节目到此才一段，我们四个台上站，有锣没鼓三句半，这添乱！

初次登台经验少，欢迎大家来指导，不管说得好不好，咱别跑！

各位领导你们好，各位老师你们好，各位家长你们好，俺也好！

今天上台把话唠，台上台下齐欢笑，科学成果齐分享，真骄傲！

科学乐园有特色，教学设施翻了个，老师个个都出色，好样的！

园里处处是科学，楼道科学玩具多，户外游戏乐趣多，笑声多！

一楼科学走近我，二楼科学陪伴我，三楼科学改变我，真爱我！

二楼科学探索厅，三楼科学环保厅，还有皮影戏剧厅，厅厅乐！

四季花果和树木，观察照顾准不误，秋收果实冬季储，真辛苦！

南水北调我来玩，空中花园我来看，磨盘转转我来推，不是吹！

科学问题我来提，科学实验我来做，科学发明我来想，科学家！

三小操场我来玩，哥哥姐姐是榜样，天天运动身体好，吃嘛香！

春游农业嘉年华，秋游航空博物馆，还有农业示范园，游乐园！

我们相聚在这里，载歌载舞真欢喜，心里高兴没法比，笑声起！

为了今日成果展，我们辛苦来表演，掌声掌声快响起，预备齐！

培养学习好习惯，步入小学成绩赞，谁要问咱哪里学，幼儿园！

要问我们幼儿园，科学游戏乐翻天，名字那叫一个赞，昌实验！

（邢 源 徐 露）

（四）竞赛演出，课程展示

此外，为促进科学探究课程深入实践，园所教师和幼儿之间开展科学益智玩具挑战赛，充分利用日常活动及幼儿在家时间鼓励幼儿练习益智比赛项目。百变魔尺赛、魔方争霸赛、迷宫挑战赛、齿轮挑战赛等科学游戏均是课程开展过程中人人参与、兴致高涨的比赛活动（图5-52～图5-56）。

图5-52 幼儿魔尺比赛

图5-53 教师魔尺比赛

图5-54 魔方比赛

图5-55 迷宫比赛

图5-56 幼儿齿轮比赛

附儿歌：

科学益智玩具挑战赛

小小魔尺，造型百变。
三阶魔方，激烈争霸。
迷宫比赛，益智动脑，
齿轮挑战，转动连连。

第六章
小班主题式科学探究课程

针对小班幼儿探究学习的特点，我们从科学探究内容的选择、探究活动形式的生活化、游戏化、情景化方面进行了探索。

春天是万物复苏的季节，也是动、植物变化最明显的季节。"花儿朵朵"主题活动是孩子们对植物进行的探索之旅。他们通过看、听、摸、闻，观察和发现花朵的神奇变化。随着幼儿感官的发展，小班幼儿对声音越来越敏感，"好玩的声音"主题活动带领小班幼儿发现不同的声音与我们生活的关系，风雨雷电的感知、传声游戏的体验、在敲敲打打中发现声音的大小及音色的不同……

游戏是幼儿的天性，玩具是儿童的"天使"。小班的小朋友通过玩玩具去感知和认识世界。通过开展主题活动"玩具转转转"，幼儿发现了转动玩具的神奇。车轮、陀螺、万花筒、轮胎、旋转木马、风车、转椅等玩具任由小班幼儿自由探索。到了夏季，好玩的沙水游戏是小班幼儿最喜欢的。他们蹚水、钓鱼、旋转水车、塑沙堡，与沙水近距离接触，回归了自然。

总之，小班每个主题式科学探究课的选择都是从孩子身边的事物、兴趣引发的。小班幼儿在幼儿园的科学王国里充分地感知和体验，为升入中、大班更加深入地参与课程，积累了丰富的前期经验。

主题活动一：玩具转转转

一、主题活动来源

玩具是伴随幼儿童年生活的亲密伴侣。孩子们在玩玩具的过程中，发现玩具的秘密。在与同伴分享玩具的过程中，初步学习人际交往，感受分享的快乐。"玩具转转转"主题活动结合幼儿园室内与室外的转动玩具：陀螺、万花筒、风车、滑轮、手摇发电机、小磨盘等，引导幼儿在探究转动玩具的过程中，感知转动现象的有趣和神奇。

"玩具转转转"主题活动主要分为三部分内容：好玩的转动玩具、转起来的秘密、我的玩具转起来。幼儿在游戏的过程中初步体验转动玩具的明显特征。在教师的引导下，孩子们发现很多转动的玩具都需要拧，才能转动，如：小改锥、瓶盖、拼插玩具、陀螺；有些玩具吹一吹，也可以转动，如风车、风向标。楼道里的手摇风车、旋转哈哈镜都可以在转动中发生神奇的变化。下面，就让我们跟随孩子走进玩具转转王国，一起发现转动玩具的奥秘。

二、主题活动目标

（一）健康领域

1. 愿意参加体育活动，在运动中感受快乐。
2. 在转动游戏中发展身体平衡能力和协调能力。
3. 在教师的引导下，知道在游戏中保护自己。

（二）语言领域

1. 在生活和活动中，愿意与教师和同伴交流。

2. 在教师的引导下，愿意大胆地表达，能够说完整的话。

3. 喜欢听故事，理解其内容。

（三）社会领域

1. 愿意与同伴游戏，感受朋友越多越快乐的情绪与情感。

2. 愿意分享自己的转动玩具或物品，感受分享的快乐。

（四）科学领域

1. 喜欢玩转动玩具，感受转动玩具带来的乐趣。

2. 通过操作使转动玩具转起来。

3. 通过操作转动玩具，发现转、吹、拧等动作可以使玩具转动。

4. 在教师的引导下，能够表达操作转动玩具的发现。

（五）艺术领域

1. 喜欢参与绘画、涂色、拓印、粘贴、泥塑等多种方式的美术活动，在活动中获得美的感受。

2. 能够跟随音乐简单律动，大胆表达自己对音乐的感受。

三、主题活动网络图（图 6-1）

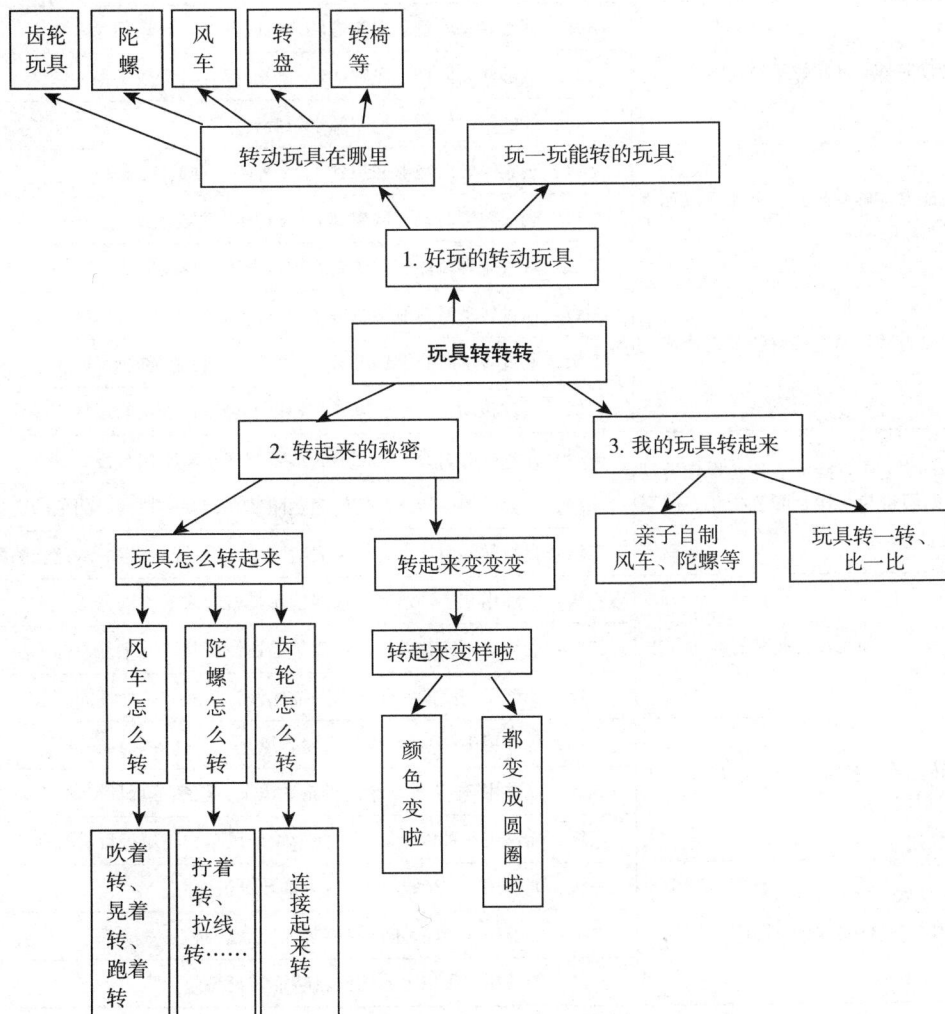

图 6-1　主题活动网络图

四、科学领域核心经验（表6-1）

表6-1　主题活动"玩具转转转"科学领域核心经验

核心经验指标		核心经验分级指标
观察实验能力	1. 通过观察和玩转动的玩具，发现陀螺、转椅、齿轮、风车等可以转动	一级：通过观察和玩转动的玩具，发现1～2种可以转动的玩具
		二级：通过观察和玩转动的玩具，发现3～4种可以转动的玩具
		三级：通过观察和玩转动的玩具，发现5种以上可以转动的玩具
	2. 通过操作齿轮，尝试让多个齿轮转动	一级：通过操作齿轮，尝试让1～2个齿轮转动
		二级：通过操作齿轮，尝试让3～4个齿轮转动
		三级：通过操作齿轮，尝试让5个以上的齿轮转动
	3. 在玩齿轮玩具时，发现小把手摇得越快，玩具转得也越快	一级：在玩齿轮玩具时，发现齿轮玩具是转着玩的
		二级：在玩齿轮玩具时，发现摇动把手可以使玩具转动，但未发现转速和摇动快慢之间的关系
		三级：在玩齿轮玩具时，发现小把手摇得越快，玩具转得也越快
	4. 在玩风车的过程中，发现风车转起来的原因（如风吹、跑动、吹气）	一级：在玩风车的过程中，发现1种风车可以转的原因
		二级：在玩风车的过程中，发现2种风车可以转的原因
		三级：在玩风车的过程中，发现3种风车可以转的原因
	5. 能够转动陀螺，使陀螺平稳旋转	一级：能够转动陀螺，但陀螺转动的时间短，转动不稳
		二级：能够转动陀螺，陀螺能转一段时间，转动较不稳
		三级：能够转动陀螺，使陀螺平稳旋转
科学思考能力	6. 观察陀螺时能够联想到多种陀螺（如木质的、纸质的、电动的）	一级：观察陀螺时能够联想到1～2种不一样的陀螺
		二级：观察陀螺时能够联想到3～4种不一样的陀螺
		三级：观察陀螺时能够联想到5种以上不一样的陀螺
	7. 通过转动游戏，思考还有什么物体或玩具可以转着玩	一级：通过转动游戏能够思考1～2种可以转着玩的玩具
		二级：通过转动游戏能够思考3～4种可以转着玩的玩具
		三级：通过转动游戏能够思考5种以上可以转着玩的玩具
表达交流能力	8. 在教师的引导下，能够表达陀螺在转动时的变化（如转得快与慢、颜色变化、图案变化）	一级：在教师的引导下，能够表达陀螺在转动时快与慢的变化
		二级：在教师的引导下，能够表达陀螺在转动时快慢、颜色的变化
		三级：在教师的引导下，能够表达陀螺在转动时快慢、颜色和图案的变化
	9. 能够简单描述使玩具转起来的不同方法	一级：能够用几个词语简单描述使玩具转起来的不同方法
		二级：能够用不完整的一句话简单描述使玩具转起来的不同方法
		三级：能够用完整的一句话简单描述使玩具转起来的不同方法
设计制作能力	10. 学习转、吹、拧等动作，使齿轮、风车、陀螺等玩具转动	一级：能够用1～2种动作使齿轮、风车、陀螺等玩具转动
		二级：能够用3～4种动作使齿轮、风车、陀螺等玩具转动
		三级：能够用5种以上的动作使齿轮、风车、陀螺等玩具转动
	11. 学习用不同材料装饰转盘盘面	一级：能够用1～2种不同材料装饰转盘盘面
		二级：能够用3～4种不同材料装饰转盘盘面
		三级：能够用5种以上不同材料装饰转盘盘面

五、主题活动教学计划（表6-2）

表6-2　主题活动教学计划

时间	活动名称	活动目标	重点领域	生活活动	区域环境与材料
第一周	一个大轮子	1. 理解故事的内容，学习讲述句子"我们喜欢大轮子" 2. 感受故事中车轮带给小动物们的快乐 3. 能够用眼睛看着讲故事的人，认真倾听	语言	1. 谈话活动：询问幼儿哪些玩具可以转 2. 户外分散活动：幼儿用呼啦圈玩"转转"游戏 3. 家园共育：幼儿从家里带来有关风车的图书、可以转动的玩具和物品，与其他幼儿分享 4. 过渡环节：带领幼儿观察和体验楼道玩具风车，了解风车是怎样转动的 5. 起床环节：倾听歌曲《大风车》，为学习歌曲做好准备 6. 过渡环节：幼儿扮演"小小科学家"，主动介绍自己带来的、可以转动的玩具和物品	1. 科学区： 提供不同材质的风车、陀螺 2. 拼插区： 利用雪花插片拼插风车等，制作可以转动的玩具 3. 语言区： ①提供儿童书籍《陀螺转转转》 ②提供有关转动玩具的自制图书 4. 益智区： 提供风车图案的拼图 5. 美工区： ①用魔法玉米制作小轱辘、用废旧材料制作小车，轱辘用瓶盖代替，用于幼儿拓印 ②制作转动玩具展示台
	美丽的风车	1. 通过欣赏不同的风车，感受颜色的美 2. 运用涂色、粘贴的方式装饰风车 3. 愿意用语言分享在装饰风车过程中的发现	艺术		
	转转乐	1. 通过寻找可以转的玩具，探索使它们转起来的方法 2. 愿意用语言讲述探索转动玩具时的发现和方法	科学		
	有趣的风车	1. 观察、感知风的存在，知道风能使风车转动 2. 通过玩风车这个活动让幼儿知道用拨、跑、甩、吹等方法能使风车转起来	科学		
第二周	陀螺转起来	1. 喜欢玩陀螺，感受玩陀螺的乐趣 2. 探索让不同类型陀螺转起来的方法	科学	1. 家园共育：幼儿选择多种方法让玩具转起来，并通过语言表达把转动的方法分享给爸爸、妈妈 2. 户外集体活动：幼儿一起玩体育游戏"小白兔转圈"，锻炼幼儿平衡能力和协调能力 3. 过渡环节：欣赏幼儿转转玩具的创意画作品 4. 家园共育：幼儿和家长一起做陀螺，分享转陀螺的快乐	1. 美工区： 提供转动玩具欣赏画、纸张、画笔等 2. 语言区： ①提供儿歌《风车咿呀转》图片 ②提供图书《猴子卖圈》 ③提供与转动玩具有关的图书 3. 科学区： ①提供风车玩具组装参考示意图及半成品材料 ②提供简单的齿轮组装玩具 4. 表演区： 提供《大风车》音乐、各种乐器、服饰，幼儿随音乐进行表演
	小白兔转圈	1. 在转圈游戏中发展幼儿的平衡能力和协调能力 2. 喜欢参与体育游戏，在运动中感受快乐	健康		
	转转玩具大家玩	1. 愿意介绍和分享自己带来的转动玩具或物品，感受、分享游戏的快乐 2. 在介绍或分享玩具的过程中，学会轮流、等待	社会		
	齿轮转转转	1. 在玩齿轮的过程中，体验科学游戏的乐趣 2. 通过探究发现使小齿轮转起来的方法	科学		

六、科学领域集体教学活动

活动一：转转乐

（一）活动目标

1. 体验探索转动玩具的成功和乐趣。

2. 通过寻找可以转的玩具，探索使它们转起来的方法。

3. 愿意用语言表达探索转动玩具时的发现和方法。

（二）活动重、难点

1. 重点：探索使转动玩具转起来的方法。

2. 难点：发现使玩具转起来的方法。

（三）活动准备

1. 经验准备：幼儿在班级中、楼道中有玩转动玩具的经验。

2. 物质准备：教室里能转起来的物品、塑料齿轮玩具、积木、纽扣、不同形状、中心位置用针戳好洞的纸片等。

（四）活动过程

1. 以"转圈圈"游戏导入，引发幼儿兴趣。

（1）请幼儿跟随音乐转动身体，感受转动的乐趣。

（2）提问：你是怎么转动的？转起来有什么感觉？

2. 自主选择转动的玩具进行操作，探索转动的方法。

（1）教师提出探索要求。幼儿自主选择转动的玩具进行探索。

①教师：咱们班里的小玩具们也想和你们一起玩"转转"游戏。请你们找到可以转动的玩具好朋友，试一试，看看怎么做，才能让它们转起来。

②教师：当你们听到音乐时，带着你的玩具朋友像小花猫一样静悄悄地回到座位上。

（2）分享游戏中的发现。

提问：你选的是什么玩具？它怎么转起来的？你用什么方法让它转起来的？

（3）小结：你们选择的玩具都不一样，用了不同的方法让它转起来。

3. 再次选择不同的转动玩具进行操作，探索不同的转动方法。

（1）幼儿选择不同的转动玩具进行探索。

教师：请小朋友们再次和转动玩具做游戏，试一试小朋友刚才发现的方法，再发现更多不同的转动方法。

（2）分享游戏中的发现。

重点分享新的转动方法。

（3）总结幼儿转动玩具的不同方法，帮助幼儿梳理经验。

4. 收拾、整理玩具，活动自然结束。

教师：请小朋友们把玩具送回家。

（张靖昕）

活动二：有趣的风车

（一）活动目标

1. 在游戏中感受探究转动风车的乐趣。

2. 通过玩风车发现用拨、跑、甩、吹等动作可以使风车转起来。

3. 愿意分享自己游戏时的发现。

（二）活动重、难点

1. 重点：尝试用拨、跑、甩、吹等不同方法使风车转起来。

2. 难点：发现使风车转起来的不同方法。

（三）活动准备

1. 经验准备：幼儿有玩风车的经验。

2. 物质准备：风车玩具。

（四）活动过程

1. 与风车做游戏，引出活动。

出示五颜六色的风车，请幼儿与风车做游戏，引起幼儿参与活动的兴趣。

2. 玩风车，初步获得让风车转起来的经验，体验探索的乐趣。

（1）提出活动要求：小朋友们在合适的地方试一试，怎样让风车转起来？

（2）请幼儿玩风车，自主探究让风车转起来的方法。

重点指导：在玩风车的过程中，注意体验让风车转动的方法。

（3）分享与展示。

请幼儿演示自己的玩法，并分享玩风车的发现。

（4）小结：小朋友们真能干！能用嘴巴吹、迎着风跑的方法让风车宝宝转起来。

3. 再次探索使用更多的方法使风车转起来。

（1）探究用更多的方法使风车转起来。

提问：还有什么方法可以让风车转起来？

（2）请幼儿再次自主探究风车转起来的方法。

重点指导：探究与第一次转动风车不同的方法。

（3）分享经验。

提问：你用了什么新方法，可以让风车转起来？

（4）总结：小朋友们用了更多的方法，有用手拨动风车、用嘴吹风车、带着风车跑、甩动风车的方法使风车转起来。

4. 活动延伸。

户外分散活动中玩风车，发现更多风车转动的秘密。

（王　颖）

活动三：陀螺转起来

（一）活动目标

1. 喜欢玩陀螺，体验玩陀螺的乐趣。

2. 探索让不同类型的陀螺转起来的方法。

3. 在玩陀螺的过程中，知道保护自己及同伴不受伤。

（二）活动重、难点

1. 重点：探索多种陀螺转起来的方法。

2. 难点：发现使陀螺转起来的不同方法。

（三）活动准备

1. 经验准备：玩过陀螺。

2. 物质准备：不同转动方式的陀螺（包括捻棍式陀螺、开关式电动陀螺、抽棍式塑料陀螺、打枪式电陀螺、摩擦底部转动式陀螺）。

（四）活动过程

1. 以"和陀螺宝宝做游戏"导入，激发幼儿兴趣。

教师：今天，有很多"朋友"来到班里和大家做游戏，它们叫什么名字？（陀螺）

2. 幼儿尝试玩陀螺，探究使陀螺转动的方法。

（1）出示不同材质的陀螺，引导幼儿观察其特点。

提问：这些陀螺一样吗？它们是用什么做的？

小结：纸做的、塑料做的、可以闪亮的、带开关的、带抽棍的……长的都不一样。

（2）尝试玩陀螺，感知不同材质陀螺的转动方法。

①提出要求：找一个不会碰到或者打到其他小朋友的地方玩，陀螺要放在地上玩。试一试，你可以让这些陀螺转起来吗？

②重点提问：你玩的是什么陀螺？你怎么让它转起来的？

③小结：刚才，小朋友们用手转的方法让纸陀螺转起来了，通过用塑料棒抽动陀螺的方法让塑料陀螺转起来了，用"打枪"的方式让闪亮陀螺转起来了。

3. 引导幼儿再次探究用不同方法让陀螺转起来。

（1）提出要求：

①教师：找一个不会碰到或者打到其他小朋友的地方玩，陀螺要放在地上玩。

②教师：你能用和刚才不一样的方式，让同一个陀螺转起来吗？

（2）重点指导：鼓励幼儿用不同方法使同一个陀螺转起来。

提问：你这次转动了什么陀螺？用的什么方法？

（3）分享、交流并验证：

提问：你玩的是什么陀螺？它是如何转动起来的？

小结：今天，我们发现了陀螺转动的不同方法，同一个陀螺可以用不同方法让它转起来。

4. 活动延伸。

将陀螺放在区域中，鼓励幼儿通过操作不断探索和发现有关陀螺转动的秘密。

（王　颖）

活动四：齿轮转转转

（一）活动目标

1. 在玩齿轮的过程中，体验科学游戏的乐趣。

2. 通过探究，发现使小齿轮转起来的方法。

3. 愿意分享齿轮转动的方法和发现。

（二）活动重、难点

1. 重点：发现小齿轮转起来的方法。

2. 难点：讲述转动齿轮的发现和方法。

（三）活动准备

1. 经验准备：幼儿玩过班级齿轮玩具。

2. 物质准备：齿轮若干、操作板若干、小摇棒若干。

（四）活动过程

1. 情境导入，激发幼儿兴趣。

教师：前几天，我们发现了玩具小兔肚子里的神奇轮子能让它动起来。可是今天，玩具小兔的轮子坏了。玩具小兔很伤心地告诉我，它没法和小朋友们做游戏了。因为它肚子里本来有5个圆圆的东西，可是它们都被淘气的小朋友摘掉了，小修理工们可以帮它修好吗？

2. 幼儿操作探究，尝试使齿轮转起来的方法。

（1）出示齿轮，观察其外形特征。

提问：齿轮长的什么样？

（2）幼儿尝试操作，探究齿轮转动的方法。

①重点提问：你的齿轮转起来了吗？你用什么方法让齿轮转起来的？

②重点指导：齿轮插在操作板上可以转动。两个齿轮齿对齿连接起来，才可以一起动。插上摇把，转动起来更省力。

（3）小结：刚才，小朋友们发现了用插、用手拨等方法让齿轮转起来了。两个齿轮的“牙齿”要咬合在一起，才可以一起转动。

3. 幼儿再次探究齿轮转动的方法。

（1）提出挑战：请修理工们再次和齿轮做游戏，你可以用不同的方法让齿轮转动，也可以让更多的齿轮转起来。

（2）幼儿探究。

重点指导：

①齿轮转动的不同方法。

②多个齿轮一起转动的方法。

（3）分享并总结。

①幼儿分享让多个齿轮转动的方法。

②小结：原来小齿轮挨在一起，才可以一起转。许多小齿轮的“牙齿”咬合在一起，才可以一起转动。玩具小兔子说“谢谢修理工”帮它修理好了身体。

4. 活动延伸。

在幼儿玩齿轮的过程中，教师不断鼓励幼儿探究更多齿轮连动的方法。

（王欣玉）

七、与主题相关的科学游戏案例

风车转转转

案例背景：

最近，孩子们在家里和爸爸、妈妈一起制作了风车，并把风车带到了幼儿园。我们在户外活动中一起探索风车的转动。

案例实录：

户外活动中，孩子们拿着自己在家里做的风车开始游戏了。他们有的跑着让风车转；有的原地站着，等风吹着转；有的自己吹气，让风车转。方法可多了。这时，小宇噘着嘴，走过来，说：“老师，我的风车都不转。”我问：“你都试了哪些方法让它转动呢？”小宇说：“我跑步，风车也不转；我吹气，风车也只能转一点。我一跑起来，这个纸都折到后面去了。”

我请来了阳阳，让他跑一跑，他的风车转得很快。我说：“你摸摸阳阳的风车，再摸摸你的风车，发现有什么不一样的地方吗？”小宇摸了摸两个风车，说：“他的风车比我的好，风车的纸比我的硬。”我说：“你的发现很好，做风车的纸不能太软了，要硬一点儿，才能快快地转。”小宇说：“我回家再做一个新的、更厉害的风车。”我说：“好啊！我很期待你做的新风车。”

在玩自制风车的这个活动中，孩子们发现了纸张的软硬和风车转动的速度有关，得到了一个宝贵的经验。

案例分析：

游戏是孩子们的基本活动。在游戏中，孩子们不断积累直接经验，经过观察、感受、分析，孩子们有了思考与发现，并且会在此基础上不断调整，为探究活动生发出新的探究点。教师抓住孩子们在活动中的兴趣点而生成的活动会更有价值。

（张靖昕）

主题活动二：花儿朵朵

一、主题活动来源

春天是万物生长的季节，在这个季节里，幼儿更容易感受季节的明显变化，冬眠的小动物们睡醒了，大树长出了嫩芽，小草从土里钻了出来。在幼儿园里，我们最喜欢的花儿也开放了。花儿是大自然馈赠给小朋友的美好礼物，孩子们喜欢花儿缤纷的颜色，也喜欢花儿各异的形状。幼儿园的花朵种类繁多，经常会有孩子拉着教师的手，指着一朵花儿，问："老师，这是什么花儿啊？""这朵花儿为什么鼓鼓的？""哇，这朵花儿是粉色的，我最喜欢啦！"……"花儿朵朵"这一主题活动就这样从孩子们的好奇与发现中生成。

在"花儿朵朵"主题活动中，孩子们运用各种感官观察花儿的外形特征、感受花儿的香味，尝试自己动手表现花儿的美，积极探索花儿的秘密。孩子们在欣赏花儿、创意表现花儿的过程中提升了美的感受力、表现力，并萌发爱护花草树木的美好情感，感受大自然的多样性和生活的乐趣。

二、主题活动目标

（一）健康领域

1. 初步了解春季自我保护的方法，形成健康的生活方式，如多喝水、多运动。
2. 在与花儿有关的体育活动中，平稳地控制身体。
3. 在运用感官了解花儿特征的过程中，学会用安全的方式保护自己。

（二）语言领域

1. 喜欢听故事、儿歌，理解其大意。
2. 愿意用语言与别人交往，喜欢应答。

（三）社会领域

1. 愿意与同伴交往和游戏，初步学会与同伴分享。
2. 初步学会轮流，体验规则的重要性。

（四）科学领域

1. 关注周围环境中的花儿，有好奇心和探索欲望。
2. 能运用各种感官感知花儿的特征，并进行自发的探究活动。
3. 感知春季明显的特征，体会花朵与人们生活的关系。
4. 关心爱护花草，有初步的环保意识。

（五）艺术领域

1. 喜欢参与花儿有关的美术活动，在活动中感到快乐和满足。
2. 大胆学唱与花儿有关的歌曲（六度范围内），并进行简单的律动。

三、主题活动网络图（图6-2）

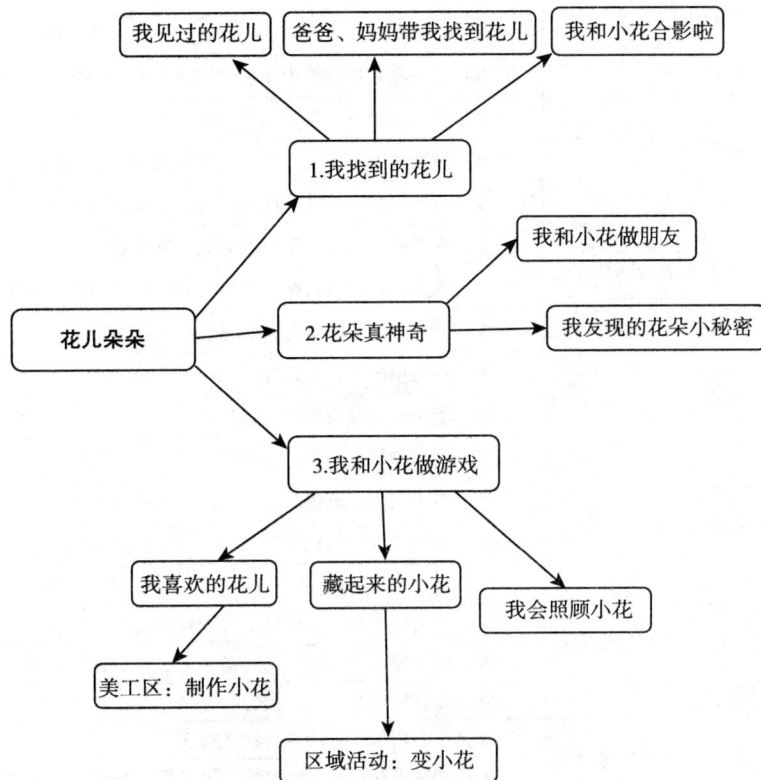

图6-2　主题活动网络图

四、科学领域核心经验（表6-3）

表6-3　主题活动"花儿朵朵"科学领域核心经验

核心经验指标		核心经验分级指标
观察实验能力	1. 通过观察花朵，发现花儿的基本外形特征（如颜色、形状和花瓣的数量）	一级：通过观察花朵，发现其颜色的不同
		二级：通过观察花朵，发现花儿的颜色、形状或花瓣数量中的2种不同
		三级：通过观察花朵，发现花儿的颜色、形状和花瓣数量不同
	2. 通过看、数、闻，发现花瓣颜色、数量、味道的不同	一级：通过观察花朵，发现花瓣颜色的不同
		二级：通过看、数、闻，发现花瓣的颜色、数量、味道中的2种不同
		三级：通过看、数、闻，发现花瓣的颜色、数量、味道的不同
	3. 观察、发现花苞开放过程中的变化	一级：不知道花儿是由花苞开放形成的
		二级：知道从花苞到开花儿的全过程
		三级：知道花儿从花苞到开放、掉落或结果过程中的变化
	4. 能使用放大镜观察花瓣的数量和形状、花蕊的颜色等细节特征	一级：不会使用放大镜观察花瓣的数量和形状、花蕊的颜色等细节特征
		二级：能使用放大镜观察花瓣的数量和形状或花蕊颜色的细节特征
		三级：能使用放大镜观察花瓣的数量和形状及花蕊颜色的细节特征
科学思考能力	5. 结合观察、照顾花儿的经验，提出有关花儿生长、变化的问题	一级：结合观察、照顾花儿的经验，不能提出有关花儿生长、变化的问题
		二级：在教师的引导下，结合观察、照顾花儿的经验，提出有关花儿生长、变化的问题
		三级：结合观察、照顾花儿的经验，提出有关花儿生长、变化的问题

（续）

核心经验指标		核心经验分级指标
科学思考能力	6. 了解花儿在春天由花苞到开放过程中的细节变化	一级：不知道花儿由花苞到开放过程中的变化
		二级：观察花儿在春天由花苞到开放过程中的一种变化
		三级：了解花儿在春天由花苞到开放过程中的变化
	7. 观察花朵时能够联想到自己见过的其他花朵	一级：观察花朵时，没有联想到自己见过的其他花儿
		二级：在教师的引导下，观察花朵时能够联想到自己见过的1～2种花儿
		三级：观察花朵时，能够联想到自己见过的3～4种花儿
表达交流能力	8. 在教师的引导下，能大胆地表达欣赏花朵的感受，简单地表达花朵的开放过程	一级：喜欢欣赏花朵，不能大胆表达欣赏花朵的感受和花朵开放的过程
		二级：能大胆表达欣赏花朵的感受，简单表达花儿是从花苞直接开放的
		三级：能大胆表达欣赏花朵的感受，简单表达花朵缓缓开放的过程
	9. 能用拍照、绘画等形式记录花苞开放的过程	一级：不能用照片、绘画等形式记录花苞开放的过程
		二级：能拍照记录花苞开放的过程
		三级：能用拍照、绘画等形式记录花苞开放的过程
	10. 能够大胆表达花儿的外形特征（如颜色、形状、味道）	一级：能用红色、黄色、白色表述花儿的颜色
		二级：能用"五颜六色的""圆的"表达花儿的外形（包括颜色和形状）
		三级：能用"五颜六色的""圆的""香香的"大胆表达花儿的外形特征及不同的味道
设计制作能力	11. 能够探索使用纸、超轻黏土等多种材料制作自己见过的花朵	一级：探索使用纸、超轻黏土等1种材料制作自己见过的花朵
		二级：能够探索使用纸、超轻黏土等2种材料制作自己见过的花朵
		三级：能够探索使用纸、超轻黏土等3种材料制作自己见过的花朵
	12. 能用雪花插片、奶酪棒、纸杯等材料拼摆花朵	一级：不能用雪花插片等材料拼摆花朵
		二级：能用雪花插片、奶酪棒、纸杯等材料中的2种拼摆花朵
		三级：能用雪花插片、奶酪棒、纸杯等多种材料拼摆花朵
	13. 能用喷壶、锄头等工具照顾花朵	一级：能用喷壶、锄头等1种工具照顾花朵
		二级：能用喷壶、锄头等2种工具照顾花朵
		三级：能用喷壶、锄头等3种工具照顾花朵

五、主题活动教学计划（表6-4）

表6-4 主题活动教学计划

时间	活动名称	活动目标	重点领域	生活活动	区域环境与材料
第一周	捡花瓣	1. 在捡拾花瓣的过程中，感受植物的变化 2. 通过各种感官发现花瓣的大小、颜色、形状、气味的不同 3. 知道在捡拾花瓣的活动中保护自己（如不把花瓣放进嘴里；闻花香时，与鼻子保持安全距离）	科学	1. 过渡环节：引导幼儿观察幼儿园的花儿，发现其颜色、形状的不同 2. 家园共育：家长带领幼儿到小区花园、公园等地方观察盛开的花儿 3. 晨间播报：幼儿结合花儿的主题，选择自己发现的儿歌、故事进行播报和分享	1. 语言区： ①提供《一朵小花》等与花儿有关的绘本 ②制作花园的场景，幼儿用手指偶进行简单的故事讲述 2. 美工区： ①提供花朵的欣赏画、简笔画半成品，幼儿通过粘贴、绘画等形式创作与花朵有关的作品 ②制作花园的展台，为幼儿作品提供展示的机会 3. 科学区： ①提供"小花瓣找家"材料，进行点数和配对
	一朵小花	1. 喜欢听故事并理解故事内容 2. 感受小动物们对小花的爱护，产生爱护小花的情感 3. 在听故事的过程中知道不要打断别人说话	语言		

（续）

时间	活动名称	活动目标	重点领域	生活活动	区域环境与材料
第一周	小蜜蜂采蜜	1. 能在模仿小蜜蜂采蜜的跑跳活动中发展肢体协调能力 2. 对体育活动感兴趣，感受运动的快乐	健康		②提供不同种类的放大镜，用来观察花朵 4. 拼插区： 提供雪花插片等拼插玩具，便于幼儿拼插花朵
	各种各样的花儿	1. 在观察花朵的过程中萌发爱护植物的情感 2. 运用各种感官发现花儿的外形特征 3. 愿意分享观察花朵的发现	科学		
第二周	好看的花儿	1. 喜欢花朵，能在教师的感染下表现出关心、爱护花儿的情感 2. 通过看一看、数一数、闻一闻，发现花儿的外形特征 3. 在教师的引导下，能说出花儿的特征	科学	1. 过渡环节：为植物角的花儿浇水，照顾、观察小花并进行简单的记录 2. 午睡前故事环节：讲述有关花朵的故事 3. 社区宣传：围绕保护小花进行宣传	1. 表演区： ①提供给幼儿花朵头饰和服装，进行表演 ②提供《花儿朵朵开》歌曲，幼儿演唱并律动 2. 建筑区： 提供花坛辅助材料，幼儿进行公园搭建 3. 科学区： 投放放大镜、花瓣标本、"变色花"实验材料
	花儿好看我不摘	1. 通过观察、照顾花儿，愿意与花儿成为朋友，爱护小花 2. 愿意与同伴分享爱护花朵的好办法	社会		
	美丽的花儿	1. 在运用多种材料制作花朵的过程中，体验美工活动的乐趣 2. 尝试运用吹画、粘贴的方式表现观察到的花儿 3. 活动结束后，愿意把工具和材料"送回家"	艺术		
	"变色花"游戏	1. 在"变色花"游戏中，感受科学小实验的乐趣 2. 通过观察纸花在彩色水中开放的过程，发现彩色水沿着纸花瓣向上爬的现象 3. 活动结束后能简单地收拾、整理	科学		

六、科学领域集体教学活动

活动一：捡 花 瓣

（一）活动目标

1. 在捡拾花瓣的过程中感受植物的变化。

2. 运用各种感官发现花瓣大小、颜色、形状、气味的不同。

3. 知道在捡拾花瓣的活动中保护自己（如不把花瓣放进嘴里；闻花瓣时，让花瓣与鼻子保持安全距离）。

（二）活动重、难点

1. 重点：通过各种感官发现花瓣大小、颜色、形状、气味的不同。

2. 难点：说一说自己发现花瓣大小、颜色、形状和气味的不同。

（三）活动准备

1. 经验准备：认识颜色，能区分大小。

2. 物质准备：树上掉落的花瓣、纸盒、音乐《花仙子》。

（四）活动过程

1. 情景设置，模仿花瓣飞舞，激发幼儿兴趣。

播放歌曲《花仙子》，鼓励幼儿模仿花瓣在空中飞舞，表现花瓣飞舞的样子。

2. 创设"捡花瓣"情境，与幼儿一起做简单的计划。

（1）提问：幼儿园户外哪里有花瓣？

（2）提问：你想去哪里捡花瓣？

3. 带领幼儿到户外，分组捡花瓣。

（1）温馨提示：请你在捡花瓣时不要把花瓣放进嘴里。闻花瓣时，注意花瓣离鼻子不要太近，用扇闻味道的方式闻花瓣。

（2）幼儿分组捡花瓣，放入纸盒中。教师引导幼儿仔细观察花朵的外形特征。

（3）幼儿分享发现花瓣的特点。

（4）提问：

①你的花瓣是什么颜色的？

②你的花瓣一样大吗？

③你的花瓣什么形状？

④你的花瓣是什么味道的？

（5）小结：原来花儿长的都不一样，有大、有小，有不同的颜色、不同的味道、不同的形状。

4. 活动延伸。

（1）美工区用花瓣做粘贴画。

（2）制作花瓣标本和书签。

（王　宁）

活动二：各种各样的花儿

（一）活动目标

1. 在观察花儿的过程中萌发爱护植物的情感。

2. 运用各种感官发现花儿的外形特征。

3. 愿意分享观察到的花儿特征。

（二）活动重、难点

1. 重点：运用多种感官观察花儿的外形特征。

2. 难点：发现各种花儿外形特征的不同。

（三）活动准备

1. 经验准备：日常生活中见过各种花儿。

2. 物质准备：相机、放大镜、幼儿园里盛开花朵的图片、幼儿园里的花儿。

（四）活动过程

1. 情境设置，激发幼儿兴趣。

教师：春天到了，花仙子邀请我们小朋友去赏花，看看花园里有什么花儿。

2. 带领幼儿到花园里观察盛开的花朵。

（1）提出观察目的：仔细观察你喜欢的花儿，看看它是什么颜色，什么形状，几片花瓣，什么味道。

（2）请幼儿自由分组，利用放大镜观察不同的花儿。

（3）重点指导：

①指导幼儿学会正确使用放大镜的方法。

②鼓励幼儿分散观察不同的花儿。

③提醒幼儿爱护花朵。

④回班分享观察花朵的发现。

3. 出示拍摄花儿的图片，请幼儿分享各自的发现。

（1）重点提问：你刚才观察的小花是什么颜色的？有几片小花瓣？它是什么形状的？有什么味道？

（2）请幼儿集体分享。

（3）请幼儿跟好朋友分享自己的发现。

（4）小结：我们看到了小花园里有白色的花儿、黄色的花儿和粉色的花儿。花瓣有大大的、小小的，有四瓣的、许多瓣的，都不一样。放大镜可以帮助我们看到小花瓣上的花纹，还有花朵中间的花蕊，有长长的花儿，也有五角星形的花儿，还有圆形的花儿。很多花儿闻起来都是香香的。原来花朵的颜色、大小、形状都不一样，花儿是五颜六色的、多种多样的。

4. 出示图片，初步了解所观察的花名。

以花仙子的口吻介绍花儿的名称：迎春花、玉兰花、海棠花、牵牛花、串儿红……

5. 情景教育，爱护小花。

（1）以花仙子的身份提问：怎么与小花做朋友？

（2）总结：照顾小花，给它浇水，不摘花，不踩花。让花仙子送给我们的花园保持美丽。

（赵文彬）

活动三："变色花"游戏

（一）活动目标

1. 在"变色花"游戏中，感受科学小实验的乐趣。

2. 通过观察纸花在彩色水中开放的过程，发现彩色水沿着纸花瓣向上"爬"的现象。

3. 活动结束后能进行简单地收拾、整理。

（二）活动重、难点

1. 重点：发现彩色水沿着花瓣向上"爬"的现象。

2. 难点：在操作中能将纸花一端放入水中。

（三）活动准备

1. 经验准备：听过绘本故事《彩虹色的花儿》。

2. 物质准备：装有颜色水的杯子若干、白色纸花若干。

（四）活动过程

1. 回忆故事情节，引出活动，激发幼儿兴趣。

教师：前几天，我们的好朋友"彩虹色的花儿"告诉我，它的好朋友小白花也想和它一样穿上漂亮的衣服。我们一起帮帮它，好吗？

2. 幼儿动手操作，发现白色纸花变色的现象。

（1）出示白色纸花、装有魔法药水（即颜色水）的杯子，介绍实验材料。

教师：这是魔法药水杯子和一朵白色的小花，它们要一起变魔法。

（2）幼儿猜想。

提问：如果把小白花放进魔法药水里，会发生什么事？

（3）请幼儿大胆猜想、验证，教师指导。

（4）提出要求：请小朋友们试一试，将小白花放在魔法药水中，看看会发生什么事。注意魔法药水不要洒出来，不然就"失效"了。

（5）幼儿操作实验。

重点指导：

①将小白花的一端放入水中。

②观察发生的变化。

③鼓励完成操作的幼儿多试验几种颜色的魔法药水。

3. 分享发现。

（1）提问：小白花有什么变化？它是怎么变的？为什么？

（2）小结：小白花是纸做的，纸可以吸水。当魔法药水碰到小白花的时候，它就把魔法药水吸走了，小白花就变色了。

（3）请幼儿再次尝试不同颜色魔法药水的实验，验证第一次实验的结果。

4. 幼儿与教师一起收拾、整理实验材料。

（王欣玉）

活动四：好看的花儿

（一）活动目标

1. 喜欢花朵，能在教师情绪的感染下表现出关心、爱护花儿的情感。

2. 通过看一看、数一数、闻一闻，发现花儿的外形特征。

3. 在教师的引导下，能说出花儿的外形特征。

（二）活动重、难点

1. 重点：通过看一看、数一数、闻一闻，发现花儿的外形特征。

2. 难点：在教师的引导下，能说出花儿的外形特征。

（三）活动准备

1. 经验准备：和爸爸、妈妈一起寻找好看的花朵。

2. 物质准备：相机、放大镜、图片、幼儿园里的花儿。

（四）活动过程

1. 带领幼儿到小花园，看一看、数一数、闻一闻花朵，观察小花。

（1）利用放大镜自主观察。

①指导幼儿学会正确使用放大镜的方法。

②鼓励幼儿分散观察不同的花儿。

（2）分享观察小花的发现。

①提问：你是怎么观察小花的？

②提问：你看到的小花是什么颜色的？有几片小花瓣？

③小结：我们看到小花园里有白色的花儿、黄色的花儿和粉色的花儿。它们的颜色、花瓣的大小都不同。放大镜可以帮我们看到小花瓣上的花纹。

（3）闻一闻花香，感受花香的美好。

（4）分享闻花香的发现。

①提问：你觉得小花闻起来是什么味道的？

②小结：有的花儿闻着有浓浓的香味，有的花儿闻着有淡淡的香味。

2. 根据前期观察花朵的经验，了解花儿的名称。

（1）幼儿回到教室，教师出示幼儿观察花朵时拍的照片，让幼儿再次感受花朵的特征并了解花儿的名称。

①出示梨花图片。

教师：小朋友们，这是什么花儿呢？

②出示桃花图片。

教师：小朋友们，这是什么花儿呢？

③出示迎春花图片。

教师：小朋友们，这是什么花儿呢？

（2）知道花儿是多种多样的。

①教师：它们有不一样的地方吗？哪里不一样？

②小结：原来花朵的颜色、大小、形状都不一样。花儿是五颜六色的、多种多样的。

3. 活动延伸：学会保护小花。

（1）教师：我们能把漂亮的花儿摘下来吗？

（2）小结：如果我们把花儿摘下来的话，花宝宝会疼、会伤心的，我们的幼儿园也就不美了。所以，我们要关心、爱护花草树木，不去摘花儿。

（赵文彬）

七、与主题相关的科学游戏案例

与杏花"亲密接触"

案例背景：

春天来了，幼儿园里的杏树开花了。孩子们看到杏花一簇簇，娇小又美丽，很是喜欢。通过各种活动与花儿亲密接触，用自己的小眼睛去发现、去观察，感受花朵的美丽与神奇，探索春天里花儿的秘密……

案例实录：

午饭后，我和孩子们一起在幼儿园的操场上散步。我们来到杏树下，孩子们看到盛开的杏花，都围了过去，想要与杏花"亲密接触"。

这时，文文来到了我的身边，她的手心里捧着一朵小小的杏花，眼里充满了喜悦，说："老师，我捡到了一整朵杏花，它好漂亮。"我说："是啊，杏花真好看！"文文说："我刚刚还数了一下呢，杏花有5片花瓣。"我也弯下腰，数了数，说："你真棒，你发现了杏花的一个小秘密！它还有其他的秘密呢，我们一起来找一找，好吗？"文文又低下头，开始观察。看了一会儿，她兴奋地说："老师，我又看到了。杏花的中间一丝一丝的，小花瓣是圆形的。"我说："你观察得特别仔细，中间一丝一丝的是花蕊。你愿意把你的发现分享给小朋友们吗？"文文笑着点点头，欢快地跑到小伙伴们的身边，拉着她们，来到杏树下，激动地讲着自己的发现。

案例分析：

小班孩子很喜欢这种看得见、摸得着、能够进行游戏的学习方式。孩子们通过认真地观察，能够发现杏花的外形特征。在教师的引导下，还能够观察出更多的细节特征，并且能用语言对自己的发现进行提问和表达，积极动脑筋思考。我会继续关注孩子们的兴趣点，和孩子们一起观察和发现，探究更多花儿的小秘密。

（张靖昕）

有趣的花瓣汁

案例背景：

春天来了，感受到了春意的孩子们发现了很多美丽的花。在活动中，孩子们收集了很多花瓣，除了制作花瓣画，用花瓣做变色实验，孩子们还在继续探索如何和花瓣做更多的游戏。

案例实录：

"晨间播报"时，溪溪向小朋友们分享了自己收集的花瓣。她说："这是玉兰花。是我从家里拿来的。"讲完后，溪溪把玉兰花瓣递给莫莫，莫莫把花瓣拿在手里，仔细观察。突然，他用手捏起了花瓣。溪溪说："这是花瓣，不是橡皮泥，你别捏！"莫莫打开手，溪溪看着他的手，说："花瓣被你揉坏了，流出水来了。"孩子们都围过来看，芊芊说："这水是粉色的，真好看！"媛媛说："是不是花瓣的果汁？我妈妈用水果给我榨果汁，就有粉色的。"我问孩子们："所有的花瓣都有汁吗？"有的小朋友说有，有的小朋友摇头。

于是，我们到户外，捡回来各种花儿的花瓣，有的小朋友收集到玉兰花，有的小朋友收集到杏花，有的小朋友收集到樱桃花。在教师的帮助下，孩子们将花瓣捣出汁后分享了自己的发现。晨晨说："我的花瓣汁颜色不好看，我的是杏花。"芯芯说："我的花瓣汁看不出什么颜色来，我的是樱桃花。"萱萱指着花瓣底部的紫色，说："我的玉兰花瓣底下有颜色，是紫色的，可是花瓣汁不是紫色的。"我说："其他的花儿也能捣出花瓣汁吗？"萱萱说："我们家也有紫色的花。"叮咚说："我们家有红色的花儿。"我说："那你们把家里掉下来的花瓣都带到幼儿园吧！咱们一起试试看。"

经过收集，孩子们带来了更多的花瓣。区域活动时，孩子们一起用花瓣捣汁。叮咚说："我的花儿是红色的，花瓣汁是粉色的。"格格说："我的花瓣是紫色的，花瓣汁是紫色的。"孩子们把自己的花瓣汁放在一起，发现了一个大秘密。皮皮说："原来，红色的、紫色的花瓣汁有颜色，白色的花瓣汁的颜色不好看。"有了这个新发现，孩子们都特别开心。

案例分析：

小班的孩子喜欢摸一摸、捏一捏，不经意间就发现了很多新的现象。这些现象往往不在教师的预设之中，但更有探究价值。作为教师，要支持、鼓励孩子们的探究行为，让好奇心和探究愿望生根、发芽。

（易　蒙）

主题活动三：有趣的声音

一、主题活动来源

小班幼儿对周围的世界充满着无限的好奇。对于他们来说，声音是美妙的，它是幼儿接触世界的一个重要途径。随着幼儿听觉器官的发育，他们对声音的存在越来越敏感。刚刚上幼儿园的小朋友们喜欢听好听的声音，音乐活动和小儿歌能够帮助他们摆脱分离焦虑，更快地适应幼儿园的生活。

教师根据小班幼儿特点，在幼儿园的楼道里设有动物投篮、音乐按钮、打击乐器嘉年华、马路上的汽车、报警电话等能够发出各种声音的玩具。这些玩具深受小朋友们的喜爱。幼儿在玩一玩中会发现不同的声音与生活之间的关系，下雨天会有雷声、雨点掉落的声音；刮风的时候会有"呼呼呼"的声音；敲敲打打中，他们还发现力量大小和声音大小有关等。在日常的游戏中，孩子们十分喜欢摆弄会发出声音的玩具，在探索发声玩具时，乐在其中。由此，我们班开展了此次"有趣的声音"主题活动。通过主题活动激发了幼儿积极、主动感知声音的兴趣，引导幼儿喜欢听辨生活中的各种声音，为幼儿感知声音世界提供了充足的体验机会。

二、主题活动目标

（一）健康领域

1. 知道保护嗓子的正确方法，养成轻声说话的良好习惯。

2. 喜欢听音乐做模仿操。

3. 在走、跑、跳、投等运动中能较平稳地控制身体，动作协调、灵活。

（二）语言领域

1. 乐意与同伴交谈，讲话时语气自然，有礼貌。

2. 喜欢听故事、看图书，并理解其大意。

3. 乐于倾听同伴讲话并应答。

（三）社会领域

1. 知道不在公共场合大声喧哗，不制造噪音。

2. 喜欢与同伴玩声音游戏，初步学会分享玩具。

（四）科学领域

1. 对周围的声音感兴趣，喜欢探索声音的秘密，如音色、音量、音调的不同。

2. 感知自然界各种不同的声音，并进行自发的探究活动。

3. 能根据声音音色的不同进行简单的对应和分辨。

4. 通过玩声音游戏，尝试用不同方法使身体或物体发出不同的声音。

（五）艺术领域

1. 感知、对比鲜明的声音强弱、高低、快慢，从中获得美的感受。

2. 尝试用自由律动的形式参与欣赏、表演活动，或用表情、动作表达自己的情感。

3. 初步养成正确使用发声乐器的好习惯。

三、主题活动网络图（图 6-3）

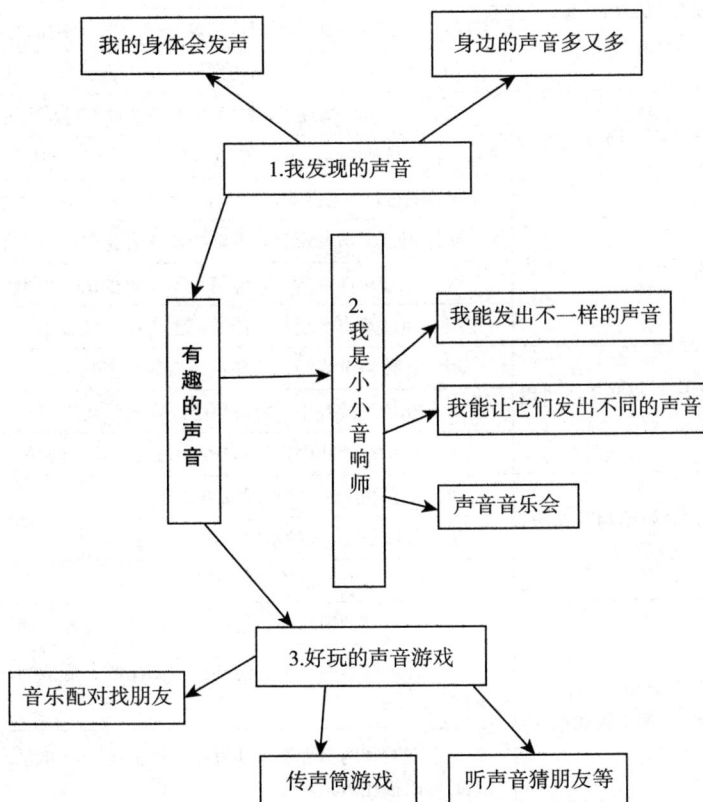

图 6-3　主题活动网络图

四、科学领域核心经验（表6-5）

表6-5　主题活动"有趣的声音"科学领域核心经验

核心经验指标		核心经验分级指标
观察实验能力	1. 在敲打乐器、物品的游戏中发现声音大小、高低、音色的不同	一级：在敲打乐器、物品的游戏中发现声音大小的不同
		二级：在敲打乐器、物品的游戏中发现声音大小和高低的不同
		三级：在敲打乐器、物品的游戏中发现声音大小、高低、音色的不同
	2. 在"找声音"的游戏中，感知自然界有各种不同的声音（如雷声、雨声、风声）	一级：在"找声音"的游戏中，感知自然界有风雨雷电或鸟叫虫鸣的声音
		二级：在"找声音"的游戏中，感知自然界有风雨雷电和鸟叫虫鸣的声音
		三级：在"找声音"的游戏中，感知自然界有风雨雷电、鸟叫虫鸣、流水哗啦等声音
	3. 能够感受并发现身体不同部位发出声音的不同（如喷嚏声、肚子"咕咕"叫、踩脚声、嗓音）	一级：能够感受并发现1~2个身体部位发出的声音不同（如喷嚏声、肚子"咕咕"叫）
		二级：能够感受并发现3~4个身体部位发出的声音不同（如喷嚏声、肚子"咕咕"叫、踩脚声、嗓音）
		三级：能够感受并发现5个以上身体部位发出的声音不同（如喷嚏声、肚子"咕咕"叫、踩脚声、嗓音、拍手声、打鼾声等）
	4. 能通过倾听，给相同音色的听觉配对筒配对	一级：通过倾听，不能给相同音色的听觉配对筒配对
		二级：能通过倾听，给1~2种听觉配对筒配对
		三级：能通过倾听，给3种听觉配对筒配对
科学思考能力	5. 能根据声音的不同辨别风、雨、雷、物品、乐器、小朋友等发出的声音	一级：能根据声音的不同辨别风、雨、雷的声音
		二级：能根据声音的不同辨别风、雨、雷、物品、乐器发出的声音
		三级：能根据声音的不同辨别风、雨、雷、物品、乐器、小朋友发出的声音
	6. 通过玩声音游戏，尝试用不同方法使身体或物体发出不同的声音	一级：在教师的指导下，能尝试用1~2种不同方法使身体或物体发出不同的声音
		二级：在教师的指导下，能尝试用3~4种不同方法使身体或物体发出不同的声音
		三级：通过玩声音游戏，尝试用5种以上不同方法使身体或物体发出不同的声音
	7. 通过玩声音玩具，提出声音是怎么发出的问题	一级：通过玩声音玩具，不能提出声音是怎么发出的问题
		二级：通过玩声音玩具，能够用不完整的语言提出声音是怎么发出的问题
		三级：通过玩声音玩具，能够清楚、明白地提出声音是怎么发出的问题
	8. 在传声游戏中，思考还有哪些工具可以传话	一级：在传声游戏中，不知道还有哪些工具可以传话
		二级：在传声游戏中，能够思考还有电话可以传话
		三级：在传声游戏中，思考还有电话、不同材质的传声筒、手机可以传话
表达交流能力	9. 能够模仿不同的声音（如动物的叫声、汽车的声音、风雨雷电的声音等）	一级：能模仿1~3种不同的声音
		二级：能模仿4~8种不同的声音
		三级：能模仿9种以上不同的声音
	10. 在教师的引导下，能够用"高高的、低低的、好听的、吵闹的"等词语描述声音	一级：在教师的引导下，能够用"高高的、低低的"等2种词语描述声音
		二级：在教师的引导下，能够用"高高的、低低的、好听的"等3~4种词语描述声音
		三级：在教师的引导下，能够用"高高的、低低的、好听的、吵闹的"等5种以上的词语描述声音
	11. 运用语言大胆复述自己在传声游戏中听到同伴的话	一级：能够复述传声游戏中听到的部分词汇
		二级：运用不完整的语言复述自己在传声游戏中听到同伴的话
		三级：运用完整的语言大胆复述自己在传声游戏中听到同伴的话

（续）

核心经验指标	核心经验分级指标
设计制作能力	12. 尝试将不同的材料放进瓶子里，制作声音瓶	一级：制作声音瓶的过程中，能够拧开瓶盖，但装材料时总是撒出来
		二级：制作声音瓶的过程中，能够拧开瓶盖，选择材料装进去，撒、漏现象较少
		三级：能够拧开瓶盖、装材料、拧紧瓶盖，制作声音瓶，且未将材料撒出
	13. 能够运用不同的方法（如敲、弹、刮、拍等）使同一物体发出不同的声音	一级：能够运用1～3种方法使同一物体发出不同的声音
		二级：能够运用4～5种方法使同一物体发出不同的声音
		三级：能够运用6种以上的方法使同一物体发出不同的声音

五、主题活动教学计划（表6-6）

表6-6　主题活动教学计划

时间	活动名称	活动目标	重点领域	生活活动	区域环境与材料
第一周	发脾气大叫的妈妈	1. 喜欢参加绘本阅读活动，体验绘本的有趣 2. 观察绘本画面，理解故事内容	语言	1. 过渡环节：探索、操作幼儿园中能够发出声音的玩具；和幼儿一起谈论自己在幼儿园发现的声音 2. 户外分散活动：幼儿将球投掷到墙上，感受球投掷在不同物体上发出的声音 3. 家园共育：亲子制作能发声、传声的玩具	1. 表演区： ①提供自制声音瓶、沙锤、铃鼓等，供幼儿给歌曲伴奏 ②提供幼儿可操作的乐器，感受不同乐器发出的声音不同 2. 图书区： 提供能发出声音的图书及与声音有关的绘本（如《发脾气大叫的妈妈》） 3. 科学区： ①提供几种能发出声音的玩具，引导幼儿探索不同材料可以发出不同的声音 ②提供生活中的物品，感知物品碰撞能发出声音 ③提供声音瓶配对游戏材料和用不同连接方式组成的传声筒（如实心、空心纸筒、线等）
	声音在哪里	1. 在发现与寻找声音的过程中感受探索的乐趣 2. 能够辨别生活中不同的声音，感受音色的不同	科学		
	声音找朋友	1. 喜欢玩声音配对的游戏，感受游戏的乐趣 2. 辨别不同的瓶子发出不同的声音，并进行配对	科学		
	打击乐《沙沙沙》	1. 喜欢参与音乐律动，从中感受音乐的韵律美 2. 能随音乐节奏运用沙锤、自制沙锤等乐器律动	艺术		
第二周	我是小小音响师	1. 对探索声音的游戏感兴趣，体验自制声音带来的乐趣 2. 能用敲、摇、碰等方法制造声音，感受声音的不同	科学	1. 过渡环节或晨间播报：分享自己找到的声音，引导幼儿猜一猜 2. 家园共育：知道生活中不同声音和我们的关系；知道几种保护嗓子的好办法；引导幼儿感受声音的不同性质，有意识地帮助幼儿辨别各种声音，如好听的说话声、好听的动物叫声、好听的音乐声等 3. 离园环节：玩听辨声音找朋友游戏，倾听、分辨同伴及各类物品发出的声音	1. 科学区： 将豆类、碎纸、沙子等材料放入空瓶中，让幼儿探究声音的变化 2. 表演区： 提供大鼓、小鼓、三角铁、响板、铃鼓等乐器，供幼儿随乐演奏 3. 语言区： 提供与声音有关的亲子自制图书
	保护嗓子	1. 了解嗓子是我们的重要器官，对人健康生活有着重要作用 2. 知道保护嗓子的正确方法，养成轻声说话的好习惯	健康		
	我叫"轻轻"	1. 初步了解什么时候要轻声讲话，体验生活中有礼貌地轻声讲话 2. 知道别人休息时要保持安静，不打扰别人	社会		
	好玩的传声纸筒	1. 对传声实验感兴趣，乐于探索传声纸筒 2. 在实际操作中发现空心与实心传声纸筒传出声音的区别	科学		

六、科学领域集体教学活动

活动一：声音在哪里

（一）活动目标

1. 在发现与寻找声音的过程中，感受探索的乐趣。

2. 能够辨别生活中不同的声音，感受音色的不同。

3. 在活动中知道轻声探索，不发出噪音。

（二）活动重、难点

1. 重点：活动中辨别不同的声音。

2. 难点：发现音色的不同。

（三）活动准备

1. 经验准备：有玩听筒游戏的经验。

2. 物质准备：图片、与图片对应的声音、PPT 课件、空瓶子、豆子、沙子、铃铛、班级里的玩具等。

（四）活动过程

1. 播放小鸟的叫声，引出活动。

提问：你们听，哪位朋友来了？

2. 玩游戏，听声音，辨别不同的音色。

（1）玩游戏：声音捉迷藏。

①教师出示不同的图片，请幼儿闭上眼睛，听声音，并找出与声音对应的图片。

②播放 PPT 课件，揭晓、验证答案。

（2）玩游戏：瓶子唱歌。

①出示装着不同物品的瓶子，辨别沙子、豆子、铃铛在瓶子里发出的不同声音。

②重点提问：猜一猜，谁在瓶子里"唱歌"？它发出了怎样的声音？

（3）逐一揭晓答案，发现不同物品发出的音色不同。

3. 找声音，感受更多的声音。

（1）提出自主寻找声音的要求。

①仔细寻找你喜欢的玩具，试一试，它能怎样发出什么声音？

②在探索过程中，不要发出太大的声音，以免产生噪音。

③找到声音后，回到座位，与同伴分享。

（2）幼儿自主寻找声音。

重点指导：

①发现生活中可以发出声音的物品。

②发现不同物品发出的音色不同。

（3）幼儿分享自己找到的声音。

①提问：你从哪里发现什么可以发出声音？它是怎样发出声音的？

②小结：原来声音就藏在我们身边。不同的物品发出的声音不一样。

4. 活动延伸：声音寻宝。

幼儿到户外采集各种能发出不同声音的物品，了解生活中更多的声音。

（赵梓鑫）

活动二：声音找朋友

（一）活动目标

1. 喜欢参加声音配对的活动，感受声音游戏的乐趣。

2. 辨别不同的瓶子发出不同的声音，并进行配对。

3. 按顺序取放声音瓶，不争抢。

（二）活动重、难点

1. 重点：感知不同物品放入声音瓶、晃动后，发出的声音音色不同。

2. 难点：辨别声音瓶发出的声音，并进行配对。

（三）活动准备

1. 经验准备：有拧开瓶盖、装物品的经验。

2. 物质准备：空瓶子、装有铃铛的瓶子、大枣、花生、小米、核桃若干、音乐《大雨、小雨》。

（四）活动过程

1. 出示礼物盒，激发幼儿参与听声音的兴趣。

（1）情境设置：新年就要到了，小兔子给我们送来了礼物。咱们一起猜一猜，哪个瓶子里装了礼物？

（2）摇一个空瓶和一个装有铃铛的瓶子，请幼儿猜一猜，哪个瓶子装了礼物。

提问：你怎么知道这个瓶子里有礼物？

（3）小结：原来有声音的瓶子里装了礼物。

2. 玩"瓶子配对"的游戏，分辨声音瓶发出的不同音色。

（1）玩"瓶子配对"游戏，将声音一样的瓶子放在一起，让它们做好朋友。

提问：你的礼物瓶子发出了什么声音？哪个瓶子和你的瓶子发出的声音一样？

（2）打开瓶子，验证自己的猜想。

提问：打开你的声音瓶，看看它们"肚子"里装的礼物一样吗？

3. 玩"听一听，猜一猜"游戏，感知不同物品在瓶子里发出不同的声音。

（1）出示实物：大枣、花生、小米、核桃，请幼儿挑选瓶子，与实物配对。

提问：

①你听到了什么声音？

②猜一猜，瓶子里装的是什么？

（2）拧开瓶子，验证猜想。

总结：瓶子里装的物品不一样，所以它们发出的声音也不一样。

4. 自制"声音瓶"，感受不同物品发出的音色不同。

请幼儿自主选择一种或多种材料放入瓶中，制作一个声音瓶乐器。

5. 跟随音乐《大雨、小雨》，用自制的"声音瓶"为音乐伴奏，活动自然结束。

（赵文彬）

活动三：我是小小音响师

（一）活动目标

1. 对探索声音的游戏感兴趣，体验制造声音带来的乐趣。

2. 能用敲、摇、碰等方法制造声音，感受声音的不同。

（二）活动重、难点

1. 重点：用敲、摇、碰等方法制造声音。

2. 难点：感受生活中不同材料发出的声音不同。

（三）活动准备

1. 经验准备：有听过各种声音的生活经验。

2. 物质准备：生活中、马路上、自然界的各种声音，空塑料瓶，各种粮食，装有粮食的塑料瓶，音乐《沙沙沙》。

（四）活动过程

1. 游戏"猜声音"，感知各种有趣的声音。

（1）倾听生活中的（笑声、炒菜声、关门声等）、马路上的（自行车、摩托车、救护车发出的声音等）、自然界中的（鸟叫声、打雷声、下雨声等）声音，让幼儿听一听，猜一猜是什么声音。

（2）提问：你会学什么声音？请你模仿一下。

（3）提问：你的身体会发出声音吗？

2. 探索用不同材料制造声音。

（1）请幼儿玩空塑料瓶，尝试用不同的方法制造声音。

（2）小实验：探索怎样让空瓶子发出声音。

小结：摇一摇，敲一敲，碰一碰。通过捏、踩、搓、吹等动作都能使塑料瓶发出声音。

（3）变魔法：教师请幼儿闭上眼睛，把粮食装进瓶子里。

请幼儿用各种方法使装有粮食的瓶子发出声音，感知声音的不同。

（4）教师的塑料瓶里装一颗豆子，和幼儿装的许多豆子进行比较，引导幼儿发现装一颗豆子和许多豆子晃动塑料瓶时发出的声音不一样。

3. 播放音乐《沙沙沙》，引导幼儿用自制的小乐器给乐曲伴奏。

（王　晴　殷思迪）

活动四：好玩的传声纸筒

（一）活动目标

1. 对传声小实验感兴趣，乐于探索传声纸筒。

2. 在实际操作中，发现空心与实心传声纸筒传出声音的区别。

3. 在教师的引导下，与同伴进行传声实验。

（二）活动重、难点

1. 重点：在操作过程中，发现传声纸筒的传声作用。

2. 难点：通过探索发现两种传声纸筒发出的声音不同。

（三）活动准备

1. 经验准备：有玩声音玩具的经验。

2. 物质准备：空心、实心纸筒若干。

（四）活动过程

1. 玩"纸筒传声"游戏，激发幼儿探究兴趣和欲望。

（1）出示纸筒，教师提问：小朋友们，老师用纸给你们做了个玩具，你们看一看，它是什么样子的？（教师给每个幼儿发一个纸筒）

（2）提问：请哪个小朋友来说一说，刚才你是怎么玩的？

（3）玩"悄悄话"的游戏，引导幼儿发现空心纸筒能传声音。

①游戏规则：两名幼儿共同游戏。一名幼儿把纸筒的一端放在另一名幼儿耳边，用嘴巴对准纸筒另一端，悄悄地说一句话。

②教师：请每人找一个好朋友，一个人对着纸筒的一端说悄悄话，另一个人耳朵贴在纸筒另一端，听声音。然后，再交换游戏，听听好朋友说了什么话。两个好朋友互相说说悄悄话。咱们一起来试试吧！

引导幼儿说话时注意声音的大小。幼儿自由结伴玩游戏，在操作过程中发现空心纸筒能传声。

③提问：你的好朋友和你说了什么？声音是从哪里传出来的？

④小结：小朋友们发现空心纸筒可以把悄悄话传到小朋友的耳朵里，声音是从纸筒里面传出来的，空心纸筒能传声。

2. 引导幼儿探索实心纸筒，提出、发现问题，寻找原因。

（1）探索小游戏：猜一猜，这个纸筒能不能传声？能不能用它玩"悄悄话"的游戏？

每个幼儿去拿一个实心纸筒，再玩一遍"悄悄话"的游戏。幼儿在探索和实验中发现问题。

（2）提问：这个纸筒和刚才那个空心纸筒有什么不同？为什么实心纸筒传话的声音不清楚呢？

（3）小结：大家说得真好！小朋友们都发现了这个纸筒是实心的，声音被堵住了，传不出去。

3. 验证两个纸筒传出声音效果的不同。

（1）请两名幼儿再次用两种纸筒进行实验、比较，验证两个纸筒传出声音的不同，鼓励幼儿寻找原因。

（2）小结：小朋友们发现了空心纸筒和实心纸筒的秘密。原来，空心纸筒传出的声音响亮、清楚，而实心纸筒传出的声音不清楚，因为实心纸筒里有纸团，堵住了传出来的声音。我们给这个空心的纸筒取了个名字叫"传声筒"。

4. 活动延伸。

科学区中投放不同材质、大小、粗细的传声筒，幼儿可以继续探索不同的传声筒传声效果的不同。

（王　晴）

七、与主题相关的科学游戏案例

我 的 身 体 会 发 声

案例背景：

区域活动时间，果果和瑶瑶走到表演区听《幸福拍手歌》的歌曲。每当音乐响起来，他们都会按照歌词里的提示来做动作，并发出声音。这一天，他们同样又唱又跳，开始了下面的讨论。

案例实录：

果果和瑶瑶坐在地垫上休息。只听瑶瑶说："刚才，你跳得不对。歌词里说拍拍手，你拍的是肩膀。咱俩的动作发出的声音都不一样了。"果果不好意思地说："我把动作给忘了，再跳一遍就不会错了。"瑶瑶若有所思地说："我们刚才拍小手的时候是'啪、啪'的声音，跺脚的时候是'咚、咚'的声音。果果你说，你的身体哪里还可以发出声音？"果果得意地说："很多呀，你听。"说完，果果就"咳、咳、咳"地假装咳嗽起来。瑶瑶开心地说："你的嘴巴能发出声音，我爸爸也可以。他打呼噜的时候，像小猪一样，发出'哼、哼、哼'的声音。"说完，两个小朋友都笑了起来。果果对这个嘴巴发出的声音非常感兴趣，问道："那你的嘴巴可以发出什么声音？"瑶瑶大声地说起来："我可以学打雷、下雨的声音呢！"紧接着，瑶瑶就开始了："轰隆隆！哗啦啦！"

可爱的孩子们用小嘴巴表演起来，玩得不亦乐乎。这时候，果果皱着眉头，说："除了我们的手、脚、嘴巴可以发出声音，我真的想不出来还有什么地方可以发出声音了。"瑶瑶得意地大声说道："肚子呀，我们非常饿的时候，肚子会'咕噜噜'地叫。"果果说："你说得对，肚子会'咕噜噜'地叫。那还有什么地方也可以发出声音？"瑶瑶想了想，说："嗯……我也不知道了。不然，我们问问老师吧！"于是，两个小朋友问道："老师，我们的手、脚、嘴巴、肚子都可以发出声音，还有哪里可以发出声音呢？"我说："在你们的生活中！你们再仔细地想一想。"这时，果果突然说："老师，我想大便。"他从厕所出来后，非常开心地说："瑶瑶，我知道身体的哪里还可以发出声音了。"瑶瑶很激动地问道："是哪里？可以发出什么声音呢？"果果说道："我的屁股。刚才，我大便的时候，放了个屁，是'噗'的声音。"瑶瑶肯定地说："没错，就是这个声音。"果果和瑶瑶很高兴有了这么多新发现。他们说道："老师，我们可以把这些发现和小朋友们分享吗？"我点点头，说："当然可以呀，小朋友们肯定特别喜欢听你们的声音大发现呢！"

区域活动结束后，果果和瑶瑶把在表演区探讨的问题在区域活动评价环节给其他小朋友讲了一遍，小朋友们都听得津津有味。

案例分析：

孩子们在自主游戏中往往更有创造力，声音的音色不好理解，但通过孩子们生发出的游戏可以看出，孩子们模仿的象声词就是声音音色不同的表现，这就是孩子们最有价值的经验与感知。

（刘天颖）

不同的车会发出什么声音

案例背景：

在主题活动"好玩的声音"探索中，孩子们找到了很多不同的声音，如豆子装在罐子里摇晃的声音，刮风、下雨的声音，我们继续探索身边不同的声音。这一天，孩子们在图书区阅读图书时发现了汽车的声音。

案例实录：

孩子们在图书区看汽车发声书，熙熙指着说："这是什么车？"宸宸说："这是消防车。"熙熙按了一下消防车图片旁边的按钮，消防车发出"呜——呜——"的声音。"呜——呜——"别的小朋友也被吸引过来。孩子们模仿着消防车的声音："呜——呜——"熙熙看到这么多小朋友都来玩，开心地说："这个是汽车（小轿车）的。我按给你们听！"媛媛噘着小嘴，模仿着："滴——滴——"糖糖轻轻地按了一下救护车的声音按钮，孩子们更开心了，叮咚仰起头，大声学着："呜！呜呜呜！"我说："你们知道别的车是什么声音吗？"昊昊说："我知道自行车的声音是什么，是'叮铃叮铃'的！"晨晨说："我还认识摩托车。"我说："摩托车的声音是怎样的？"晨晨说："我不知道。"媛媛说："我也不知道。"芯芯说："我们看看书里有没有？"小朋友们兴奋地翻开书，从第一页翻到最后一页，也没有找到。溪溪说："没有摩托车的声音。"我说："我们可以问问谁知道摩托车的声音。"区域活动评价时，溪溪问小朋友们："你们知道摩托车的声音吗？"莫莫说："我爸爸有辆摩托车，我让爸爸把摩托车开过来！"

第二天早上，莫莫刚到幼儿园，就高兴地对我说："我爸爸把摩托车的声音录下来了！"莫莫爸爸交给我们一个U盘。晨间播报时，我们打开来听。孩子们开心极了！熙熙跳着模仿说："原来摩托车是这个声音，呜！咚！"我说："小朋友们，你们还知道别的车发出的声音吗？"孩子们纷纷说："我见过警车！""我见过洒水车！"我说："你们在哪里见过这些车？"孩子们说："马路上！"我说："幼儿园没有马路，可以想想办法，和爸爸、妈妈去找一找不同车发出的声音，好吗？"孩子们都很激动，个个跃跃欲试。

之后的几天，孩子们在爸爸、妈妈的帮助下带来了很多自己在马路边找到不同车发出的声音。哲哲说："我找到了洒水车！"听了洒水车发出的声音，萱萱说："原来洒水车有音乐啊！"阳阳说："我找到了警车发出的声音！"听了警车的声音，冰冰说："警车的声音好大！"圆圆说："我找到了电动车的声音，电动车倒车的时候会说话！"孩子们听了圆圆的录音，摇着小脑袋，学着："倒车，请注意！倒车，请注意！"

原来不同的车会发出不同的声音。孩子们在教师和爸爸、妈妈的帮助下找到了这么多不同车发出的声音！

案例分析：

小班的孩子最喜欢声音特点明显的事物，他们对汽车非常感兴趣。往往在不经意间，孩子们就发现了很多新的科学现象。这些现象有些不在教师的预设目标中，也非常值得探究和发现。作为教师，除了帮助孩子们完成预设目标，也要呵护孩子们的好奇心和探究欲，让孩子们的好奇心和探究欲得到满足。

（易 蒙）

主题活动四：好玩的沙

一、主题活动来源

沙是幼儿生活中常见的物质，在与沙的接触中幼儿不仅可以获得游戏的快乐，还能获得对物质特性的初步认识。在沙区游戏时，孩子们会反反复复地抓起一把把细沙，感受沙粒从指缝间溜走的感觉，还会在沙堆里挖隧道、挖陷阱、埋宝藏、围河坝、寻找沙土里的神秘宝贝……丰富多彩的游戏创意就在玩沙中不断产生。在玩沙的过程中，每个孩子都能无拘无束地投入其中。

"好玩的沙"这一主题活动就从小班幼儿快乐、自在的玩沙探索中生成了。主题活动以"沙游戏"为核心，引导幼儿在筛沙、运沙、塑沙、画沙画等游戏过程中，感知、发现沙子的特性，体验沙子的神奇魅力。

二、主题活动目标

（一）健康领域

1. 在运沙子的过程中，知道不扬沙，有初步的安全意识。

2. 在玩沙的过程中，发展幼儿的感知觉。

3. 通过沙区寻宝等体育游戏，增强身体协调性、灵活性。

（二）语言领域

1. 在生活中，学会说和沙子有关的儿歌。

2. 安静、认真地倾听他人讲话，不插话。

（三）社会领域

喜欢和同伴一起玩沙子，初步感受共同游戏的乐趣。

（四）科学领域

1. 了解沙子的基本特征，感受探索沙子的乐趣。

2. 运用多种感官，感知沙子粗细、软硬、干湿和颜色的不同。

3. 尝试用不同的工具玩装沙、筛沙、运沙、塑沙等游戏。

（五）艺术领域

1. 喜欢参加艺术活动，并能大胆地表现自己的情感和体验。

2. 喜欢美丽的沙画，初步会用沙子画画。

三、主题活动网络图（图 6-4）

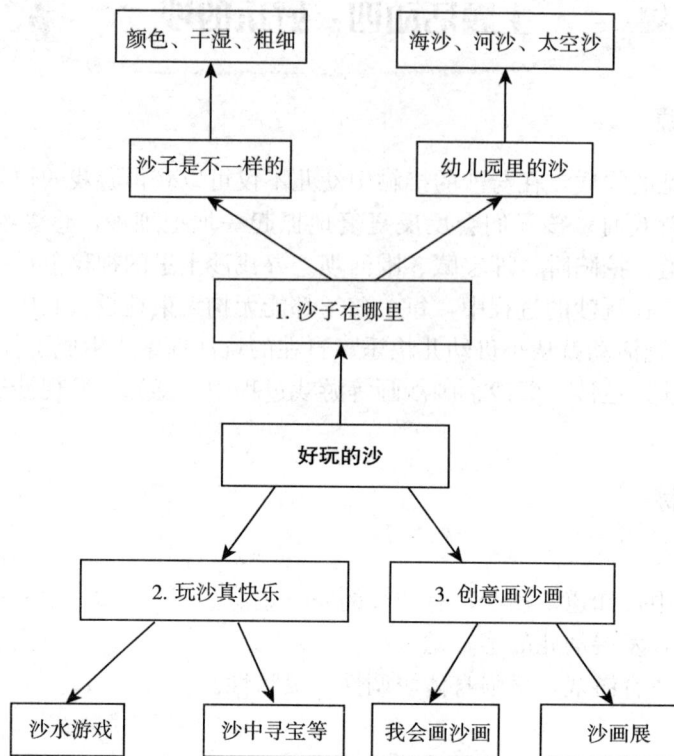

图 6-4　主题活动网络图

四、科学领域核心经验（表 6-7）

表 6-7　主题活动"好玩的沙"科学领域核心经验

核心经验指标		核心经验分级指标
观察实验能力	1. 运用多种感官感知沙子软硬、干湿、颜色、粗细的不同	一级：运用多种感官感知沙子软硬的不同
		二级：运用多种感官感知沙子颜色、软硬的不同
		三级：运用多种感官感知沙子颜色、软硬、干湿、粗细的不同
	2. 通过观察沙漏，发现沙子从上往下流动；不同的沙漏，沙子流动的速度不同	一级：观察沙漏里的沙子，发现沙子从上往下流动
		二级：通过观察沙漏实验，发现沙子是从上往下流动的，且沙子流动的快慢不同，但不知道原因
		三级：通过观察沙漏实验，发现沙子是从上往下流动的，且沙子流动的快慢不同，并知道原因
	3. 通过观察水的流向，发现水渠被沙子堵住后，水流无法通过	一级：不能专注地观察水的流向
		二级：通过观察水的流向，不能发现水流无法通过沙渠的原因
		三级：通过观察水的流向，发现水流无法通过沙渠的原因
	4. 运沙游戏中，通过观察，选择适宜的工具运沙	一级：在运沙游戏中，能够运用 1 种运沙工具运沙
		二级：在运沙游戏中，能够运用 2 种运沙工具运沙
		三级：在运沙游戏中，能够运用 3 种以上的运沙工具运沙

（续）

核心经验指标	核心经验分级指标
5. 通过沙渠引水游戏，思考沙渠蓄水的工具（PVC管、竹板、瓶子、箱子、支撑物、水桶）	一级：在教师的引导下，玩挖水渠的游戏，未能想出使用何种沙渠蓄水的工具
	二级：在教师的引导下，根据挖水渠的游戏想出1种沙渠蓄水的工具
	三级：在教师的引导下，根据挖水渠的游戏想出2种以上沙渠蓄水的工具
6. 通过沙石混合后的筛沙游戏，思考筛沙的方法	一级：在沙石混合后的筛沙游戏中，未能想出筛沙的方法
	二级：在教师的引导下，根据沙石混合后的筛沙游戏能想出筛沙的方法，但未能成功
	三级：在教师的引导下，根据沙石混合后的筛沙游戏想出筛沙的好方法，并筛沙成功
7. 运用简单语言表达运沙的方法（如推车运沙、铲子铲沙、装满沙桶运沙等）	一级：能够运用简单语言表达1种运沙的方法，如推车运沙
	二级：能够运用简单语言表达2种运沙的方法，如推车运沙、铲子铲沙
	三级：能够运用简单语言表达3种运沙的方法，如推车运沙、铲子铲沙、装满沙桶运沙
8. 能够表达、交流挖沙和在沙区寻宝时的发现	一级：不能表达、交流挖沙和在沙区寻宝时的发现
	二级：能够表达、交流挖沙和在沙区寻宝时的发现，但表达得不清楚，如说出铲子挖，发现宝贝后轻轻地挖
	三级：能够表达、交流挖沙和在沙区寻宝时的发现，如能连贯说出先挖沙子，看到宝贝后，轻轻地从侧面挖出
9. 能够用描述性的词汇（如干的、湿的、细细的、一粒一粒的等）描述沙子的特性	一级：能够用2种描述性的词汇（如干的、湿的）描述沙子的特性
	二级：能够用3种描述性的词汇（如干的、湿的、细细的）描述沙子的特性
	三级：能够用4种描述性的词汇（如干的、湿的、细细的、一粒一粒的）描述沙子的特性
10. 尝试使用模具塑沙	一级：尝试用模具玩塑沙游戏，并成功塑沙3~5个
	二级：尝试用模具玩塑沙游戏，并成功塑沙6~8个
	三级：尝试用模具玩塑沙游戏，并成功塑沙9个以上
11. 尝试运用撒沙、抹沙、拨沙等不同的方法制作沙画	一级：尝试运用撒沙的方法制作沙画
	二级：尝试运用撒沙、抹沙的方法制作沙画
	三级：尝试运用撒沙、抹沙、拨沙等不同的方法制作沙画
12. 尝试用竹板、PVC管等连接工具使水流进"河道"	一级：尝试用1种工具为挖好的"河道"运水，但水很快就没有了
	二级：尝试用2种工具为挖好的"河道"运水，水能进入"河道"
	三级：尝试用多种工具为挖好的"河道"运水，水成功地进入"河道"，并且越来越多

科学思考能力 表达交流能力 设计制作能力

五、主题活动教学计划（表 6 - 8）

表 6 - 8　主题活动教学计划

时间	活动名称	活动目标	重点领域	生活活动	区域环境与材料
第一周	大树和沙	1. 喜欢听故事，理解故事大意 2. 在活动中认真倾听教师、同伴说话，有良好的倾听习惯	语言	1. 谈话活动：分享自己见过的沙子图片 2. 家园共育：收集有关沙子的资料并分享 3. 过渡环节：观察幼儿园里的沙，玩沙，发现沙子的特性 4. 谈话活动：了解与沙尘暴有关的知识，萌发环保意识	1. 语言区： ①投放《大树和沙》的故事图片，让幼儿看图讲故事 ②自制关于"沙子和环境"的图书 2. 美工区： ①提供供幼儿欣赏的沙画作品 ②投放各种沙画材料 ③布置沙堡的情境，展示幼儿制作的作品 3. 沙区： 提供各种运沙、筛沙的工具
第一周	运沙游戏	1. 在运沙过程中，感受探究与发现的乐趣 2. 尝试运用多种工具运沙，感知各种运沙工具的不同	科学		
第一周	筛沙游戏	1. 通过游戏感受筛沙活动的乐趣 2. 在筛沙的过程中，发现、比较沙子的粗细不同	科学		
第一周	沙中寻宝	1. 喜欢玩"沙中寻宝"的游戏，体会运动的快乐 2. 在"寻宝"的路上练习双脚连续跳，提高身体的协调性	健康		
第二周	小鸭子的游泳池	1. 喜欢玩沙水游戏，感受挖沙引水的快乐 2. 尝试利用点与点对接的方法挖沙渠并引水 3. 玩沙水游戏时不用脏手揉眼睛、摸衣服和其他小朋友，养成良好的卫生习惯	科学	1. 户外分散活动：了解玩沙的正确方法 2. 家园共育：带领幼儿到沙池玩沙，了解沙子的特性 3. 过渡环节：玩运沙、塑沙堡、沙渠引水等游戏	1. 沙区： 投放教师和幼儿共同收集的塑沙工具；提供 PVC 管、整根竖着劈开的半圆形竹筒等引水进沙池的工具 2. 科学区： ①提供不同形状的自制沙漏 ②提供太空沙、塑形沙、彩沙、沙中寻宝盒等材料供幼儿玩沙
第二周	沙堡过桥	1. 喜欢参加跳跃活动，对体育活动感兴趣 2. 通过游戏练习走平衡，提高身体平衡能力	健康		
第二周	沙中作画	1. 喜欢参加沙画创作活动，体验沙中作画的乐趣 2. 尝试运用沙子进行艺术创作 3. 在创作中，知道不要扬沙	艺术		
第二周	玩沙真快乐	1. 在玩沙过程中体验与同伴共同游戏的乐趣 2. 与同伴轮流取放玩沙工具	社会		

六、科学领域集体教学活动

活动一：运沙游戏

（一）活动目标

1. 在运沙过程中，感受探究与发现的乐趣。

2. 尝试运用多种工具运沙，感知各种工具运沙效果的不同。

（二）活动重、难点

1. 重点：尝试用多种工具运沙。

2. 难点：感知不同工具运沙的效果不同。

（三）活动准备

1. 经验准备：幼儿已初步了解沙子的特性。

2. 物质准备：小铲子、水桶、脸盆、水瓶、杯子、底部有孔的水桶、沙池、大卡车玩具等。

（四）活动过程

1. 创设情景，激发幼儿玩沙的兴趣。

（1）出示大卡车玩具，设置情景：建筑工人叔叔生病了，工地刚好需要一车沙子盖房子，叔叔想请小朋友们帮忙，把沙子运到卡车上。

（2）通过提问"怎样把沙子运到卡车上"，引出工具。

2. 出示工具，幼儿尝试第一次运沙。

（1）安全提示：在运沙的过程中不要扬沙。

（2）玩沙时，注意不要弄脏衣服。

（3）爱护工具。

3. 请幼儿挑选一种工具，并尝试把沙子从沙池中运到卡车上。

重点指导：使用不同的工具运沙。

4. 分享运沙的方法，发现不同工具运沙的效果不同。

（1）提问：你用的什么工具？你用什么方法运的沙子？运沙过程中，有什么发现？你觉得怎样运沙能运得又多又快？

（2）小结：有的工具底儿是漏的，运沙过程中沙子会洒出来；用盆运沙子，只能用手把沙子捧进盆里，非常不方便；小铲子、瓶子、水杯运的沙子太少了，要想把卡车装满，就要来回跑好多趟。我们可以用几种工具配合运沙子，这样才会运得又多又快。

5. 幼儿再次尝试运沙，总结成功的经验。

（1）幼儿再次选择工具，教师重点指导幼儿运用刚才提出来的方法运沙。

（2）鼓励幼儿尝试合作运沙。

6. 分享提升。

（1）教师：小朋友们尝试了什么新方法？成功了吗？

（2）表扬一起合作运沙的小朋友。

7. 收拾、整理工具，活动自然结束。

（1）设置情景：工地上，沙子运够了，工人叔叔说"谢谢小朋友们"。

（2）教师：请小朋友们一起将工具送回"家"。

（梁颖慧）

活动二：筛沙游戏

（一）活动目标

1. 通过游戏，感受筛沙的乐趣。

2. 在筛沙的过程中，比较、发现沙子粗细不同。

3. 知道玩沙要注意安全，学会保护自己。

（二）活动重、难点

1. 重点：在筛沙的过程中，观察、发现沙子粗细不同。

2. 难点：发现、比较沙子的粗细不同。

（三）活动准备

1. 经验准备：有玩沙的经验。

2. 物质准备：沙池，多种筛沙工具，小熊图片、小兔图片人手一份。

（四）活动过程

1. 情境导入，激发幼儿兴趣。

（1）教师：昨天，小兔子和小熊跟我说，要请小朋友们帮忙找找粗细不同的沙子，用来盖一座新房子。小兔子想要细细的沙子，小熊想要粗粗的沙子。你们愿意帮它们找到适合盖房子的沙子吗？

（2）重点提问：什么是粗粗的沙子？什么是细细的沙子？

2. 幼儿初步探究筛沙的方法。

（1）幼儿自主使用各种工具，尝试筛沙子，进行初步探究。

（2）发现筛子，并尝试使用筛子筛沙。

3. 幼儿尝试使用多种工具筛沙，发现筛子的使用方法和作用。

（1）温馨提示：使用工具时，知道保护自己和同伴，不扬沙，不用脏手揉眼睛等。

（2）重点提问：这个东西是怎么用的？它有什么作用？

（3）小结：这个有好多小眼儿的东西叫作筛子，它能够让一些沙子漏下去。把沙子放在筛子里，摇一摇，让沙子快速漏下来。

4. 使用筛子，尝试区分粗沙和细沙。

（1）组织幼儿讨论怎样区分粗沙和细沙。

重点提问：想要细沙，我们应该用什么样的筛子？我们怎么保存筛出来的沙子？

（2）小结：用小眼的筛子就可以让细细的沙子漏下来啦！我们可以在筛子底下放个纸盘，接着筛出来的细沙。

5. 幼儿筛沙，发现粗沙与细沙的不同。

（1）重点指导：筛沙中，通过观察和触摸比较粗沙和细沙的区别。

（2）筛沙中保护自己和同伴，不扬沙。

6. 小结分享：发现粗沙与细沙的不同。

提问：粗沙摸上去什么感觉？细沙摸上去什么感觉？（粗沙扎扎的，细沙软软的）

7. 收拾、整理工具和材料。

教师：请小朋友们把工具和材料"送回家"。

（杜　艾）

活动三：小鸭子的游泳池

（一）活动目标

1. 喜欢玩沙水游戏，感受挖沙渠引水的快乐。

2. 尝试利用点与点对接的方法挖沙渠并引水。

3. 玩沙水游戏时，不用脏手揉眼睛、摸衣服和其他小朋友，养成良好的卫生习惯。

（二）活动重、难点

1. 重点：尝试利用点与点对接的方法挖沙渠，并引水。

2. 难点：在挖沙渠引水遇到问题时，能尝试调整（如铲去堵水的沙子、跟着小水流往前挖；引水时，调整水管的位置，让水顺利流入沙渠）。

（三）活动准备

1. 经验准备：幼儿有挖沙的经验。

2. 物质准备：鞋套、挖沙工具、4只玩具小鸭子、PVC引水管、洗手盆。

(四) 活动过程

1. 情境导入, 任务驱动, 引出引水活动。

(1) 教师: 小鸭子们想游泳, 但游泳池里没有水, 请小朋友们帮帮它们。

(2) 引导幼儿观察水龙头与沙地中游泳池的位置, 建立水龙头与游泳池之间的点对点连接, 思考水渠的位置。

(3) 提问: 怎样才能让小鸭子们的游泳池里有水? 一次次的运水太麻烦, 还有没有更便捷的方法? (将水龙头与游泳池进行连接)

2. 自选挖沙工具挖沙渠, 并尝试给游泳池引水。

(1) 幼儿自主选择挖沙工具进行挖渠游戏。

温馨提示: 不扬沙, 讲卫生, 保护自己的身体不受伤。

(2) 幼儿探究挖沙渠的方法, 教师指导。

重点提问: 往哪边挖才能让水流进小鸭子们的游泳池?

(3) 尝试引水, 修整沙渠。

重点指导:

①教师: 水"走"不动了, 用什么方法才能让水宝宝继续往前"走"? (铲去堵住水的沙子、跟着小水流往前挖)

②教师: 小鸭家有 3 个游泳池, 每个游泳池都太小了, 每次都是一只小鸭游泳没意思, 怎样才能让小鸭子从这个游泳池游到那个游泳池, 大家在一起游泳做游戏呢? (把 3 个游泳池连起来)

(4) 重点总结点对点连接的挖渠方法。

①提问: 小鸭子游起来了吗? 你们是怎么帮它挖的沙渠?

②总结: 今天, 小朋友们用工具帮忙, 在游泳池和水龙头之间给小鸭子们挖了一条沙渠, 让小鸭子能够快乐地游泳, 小鸭子们真高兴! 它们说"谢谢你们"。

3. 幼儿自主收拾、整理工具, 放回原位, 养成良好的收拾、整理习惯。

4. 鞋套归位并洗手。

(1) 摘掉鞋套, 放回原位。

(2) 洗手: 小手游泳。

(赵文彬)

七、与主题相关的科学游戏案例

沙 子 蛋 糕

案例背景:

在"好玩的沙"主题活动中, 班里的小朋友们玩沙兴趣浓厚。他们学会了运用各种工具进行筛沙, 再把筛过的沙子塑形。

案例实录:

杨杨第一个冲进了沙坑, 他抓起一把沙子, 让沙子从手指缝间漏了下来。他觉得很有意思, 又拿来一个漏斗, 把沙子装进漏斗里, 玩了起来。小泽见状, 也找来个筛子, 玩了起来。他对杨杨说: "沙子会流的。""我们用沙子做个大蛋糕吧!""好, 要做一个好大、好多层的大蛋糕。"小泽一边比画着一边说。

我笑着朝他们竖起了大拇指。只见, 他们每人从工具筐里拿了一把小铲子, 动手做起了蛋糕。可是, 很快, 他们就发现沙子堆不起来。

"怎么会这样呢, 老是散掉?"杨杨有点沮丧。

小泽说: "我也不知道。"

我站在一旁继续观察，没有马上介入他们的游戏。

只听杨杨又说："那我们再想想，有没有什么办法？"

"我们要把沙子放进盆里。"

"对啊，快，我们来试试看。"

说完，他们便动起手来，把沙子装进了盆里，然后把它倒扣在地上。等他们拿开盆时，却发现沙子又散了。

小泽失望地说："怎么还是不行？又散了，我们再试一次看看。"

于是，他们又重新试了一次，可结果还是一样。这时，他们真的有点失望了："怎么还是不行？"

这时，我走过去和他们一起玩。我先把沙子放进盆里，又在盆里加了一些水，我叫他们过来："你们看，老师加了些什么，沙子就变成蛋糕了呢？"

他们想了想，说："噢，知道了，知道了，要先加点儿水。"

杨杨小心地往沙子上倒了些水，并用手捏了捏，高兴地说："好了，好了，可以了，我们成功了。"就这样，他们又开始动手做蛋糕，看到做好的沙子蛋糕，他们高兴得手舞足蹈。他们把"蛋糕"放进盘子里，拿到我面前，说："老师，给你吃吧！这是我们自己做的，很好吃的。"我假装吃了一口，说："真的，很好吃，谢谢你们！"

案例分析：

科学游戏中，我们要重视幼儿发现、感知的过程体验。幼儿的探究过程不一定都会成功，期间难免会产生负面情绪。在这次塑沙游戏中，教师能够运用平行游戏的方法，参与到游戏当中，并用行动引导幼儿有所发现，不仅帮助幼儿获得了湿沙更易塑形的科学经验，还让幼儿体验到从失败、失望到成功的喜悦与自信。

（吴　硕）

第 七 章
中班主题式科学探究课程

中班阶段的幼儿主要通过感知觉以及各种操作活动认识周围的世界，对事物的操作、感知活动是其积累认知经验的重要方式。这些经验的获得将是幼儿今后进一步理解周围事物及相互关系的基础。

作为教师，要能深入了解和掌握幼儿感知、理解科学的特点和他们的思维方式、思维水平，抓住和充分运用日常生活中大量生动的科学教育素材。秋天到了，随着苹果树、梨树、杏树结出了果实，"幼儿园的果实熟了"主题活动逐步展开。在活动中，幼儿采摘果实，感受收获、分享的乐趣。他们还和教师一起感受光影游戏的有趣、镜子王国的新奇、"农业嘉年华"的秘密。

在丰富的活动中，教师们根据活动实际需要与特点，引导幼儿在实验、参观、郊游、谈话、讨论等多种形式的活动中，充分感知、观察、操作和思考。在重视幼儿与材料、环境相互作用的同时，重视幼儿间的相互交往和表达，使幼儿获得多方面的发展。

主题活动一：幼儿园的果实熟了

一、主题活动来源

秋天是收获的季节，幼儿园里的果实都熟了，有葡萄、山楂、梨、花生、柿子、红薯……孩子们看到这些熟了的果实兴奋不已，时而讨论水果的美味，时而弯腰捡起掉落的果实，时而观察绿油油的菜叶。每到户外活动时，孩子们总要去看看挂着的一串串大葡萄、树上酸酸甜甜的山楂……

孩子们对秋天收获的果实充满了喜悦与好奇——果实是长在哪里的？怎样才能把树上的果实摘下来？会让哪个班的小朋友摘果实？植物的果实可以做什么用？果实要怎样和更多的人分享……伴着孩子们的问题，我们开展了"幼儿园的果实熟了"主题活动，旨在让幼儿充分地感受果实成熟的过程，通过发现幼儿园中多种多样的果实，探究采摘不同果实的方法、讨论采摘果实的任务、计划义卖果实、一起分享果实等。

二、主题活动目标

（一）健康领域

1. 乐于参加体育游戏，喜欢玩跨越障碍收获果实的游戏，发展下肢力量。
2. 了解几种不同的果实，知道不同的果实有不同的营养价值。
3. 在玩"果农忙"的游戏中，发展快速跑的能力。

（二）语言领域

1. 能够通过观察了解水果的特点，进行简单的诗歌仿编和猜谜。
2. 自主阅读《果实是种子的旅行箱》等与果实有关的绘本，能够理解绘本画面内容。
3. 围绕成熟的果实进行讨论，并能清楚地表达自己的想法。

（三）社会领域

1. 主动参与采摘、分享果实的活动，体验丰收的喜悦。

2. 乐意与同伴交往，学习合作与分享。

3. 能努力做好果实收获、义卖等事情，有初步的责任感。

（四）科学领域

1. 对秋天的果实感兴趣，喜欢亲近自然，有求知欲。

2. 能运用各种感官动手、动脑探究与果实有关的问题。

3. 能用适当的方式表达、交流探究的过程和结果。

4. 关心、爱护植物与环境，树立初步的环保意识。

（五）艺术领域

1. 积极参加歌曲、艺术表演活动，在活动中获得愉快的情感体验。

2. 能大胆地用自己喜欢的艺术形式表现秋天果实收获的情景。

三、主题活动网络图（图 7-1）

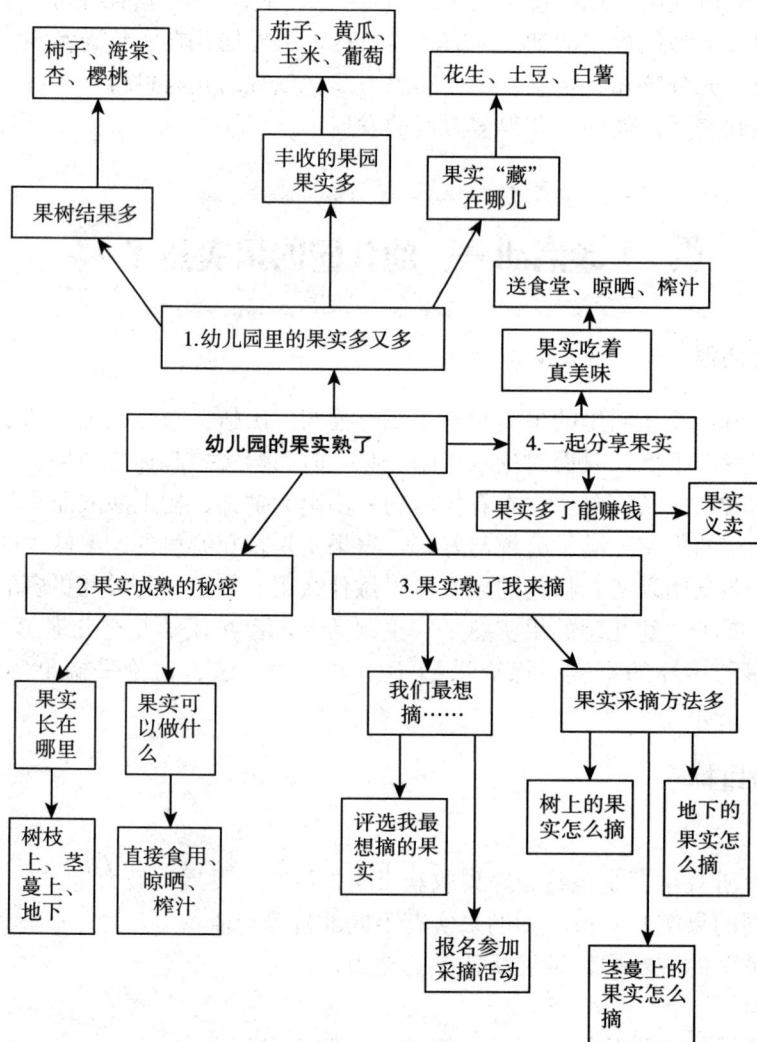

图 7-1　主题活动网络图

四、科学领域核心经验（表7-1）

表7-1　主题活动"幼儿园的果实熟了"科学领域核心经验

核心经验指标		核心经验分级指标
观察实验能力	1. 通过观察发现幼儿园成熟果实形状、颜色、结出果实位置的相同与不同	一级：通过观察，了解幼儿园成熟果实的相同之处，并能发现果实的颜色不同
		二级：通过观察，了解幼儿园成熟果实的相同之处，并能发现果实的颜色、形状不同
		三级：通过观察，了解幼儿园成熟果实的相同之处，并能发现果实的颜色、形状、结出果实的位置不同
	2. 观察白薯、土豆、山楂在晾晒前后的变化	一级：通过观察，不能发现果实在晾晒前后的变化
		二级：通过观察，发现果实在晾晒前后1种变化，如变干
		三级：通过观察，发现果实在晾晒前后2种及以上的变化（如变干、出现褶皱、比之前更甜了等）
	3. 能够尝试用磨盘磨花生豆浆，发现磨豆浆前后花生的变化	一级：不能使用磨盘磨出花生豆浆
		二级：能够尝试用磨盘磨花生豆浆，发现花生的1种变化（如花生变碎了）
		三级：能够尝试用磨盘磨花生豆浆，发现花生的2种变化（如花生变碎了、皮和花生分开了）
科学思考能力	4. 在采摘过程中，探究发现最适宜的采摘工具和方法	一级：在采摘过程中，发现1种采摘工具（如使用剪刀）和1种采摘方法（如爬梯子）
		二级：在采摘过程中，发现1种采摘工具（如使用剪刀）和2种采摘方法（如爬梯子、蹬椅子等）
		三级：在采摘过程中，发现2种采摘工具（如使用剪刀、长棍）和3种采摘方法（如爬梯子、蹬椅子、请成人帮忙等）
科学思考能力	5. 通过观察阴凉处和阳光处晾晒果干的不同，猜想果干晾晒快慢的原因	一级：通过观察阴凉处和阳光处晾晒果干的不同，不能猜想出果干晾晒快慢的原因
		二级：通过观察阴凉处和阳光处晾晒果干的不同，能够猜想果干晾晒快慢和阳光照射有关
		三级：通过观察阴凉处和阳光处晾晒果干的不同，能够猜想果干晾晒快慢和阳光照射、是否通风等有关
	6. 在采摘过程中，总结哪些植物吃根、哪些吃茎、哪些吃果实	一级：在采摘过程中，发现可以食用果实的植物并总结（如食用果实的植物有苹果、梨、山楂、柿子等）
		二级：在采摘过程中，发现总结幼儿园中食用果实和茎部的植物（如食用果实的植物有苹果、梨、山楂、柿子等；食用茎部的植物有土豆等）
		三级：在采摘过程中，发现食用果实和茎部、根部的植物（如食用果实的植物有苹果、梨、山楂、柿子等；食用茎部的植物有土豆等；食用根部的有花生、白薯等）
表达交流能力	7. 通过观察幼儿园的植物，能够概括性地描述不同植物成熟果实的外形特征和生长部位	一级：不能够概括性描述不同植物成熟果实的外形特征和生长部位
		二级：能够根据果实的外形特征或生长部位概括性地描述不同植物，如红红的果实有苹果、山楂、樱桃等
		三级：能够根据果实的外形特征和生长部位概括性地描述不同植物，如说出红红的果实有苹果、山楂、樱桃等；长在土里的果实有土豆、花生、白薯等

（续）

核心经验指标		核心经验分级指标
表达交流能力	8. 能够用语言大胆表述制作果干、磨豆浆、榨汁的过程	一级：能够用简单的语言描述制作果干、磨豆浆、榨汁其中 1 种过程
		二级：能够用清晰的语言描述制作果干、磨豆浆、榨汁其中 2 种过程
		三级：能够用清晰、完整的语言描述制作果干、磨豆浆、榨汁的过程
	9. 能用清晰、完整的语言表达采摘果实的方法和过程	一级：不会用语言表达采摘果实的方法和过程
		二级：会用简单的语言表达采摘果实的方法或过程
		三级：会用完整的语言表达采摘果实的方法和过程
设计制作能力	10. 能够安全地使用水果刀切开果实，晾晒果干	一级：不会安全地使用水果刀切果实
		二级：能够安全地使用水果刀把果实切成片，但果实切片过厚，晾晒未成功
		三级：能够安全地使用水果刀把果实切成片、晾晒果干，并成功晾晒
	11. 能够尝试正确使用果泥制作工具，用切块、捣烂、研磨等方法制作水果泥	一级：不会使用果泥制作工具制作水果泥
		二级：会使用果泥制作工具，切块、捣烂制作果泥，但果泥中块状果实过多
		三级：会使用果泥制作工具，用切块、捣烂、研磨等方法制作果泥
	12. 能够利用各种工具（如梯子、椅子、爬网等）采摘果实	一级：不能利用工具进行果实采摘活动
		二级：能够运用 1～2 种工具进行果实采摘活动
		三级：能够运用 3～4 种工具进行果实采摘活动

五、主题活动教学计划（表 7-2）

表 7-2　主题活动教学计划

时间	活动名称	活动目标	重点领域	生活活动	区域环境与材料
第一周	丰收的果园	1. 通过参与果实收获、采摘活动，体验丰收的喜悦 2. 感受照顾果实的不易	社会	1. 谈话活动：分享各种果实，发现不同形状的果实 2. 家园共育：家长带领孩子利用周末时间进行采摘，收集各种成熟的果实 3. 过渡环节：观察幼儿园里结果的树并拍照	1. 语言区： ①提供《果实是种子的旅行箱》等有关果实成熟的绘本，请幼儿自主阅读 ②收集各种果实的资料，自制图书 2. 美工区： ①果实的欣赏画 ②能看懂各种折纸步骤图，进行折果树活动 ③布置果园情境，展示幼儿制作的果实和果树 3. 科学区： 投放花生成长过程中的标本及各类成熟果实
	仿编儿歌《葡萄》	1. 欣赏《葡萄》儿歌，体验诗歌中的韵律美 2. 能够通过观察葡萄的特点进行简单的诗歌仿编	语言		
	幼儿园里的果实多又多	1. 了解幼儿园成熟果实的名称并根据果实的形状、颜色、口味等分类 2. 能用语言表达果实的外形特征	科学		
	线描画：秋天的果实	1. 能运用多种线条绘画秋天的果实 2. 能进行构图设计，画面丰富、干净	艺术		

（续）

时间	活动名称	活动目标	重点领域	生活活动	区域环境与材料
第二周	果实长在哪里	1. 通过前期观察与探究，发现幼儿园成熟果实生长位置的不同 2. 能够用完整的语言讲述成熟果实生长的位置	科学	1. 过渡环节：观察果实、欣赏果实自制图书、分享果实收获的发现 2. 过渡环节： ①观察幼儿园里结果的树并进行记录 ②制作采摘果实宣传海报，号召小朋友们参与采摘果实的活动 3. 午睡前故事环节：听一些关于果实的故事	1. 语言区： 提供有关果实的谜语，鼓励幼儿猜谜 2. 美工区： ①能用毛笔、水粉、彩笔等画出成熟的果实 ②利用毛线、树枝、果壳等进行创意制作果实 3. 科学区（种植角）： 将白薯、土豆、萝卜、洋葱等成熟果实种在土里、水里，观察果实的生长状况和根部变化 4. 益智区： 提供果实接龙卡、果实与果树对应找家游戏卡、果实火车排序卡
	果实怎么摘	1. 根据果实结果位置的不同，思考适宜的采摘工具 2. 在探究果实怎么摘的过程中，提高观察能力	科学		
	果实丰收图	1. 能运用不同的绘画材料绘画秋天果实丰收的场景 2. 能够结合果实的外形特征绘画果实的细节	艺术		
	摘水果	1. 乐于参加体育游戏，体验摘水果的乐趣 2. 翻滚、跨越障碍后跳起来摘水果，提高身体的协调性和灵活性	健康		
第三周	我们最想摘……	1. 通过投票形式，评选出最想摘的果实 2. 邀请不同班级的小朋友参加到报名采摘果实的活动中	社会	1. 过渡环节：分享关于果实成长过程中的故事 2. 家园共育：在家里尝试制作果干等 3. 晨间播报：分享关于在家里制作各种果干的过程和方法	1. 美工区： 尝试利用果实的外壳进行装饰画创作 2. 语言区： 提供《秋天的果实》儿歌，让幼儿根据儿歌进行仿编 3. 建筑区： 提供制作果树的辅助材料 4. 益智区： 投放果实从没有到有、从小到大生长的过程图，供幼儿拼摆 5. 表演区： 提供秋天收获的故事音频或音乐，供幼儿即兴表演
	上山摘杏	1. 乐于参加体育活动，坚持锻炼身体 2. 通过拉、抬、抱等动作发展幼儿身体的协调性	健康		
	丰收的果实	1. 通过观察和触摸，发现果实外形和种子的不同 2. 会安全使用餐刀进行果实观察活动	科学		
	果实变身	1. 对南瓜、萝卜等保存时间较长的果实进行装饰 2. 会使用粘贴和绘画工具	艺术		
第四周	我的果实要义卖	1. 通过讨论分享果实义卖需要做的准备 2. 评选义卖活动小组长，负责制作海报、整理果实、义卖收钱等任务	社会	1. 晨间播报：可以和教师、小朋友一起分享家里制作的杏干、山楂干等 2. 过渡环节：分享、总结果树结出果实的全过程 3. 过渡环节：为义卖、果实分享活动做宣传	1. 美工区： ①使用安全餐刀自制山楂干、苹果干等 ②尝试画一画果实从小到大生长的全过程 2. 语言区： 讲一讲自己在榨汁、晾干果实过程中的发现 3. 益智区： 利用果实的颜色、大小进行分类与点数 4. 棋区： 制作果树游戏棋
	我的果干晾在哪儿	1. 喜欢参与"果干晾在哪儿"的猜想活动，从中收获快乐 2. 大胆猜想果干晾晒的位置，并用绘画、做标记、拍照的方式记录	科学		
	我的果实义卖款	1. 能够汇总果实义卖的钱款 2. 愿意和同伴进行分工，分组计算钱款	科学		
	制作果泥	1. 能够利用切块、捣烂、榨汁等方法制作水果泥 2. 尝试正确使用制作果泥的工具	艺术		

六、科学领域集体教学活动

活动一：果实长在哪里

（一）活动目标

1. 能积极参加活动，感受科学探究的乐趣。

2. 通过前期的观察与探究活动，发现幼儿园里成熟果实生长位置的不同。

3. 能够用完整的语言讲述成熟果实生长的位置。

（二）活动重、难点

1. 重点：知道不同的果实长在不同的地方。

2. 难点：依据果实的生长位置玩"果实找家"的游戏。

（三）活动准备

1. 经验准备：幼儿前期已观察过幼儿园成熟果实。

2. 物质准备：幼儿园成熟果实的图片，种植园记录表，视频，一棵树、一盆泥土、一个花架、一盆水、果实图片（树上的、地里的、茎蔓上的）人手一份。

（四）活动过程

1. 观察成熟果实的图片，引导幼儿回忆幼儿园成熟果实生长的位置。

（1）出示苹果、山楂、梨的照片，回忆果实生长的位置。

提问：小朋友们，你们还记得它们长在哪里吗？

（2）出示葡萄、西红柿成熟的图片。

提问：它们长在哪里呢？

小结：长在树上的果实是苹果、山楂、梨；长在茎蔓上的果实是葡萄、西红柿。

2. 出示白薯、土豆、花生等地里成熟的果实，猜测果实生长的位置。

（1）猜想白薯、土豆、花生的生长位置。

（2）和幼儿共同到户外寻找白薯、土豆、花生。

提问：请你们找一找，它们是长在哪里的？

（3）分享寻找白薯、土豆、花生的发现。

提问：你们找到白薯、土豆、花生了吗？它们的果实看得见吗？果实会长在哪儿？

3. 结合种植白薯、土豆、花生记录表及视频，发现地里果实的形成过程。

（1）请幼儿根据记录的结果说说植物的变化。

提问：请你们用自己记录的方式告诉大家，白薯、土豆、花生是怎么长大的？

（2）观看种植白薯、土豆、花生视频，发现地里果实的形成过程。

小结：我们发现白薯、土豆、花生它们的果实都是长在地里的，把种子播种到土壤里，生根、发芽、长出茎叶，开花、结果，等待一段时间，果实就成熟啦！

4. 玩"果实找家"游戏，再次感受果实生长的多样性。

（1）游戏规则：出示一棵树、一盆泥土、一个花架的图片。请幼儿将长在树上的果实图片与一棵树的图片放在一起，长在地里的果实图片和一盆泥土的图片放在一起，长在茎蔓上的果实图片和一个花架的图片放在一起，把果实送回"家"。

（2）请幼儿相互检查游戏结果是否正确，并予以纠正。

（吴　茜）

活动二：果实怎么摘

（一）活动目标

1. 愿意在猜想采摘果实的探究活动中动手、动脑解决问题。

2. 根据果实结果位置的不同，思考适宜的采摘工具。

3. 在探究果实怎么摘的过程中，提高观察能力。

（二）活动重、难点

1. 重点：大胆讨论树上、地下、茎蔓上果实的不同采摘方法。

2. 难点：能根据果实生长位置选择适宜的采摘工具。

（三）活动准备

1. 经验准备：经常到户外观察果实，知道果实的生长位置，前期了解了果实采摘的工具。

2. 物质准备：果实收获任务卡、采摘工具、PPT 课件。

（四）活动过程

1. 回忆幼儿园果实收获的过程，分享、交流不同果实生长位置的不同。

提问：小朋友们，咱们幼儿园的果实都熟了。你们还记得有哪些果实吗？这些果实都长在哪里呢？

小结：幼儿园的树上有苹果、山楂、梨。幼儿园的地里长出了红薯、花生、土豆。幼儿园植物的茎蔓上长出了葡萄、西红柿、黄瓜。

2. 根据果实不同的生长位置，猜想并讨论不同的采摘方法。

（1）幼儿分组，分别讨论树上、地下、茎蔓上果实的采摘方法。

提问：咱们幼儿园有这么多的果实，我们用什么方法采摘呢？

（2）分享小组讨论的结果，思考适宜的采摘工具。

提问：

①采摘树上的果实（如苹果、山楂、梨）时，小朋友们选择了什么工具？你觉得合适吗？

小结：我们选择了剪子、纸袋这样的工具，但是树上的果实太高了，我们要向幼儿园的保安爷爷借梯子或者向弟弟、妹妹借小椅子来采摘。

②长在地下的果实（如红薯、花生、土豆）应该如何采摘？小朋友们选择了什么工具？你觉得合适吗？

小结：地下的果实要用小铲子或者小手挖一挖。

③长在茎蔓上的果实（如葡萄、西红柿）应该如何采摘？小朋友们选择了什么工具？你觉得合适吗？

小结：采摘茎蔓上的果实，我们选择了小剪刀。如果是高高的地方，像采摘葡萄，我们就要用到梯子或者小椅子，或者请老师来帮忙。

3. 幼儿自选果实收获任务卡，并记录适宜的采摘工具。

（1）领取任务单。

（2）根据讨论结果，用简单的符号记录采摘工具或方法。

4. 活动延伸。

根据讨论结果，收集采摘工具，并在户外活动后进行采摘。

（吴 茜）

活动三：丰收的果实

（一）活动目标

1. 愿意对采摘的果实进行观察，感受丰收的喜悦。

2. 通过观察和触摸，发现果实外形和种子的不同。

3. 安全使用餐刀切开果实，进行观察活动。

（二）活动重、难点

1. 重点：通过观察、对比，发现果实外形和种子的不同。

2. 难点：能够大胆表达在观察果实外形和种子过程中的发现。

（三）活动准备

1. 经验准备：前期参与了幼儿园果实采摘活动。

2. 物质准备：山楂、土豆、花生、白薯、梨、安全餐刀。

（四）活动过程

1. 出示幼儿园采摘果实的图片，激发幼儿兴趣。

提问：前几天，我们在幼儿园里采摘了什么果实？

2. 幼儿自主观察从幼儿园里采摘的果实：山楂、土豆、花生、白薯、梨等，初步发现果实外形特征的不同。

（1）幼儿自主观察山楂、土豆、花生、白薯、梨的果实，发现它们的不同。

提问：我们的桌子上有这么多的果实，它们长的一样吗？有什么不一样的地方？

小结：它们的颜色不一样，大小也不一样，山楂、梨的上面都有一个小把儿，它们长在树上，但是花生、土豆、白薯没有。

（2）幼儿到前面摸摸这些果实，通过触摸，发现果实外形特征的不同。

提问：你摸完这些果实，感觉它们有什么不同？

小结：山楂和梨摸起来都是滑滑的。土豆、花生、白薯摸起来有些粗糙。

（3）利用安全餐刀切开果实或剥开果实，发现果实种子的不同。

①请幼儿用安全餐刀将果实切开或用手剥开。

教师：下面，咱们用安全餐刀把这些果实轻轻地切开或者用手剥开，要注意安全哦！

②观察并发现果实种子的不同。

提问：你发现这些果实的种子都一样吗？它们有什么不同？

小结：山楂和梨切开之后，里面有小小的种子。花生剥开之后，里面是一粒一粒的小花生。白薯和土豆切开之后，果肉和外皮的颜色不一样。

3. 清洗果实并分享。

4. 活动延伸。

将果实送到食堂，请食堂老师帮忙制作，共同分享收获果实的喜悦。

（门　笛）

活动四：我的果干晾在哪儿

（一）活动目标

1. 喜欢参与"我的果干晾在哪儿"的猜想活动，从中收获快乐。

2. 大胆猜想果干晾晒的位置，并用图画、符号、照片的形式记录。

3. 活动结束后能进行收拾、整理。

（二）活动重、难点

1. 重点：动脑思考果干适宜的晾晒位置，并说明原因。

2. 难点：用图画、符号、照片的形式记录果干的晾晒方式。

（三）活动准备

1. 经验准备：见过切好的山楂干。

2. 物质准备：PPT 课件。

（四）活动过程

1. 创设情境，导入活动。

（1）教师：三楼小吃街喝茶的地方没有山楂水啦！现在，要向我们征集晒好的山楂干。

（2）提问：

①山楂是怎么变成山楂干的？

②你有什么好方法晾晒吗？

③原来把山楂切片、晾晒就变成山楂干啦！我们把它晾在哪儿呢？

2. 积极动脑思考，并说出自己想要晾晒的地方。

（1）分组讨论，教师巡回指导。

提问：你想把果干晾在哪儿？和你的好朋友说一说，为什么想晾在这儿？

（2）分享果干晾晒的地方，并说明原因。

提问：你想把果干晾在哪儿？为什么？

小结：有的小朋友说，放在班里的窗台上晾晒，那里阳光充足，可以直接晒到切好的山楂片。还有的小朋友说，放在桌子下边晾晒，不可以晒到太阳。还有的小朋友说，要放在有风的地方，可以放在大树下边。小朋友们想出了这么多的好办法，可以在窗台上、桌子下、大树下等地方进行晾晒。

3. 在记录单上记录果干晾晒的方式，并分享展示。

（1）幼儿记录自己晾晒果干的地方。

（2）展示并分享记录。

提问：你是用什么方式记录的？

4. 活动延伸。

教师：今天，小朋友们都很棒，想象力很丰富，说出了很多晾晒的地方。现在，我们就去把山楂片分别放在你们说的地方进行晾晒。过一段时间，我们再来看一看，谁的果干晒得最好？

（尹丹妮）

七、与主题相关的科学游戏案例

采摘山楂好方法

案例背景：

幼儿园的果实熟了，我们班小朋友选择了采摘山楂的任务。小朋友们开心极了，纷纷说着自己的想法，有的想把山楂制成山楂羹；有的想把山楂做成糖葫芦；还有的想把山楂制成山楂水……可是山楂要怎么摘下来呢？我们要一起想想好的方法，并试一试。

案例实录：

今天，我高兴地和孩子们说："小朋友们，咱们幼儿园的山楂熟了。你们发现了吗？"子涵说："老师，今天早上妈妈送我入园的时候，我看到了，山楂都红了。""我在户外的时候也看到了，满树都是红红的山楂！""老师，山楂是不是可以摘了呀？"

我表扬了认真观察的小朋友："你们真棒，发现了山楂的变化，我也发现了。早上，我来上班的时候，也看到了山楂红红的。咱们可以去完成采摘山楂的小任务了！可是，摘山楂要准备什么呢？""我们得拿个袋子或者小筐，这样才能装摘下的山楂。""老师，我摘过山楂，可不好摘呢！咱们得拿着小剪刀，这样好把山楂给剪下来。"每个小朋友都说出了自己的想法，不一会儿，就有很多的好方法了。我冲孩子们竖起了大拇指："你们考虑得真仔细！想出了这么多的好方法，老师都没想到呢！既然有这么多好方法，那我们就先准备工具吧！"小朋友们分工合作，有的去拿剪刀、有的拿筐、有的拿塑料袋……不一会儿，就又回到了我的身边："老师，咱们出发吧！"

我们开心地来到了户外的山楂树下，小朋友们都用自己想到的好方法开始摘了起来。不一会儿，低处的、我们能够到的山楂很快就摘完了。小朋友们看着高处的山楂，开始小声议论着："下面的山楂都摘完了，可是高处的山楂怎么办呢？""我们摇树吧！把山楂都摇下来。"小菡急忙说："这可不行，摇树太危险了。"孩子们挠挠头，向我投来了求助的目光。我走过去，站在孩子们的身边，没有直接告诉他们，而是和小朋友比身高。这时，珺尧突然大喊："门老师个子高，吴老师个子也高，我们可以请老师帮忙！"听了珺尧的话，孩子们纷纷拍起手来："对，对，对。老师，帮帮我们！"就这样，我和吴老师、小朋友们一起合作，我们摘，小朋友们负责装。不一会儿，又摘了很多山楂。"可是，高高的树顶上还有很多山楂，就算吴老师踮起脚尖也够不着，怎么办呢？"我问道。小朋友们都不知道应该怎么办。过了一会儿，子一说道："老师，我们可以向保安爷爷借梯子。站在梯子上，就能够到高处的山楂了！"孩子们都同意子一的说法，一起找保安爷爷借来了梯子。在大家的共同努力下，终于摘完了树上所有的山楂。

案例分析：

中班幼儿主要通过感知觉以及各种操作活动认识周围的世界。在这次采摘活动中，老师退到孩子们"身后"，以孩子为主体，请他们自己想办法解决在活动中遇到的问题，孩子们认真思考，想出了很多办法。看来，只要我们相信孩子，他们的问题都能自己解决！

（门　笛）

主题活动二：镜子王国

一、主题活动来源

幼儿园里藏着各种各样神奇的镜子，大小不一的哈哈镜、折镜、平面镜，每一面镜子都能照出不一样的自己。有一天，孩子们在户外游戏时，发现了幼儿园栅栏旁边的哈哈镜，大家都对这个新鲜玩意感到好奇。

"你们快看呀！我变得好胖！"

"我又变瘦了！"

神奇的哈哈镜能把每个人变得特别好玩儿，一会儿瘦瘦的，一会儿胖胖的，一会儿高高的，一会儿矮矮的……孩子们对这一现象充满了好奇，也十分开心。"为什么镜子能把我们变成这样呢？""所有的镜子都这样吗？""为什么镜子照出来的不一样呢？"

带着各种各样的问题，我们和幼儿一起走进幼儿园的"镜子王国"，通过观察和触摸，发现多种多样的镜子，揭开镜子更多的秘密。

二、主题活动目标

（一）健康领域

1. 通过照镜子，了解不高兴、生气等情绪会带给自己不舒服的感受，体验积极情绪带给自己的快乐。

2. 通过照镜子的游戏，用肢体表现镜子中的各种动作，锻炼身体反应能力。

3. 在利用镜子倒着走路的游戏中，灵活控制走动的方向。

（二）语言领域

1. 喜欢听《猴子捞月》等与镜子或镜面效应有关的故事，会复述故事。

2. 乐意与人交谈，大胆表达自己探究镜子过程中的发现。

3. 自主阅读3D镜面绘本，能清楚地讲述绘本内容。

（三）社会领域

1. 与同伴轮流游戏，感受规则的重要性。

2. 主动参与与镜子有关的活动，有自信心。

（四）科学领域

1. 对身边各种各样的镜子感兴趣，有好奇心和求知欲。

2. 能运用各种感官，动手、动脑探究镜子的秘密。

3. 能用拍照、绘画、标记简单符号等记录、表达、交流探索的过程和结果。

（五）艺术领域

1. 学习歌曲，掌握歌曲的旋律，并能用肢体表现出来。

2. 积极参加艺术活动，能用自己喜欢的方式（如表演、模仿动作、绘画等）进行艺术表现和创作。

三、主题活动网络图（图 7-2）

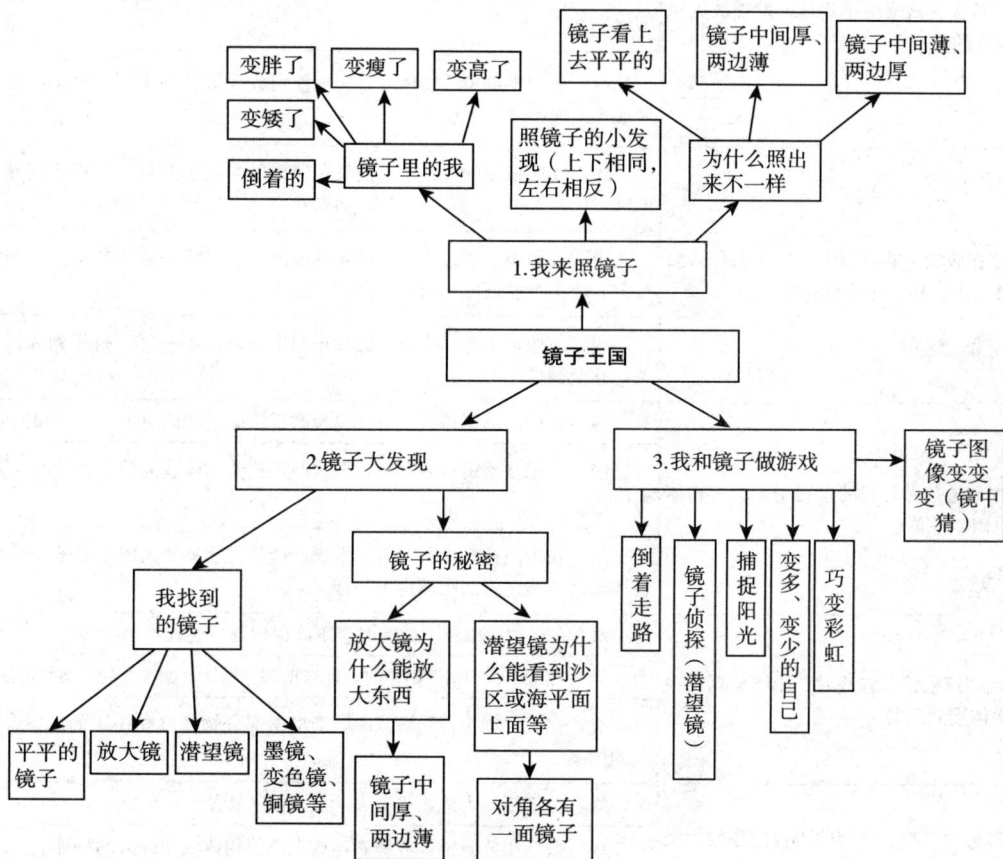

图 7-2　主题活动网络图

四、科学领域核心经验（表 7-3）

表 7-3　主题活动"镜子王国"科学领域核心经验

核心经验指标		核心经验分级指标
观察实验能力	1. 通过观察、触摸发现镜子表面光滑并可以成像、反光的特征	一级：通过观察、触摸，发现平面镜表面平滑或能够成像的其中1种特征
		二级：通过观察、触摸，可以发现平面镜表面平滑、可以成像的特征
		三级：通过观察、触摸，可以发现平面镜表面平滑、可以成像、能反光的特征
	2. 通过玩"照镜子"的游戏，发现不同的镜子成像不同	一级：通过镜子游戏，不能发现不同的镜子成像不同
		二级：通过镜子游戏，发现照不同的镜子时，自己的成像高矮、胖瘦不同
		三级：通过镜子游戏，发现照不同的镜子时，自己的成像高矮、胖瘦不同；在照平面镜时，自己的成像是上下相同、左右相反的

（续）

核心经验指标	核心经验分级指标
观察实验能力	
3. 通过照镜子，发现物体距离镜子远近与成像大小之间的关系	一级：不能发现自己在照镜子时，距离镜子远近与成像大小之间的关系
	二级：发现自己在照镜子时，离镜子越近，自己的成像越大；离镜子越远，自己的成像越小
	三级：通过照镜子，发现自己、物体离镜子越近，镜子中的成像越大；离镜子越远，自己和物体的成像越小
4. 会用放大镜观察细小物体，发现放大镜能够使物体的像变大	一级：在观察细小的物体时，不知道借助放大镜
	二级：在观察细小的物体时，知道使用放大镜来观察，发现放大镜能够使物体的成像变大
	三级：在观察细小的物体时，知道使用放大镜来观察，并说出放大镜能放大物体成像的原因
科学思考能力	
5. 能够在照镜子的过程中，思考为什么照出来的自己不一样，并猜想答案	一级：在照镜子的过程中，能发现照出的自己不一样，并提出问题，但不知道原因
	二级：在照镜子的过程中，能发现照出的自己不一样，并猜想到和镜子的不同有关，但不会验证
	三级：在照镜子的过程中，能发现照出的自己不一样，猜想到和镜子的不同有关，并会验证
6. 在用凸透镜做游戏的过程中，思考物体放大的原因，并猜想答案	一级：在用凸透镜做游戏时，发现凸透镜能使物体放大，但不知道原因
	二级：在用凸透镜做游戏时，发现凸透镜使物体放大的原因是因为镜面中间厚、边缘薄
	三级：在用凸透镜做游戏时，发现凸透镜使物体放大的原因是镜子的面不一样，物体与凸透镜之间的距离也不一样
7. 在玩"镜中猜"游戏时，能够根据镜中的部分物体推测图案	一级：在玩"镜中猜"游戏时，不能根据部分物体推测图案
	二级：在玩"镜中猜"游戏时，能根据部分物体（如1/2的图案）推测简单图案
	三级：在玩"镜中猜"游戏时，能根据部分物体（如1/4的图案）推测较为复杂的图案
表达交流能力	
8. 能够运用清晰、完整的语言描述放大镜的特征：中间厚、边缘薄、能够使物体成像变大	一级：会使用放大镜，不会表达放大镜的特征
	二级：会使用放大镜，能够表达放大镜使物体成像放大的特征
	三级：会使用放大镜，能够表达放大镜中间厚、边缘薄、还能使物体成像放大的特征
9. 在教师的引导下，能够用清晰、完整的语言表述自己在照镜子时，镜子中成像大小与距离之间的关系	一级：在照镜子时，不能表述成像大小与物体和镜子距离之间的关系
	二级：在照镜子时，能够运用简单的语言表述成像大小与物体和镜子之间距离的关系
	三级：在照镜子时，能够清晰、完整地表述成像大小与物体和镜子之间距离的关系
10. 能够对多种镜子探索后，概括镜子的大小、薄厚及成像的不同	一级：通过与不同镜子做游戏，能发现镜子的1种不同（如薄厚不同）
	二级：通过与不同镜子做游戏，能发现镜子的2种不同（如薄厚、大小不同）
	三级：通过与不同镜子做游戏，能发现镜子的3种不同（如大小、薄厚、是否透明、成像不同等）

（续）

核心经验指标	核心经验分级指标
设计制作能力	
11. 在生活中，能够根据自身需求尝试使用不同的镜子工具	一级：在生活中，不能根据需求使用不同的镜子工具
	二级：在生活中，能够根据自身需求照镜子，能在需要观察细微物体时使用放大镜
	三级：在生活中，能够根据自身需求使用不同的镜子工具（如放大镜、望远镜、潜望镜）
12. 能够将镜片插在纸盒中，组装潜望镜	一级：不会运用镜片组装潜望镜
	二级：能够运用镜片组装潜望镜，但镜面不是相对的，未能成功组装
	三级：能够运用镜片、纸盒组装潜望镜，并取得成功
13. 会运用镜片组装万花筒	一级：不能够用镜片和其他材料组装万花筒
	二级：将3个镜片摆成三角形，组装万花筒，但镜面不是相对的，未能组装成功
	三级：能将3个镜片摆成三角形，组装万花筒，且镜面相对，组装成功

五、主题活动教学计划（表7-4）

表7-4　主题活动教学计划

时间	活动名称	活动目标	重点领域	生活活动	区域环境与材料
第一周	多种多样的镜子	1. 操作不同的镜子，感知镜子外观、成像效果、作用的不同 2. 大胆表达观察镜子的发现	科学	1. 谈话活动：分享自己在照不同镜子时是什么样的 2. 家园共育：收集幼儿找到的镜子并分享 3. 餐后散步环节：去楼道不同的镜子前照镜子，发现不同的镜子照出来的自己不一样	1. 语言区： ①投放3D镜面绘本，如《今天吃什么》《不可思议的彩虹》 ②提供《猴子捞月》的绘本故事 2. 美工区： 幼儿绘画镜子中的自己 3. 科学区： ①收集各种不同的镜子（如放大镜、平面镜、凹面镜等），供幼儿探究 ②提供水果、蔬菜、动物常见物品的半张图卡，利用镜子呈现完整图
	画画我自己	1. 通过照镜子观察自己，并画出镜子中的自己 2. 通过绘画，发现自己和他人的不同	艺术		
	不一样的我	1. 了解不高兴、生气等情绪会带给自己不舒服的感受，体验积极情绪带给自己的快乐 2. 学会调节自己的消极情绪	健康		
	镜子来啦	1. 通过照镜子的游戏，用肢体表现出镜子中的各种动作 2. 锻炼幼儿的反应能力及表现力	健康		
第二周	镜子里的我	1. 喜欢玩"照镜子"的游戏，在游戏中体验镜子中自己变化的乐趣 2. 通过体验照镜子，发现幼儿园里不同镜子成像效果的不同，并大胆猜测原因	科学	1. 家园共育：家长与幼儿玩照哈哈镜、后视镜等游戏，并将发现带到幼儿园分享 2. 餐后散步环节：去各种镜子前照镜子，发现不同的镜子照出来的自己不一样 3. 午睡前故事环节：听《猴子捞月》的故事，起床后听《照镜子》的音乐 4. 过渡环节：自选放大镜、哈哈镜、万花筒等玩具进行游戏	1. 语言区： 自主阅读与镜子有关的绘本图书 2. 美工区： ①能将自己用放大镜观察到的物体用线条表现出来 ②鼓励幼儿将自己在不同镜子中的样子绘画出来 3. 科学区： ①放大镜若干，玩"找不同"游戏图卡，用印泥在纸上印出手指纹，用放大镜观察指纹 ②镜子上贴上不同镂空图案的贴纸，玩反光游戏 ③提供折镜和"镜中猜"玩具
	奇怪的镜子	1. 欣赏故事，理解故事内容，感受优美的词句 2. 通过故事，发现故事中的"镜子"与生活中镜子的不同	语言		
	眼睛的朋友	1. 简单了解眼镜的不同用途，感受科学在我们生活中的运用 2. 知道保护眼睛，不用脏手揉眼睛	健康		

（续）

时间	活动名称	活动目标	重点领域	生活活动	区域环境与材料
第三周	《猴子捞月》	1. 理解故事中猴子捞不到月亮的原因，感受寓言故事的有趣 2. 观察并了解物体在水中成像的现象	语言	1. 过渡环节：听歌曲《照镜子》，为集体教学活动做准备 2. 过渡环节：自主选择幼儿园立体折镜、班级多面镜进行游戏 3. 过渡环节：轮流游戏，树立规则意识	1. 语言区： 提供《猴子捞月》故事及3D镜面绘本，供幼儿自主讲述 2. 美工区： 自制"镜中猜"图卡及《猴子捞月》道具 3. 科学区： 提供潜望镜、镜片组合玩具和小图片，供幼儿探究 4. 表演区： 分角色表演《猴子捞月》和演唱歌曲《照镜子》
	好玩的折镜游戏	1. 通过镜子角度和数量的变化，感知镜中物体数量的变化 2. 玩折镜游戏时，知道保护镜子，不争抢	科学		
	《照镜子》	1. 学唱歌曲《照镜子》，能随钢琴伴奏演唱 2. 用自然的声音和体态演唱	艺术		
	我会轮流玩游戏	1. 与同伴轮流游戏，感受规则的重要性 2. 按照一人放图卡、一人猜图的规则玩"镜中猜"游戏	社会		
第四周	镜子的神奇小光斑	1. 喜欢进行与镜子有关的游戏，感受镜子反光的有趣 2. 通过镜子反光游戏，发现产生光斑的原因以及光斑呈现效果的不同	科学	1. 过渡环节：听歌曲《小猫照镜子》，为集体教学活动做准备 2. 过渡环节：利用镜子与同伴自主创意游戏，如玩边照镜子边倒着走路、镜中鬼脸等游戏 3. 家园共育：与爸爸、妈妈共同收集有关镜子演变过程的资料，并与同伴分享	1. 语言区： 自制有关镜子历史演变的图书 2. 美工区： 为镜子自制创意小光斑 3. 科学区： 提供可以自由组装的镜片和潜望镜筒、万花筒筒身，鼓励幼儿自制潜望镜和万花筒
	牙齿照镜子	1. 积极参与活动，乐意探索牙齿的秘密 2. 知道牙齿的数量及分类，了解不同牙齿的名称及作用	健康		
	小猫照镜子	1. 在音乐的伴奏下，愿意跟着教师边照镜子边做小猫表演的动作 2. 激发爱整洁、爱美的情感	艺术		

六、科学领域集体教学活动

活动一：多种多样的镜子

（一）活动目标

1. 喜欢探究镜子，感受不同镜子的神奇。

2. 操作不同的镜子，感知镜子外观、成像效果、作用的不同。

3. 观察不同的镜子，游戏结束后，能将镜子有序收回。

（二）活动重、难点

1. 重点：操作不同的镜子，感知镜子外观、成像效果、作用的不同。

2. 难点：表达观察镜子外观特征时不同的发现。

（三）活动准备

1. 经验准备：幼儿玩过幼儿园各种镜子玩具，与家长一起搜集了生活中不同的镜子。

2. 物质准备：凹透镜、多棱镜、凸透镜、平面镜等。

（四）活动过程

1. 回忆收集的镜子。

提问：这段时间，小朋友们和爸爸、妈妈收集了各种各样的镜子。请你观察一下镜子，说一说，你的镜子是从哪里收集来的？

总结：有的是生活中的镜子，如平面镜、老花镜、汽车镜子等，有的镜子是玩具中的镜子，如多棱镜、潜望镜、望远镜、万花筒等。

2. 观察不同的镜子，感知多种多样的镜子。

（1）观察多种多样的镜子，发现镜子外观、成像效果的不同。

①提问：每个小朋友都收集了不一样的镜子。看一看，镜子的外观是什么样的？和旁边的小朋友互换一下，看一看，这两面镜子有什么不同？

②幼儿尝试观察镜子和成像的不同。

（2）发现与分享。

提问：你有什么发现？（鼓励幼儿从镜子的形状、大小、薄厚程度以及成像等方面进行回答）

平面镜：照什么就能映出什么。

老花镜：老花镜照出的东西都放大了。

凸透镜：照出来的东西都是反的。

多棱镜：照出很多的像。

（3）小结：镜子的形状、大小、薄厚不一样，有的照出来的人是倒立的，有的是正面、没变化，还有的多棱镜是可以照出很多、很多的像。

3. 通过观看图片和已有经验，感知不同镜子的不同作用。

（1）提问：你们知道镜子有什么作用吗？

（2）请幼儿说一说镜子的作用及应用。

如：奶奶的老花镜——放大物体；汽车的后视镜——看到后面的路况；平时用的镜子——整理衣物、穿戴等；潜望镜——在下潜至海底的潜水艇中观察海面情况；多棱镜——水晶灯的应用。

4. 收拾、整理镜子，活动自然结束。

5. 活动延伸。

美工区：将有关镜子外形特征不同、成像不同的发现用绘画的方式记录下来，粘贴在主题墙上。

（车晓彤）

活动二：镜子里的我

（一）活动目标

1. 喜欢玩照镜子游戏，在游戏中体验镜子中自己变化的乐趣。

2. 通过体验照镜子，发现幼儿园里不同镜子成像效果的不同，并大胆猜测原因。

3. 运用语言大胆表达自己玩镜子过程中的发现。

（二）活动重、难点

1. 重点：通过寻找、体验，发现幼儿园里不同镜子成像效果不同。

2. 难点：大胆猜想不同镜子成像效果不同的原因，并积极验证。

（三）活动准备

1. 经验准备：前期寻找幼儿园里不同的镜子，并以拍照等形式记录了自己在不同镜子中的样子。

2. 物质准备：幼儿园里的镜子、幼儿照镜子的照片、图画。

（四）活动过程

1. 猜谜导入，照镜子并发现镜子中自己的样子。

（1）教师：老师这里有个谜语，请小朋友们猜猜。谜面是：你哭它也哭，你笑它也笑，你问它是谁，它说你知道。你们猜到这是什么了吗？（镜子）

（2）教师：你们答对了，是镜子。你们仔细观察一下，这面镜子是什么样的？（平平的、光滑的）

照出来的你是什么样的?（和自己一样）

2. 通过观察自己在镜子中的照片、图画,猜想镜子中照出的自己为什么不一样。

（1）幼儿讲述照其他镜子的照片、图画内容,发现自己在照不同镜子时成像不同。提问:除了这种平平的镜子,咱们幼儿园还有很多不同的镜子呢!你们之前去幼儿园不同的镜子前照镜子,看到自己在镜子中是什么样子的?

（2）提问:你在镜子中照出的自己和你自己一样吗?为什么?你仔细看看这面镜子有什么不同?

总结:我们在不同的镜子中照出的自己都是不一样的。有的是大大的,有的是小小的,有的是两个自己。镜子有的是四周厚、中间薄,有的是四周薄、中间厚,有的是波浪形状的。

3. 再次触摸、观察幼儿园里不同的镜子,发现镜面的不同与成像效果的关系。

（1）提问:咱们一起看看在不同的镜子中,你是什么样的?镜子又是什么样的?

（2）分享照镜子的发现,总结镜面的不同与成像效果的关系。

总结:

①中间厚、四周薄的镜子照出来的小朋友是小小的。

②中间薄、四周厚的镜子照出来的小朋友是大大的。

③像波浪一样的镜子照出来的小朋友是弯弯曲曲的。

④两边高、中间低的镜子照出来的一个小朋友,变成了两个,并且是头顶着头的。

（潘　立）

活动三：好玩的折镜游戏

（一）活动目标

1. 在操作探索中,感受折镜游戏的有趣与神奇。

2. 通过镜子角度、数量的变化感知镜中物品的变化。

3. 玩折镜游戏时,知道保护镜子,不争抢。

（二）活动重、难点

1. 重点:通过镜子角度的变化,感知镜中物体成像的变化。

2. 难点:能够通过实验操作,总结镜子角度的不同与物品数量变化的关系。

（三）活动准备

1. 经验准备:玩过镜子游戏。

2. 物质准备:单面镜（每人2面）、油画棒、笔、折镜卡片、泥工小动物（每人1个）。

（四）活动过程

1. 观看幼儿在公共区域玩大型立体折镜游戏的视频,提出问题。

提问:刚才,我们看了视频,发现小朋友在玩镜子的时候,有的时候能看见一个自己,有的时候能看见好多个自己,这是为什么呢?

2. 幼儿利用多个镜子玩折镜游戏,感知镜子角度和成像数量的变化。

（1）幼儿每人3面镜子,通过对折、打开镜子,感知镜子角度的变化和成像的关系。

教师:小镜子对折再打开,看看你的泥工小动物在折镜中是怎么变化的。

（2）分享自己玩折镜游戏的发现。

（3）教师小结:2面小镜子平平地对在一起,把1个小动物放在中间,慢慢调整两面镜子摆放的角度,摆成折角的时候,就可以在镜子里看到2个小动物了。

3. 再次合作操作,尝试调整镜子的角度、增加镜子的数量使镜子中的物体数量变多。

（1）幼儿两人一组,合作调整镜子角度、增加镜子数量,尝试使泥工小动物数量变多。

教师:现在,请小朋友们两人一组。把两个人的镜子放在一起,试一试,能不能让小镜子里出现很多个小动物?

（2）分享折镜和增加镜子数量后游戏的发现。

（3）总结：如果想在镜子里看到许多小动物，除了调整两面镜子摆放的角度，还可以增加镜子的数量，这样镜子里的小动物就变多了。

4. 活动延伸。

科学区：投放平面镜、多种生活图案，鼓励幼儿通过镜子成像，猜测完整图案。

（尹丹妮）

活动四：镜子的神奇小光斑

（一）活动目标

1. 喜欢玩与镜子有关的游戏，感受镜子反光的有趣。
2. 通过镜子反光游戏，发现产生光斑的原因以及光斑呈现效果的不同。
3. 能够较清晰地表达自己在游戏中的发现。

（二）活动重、难点

1. 重点：通过镜子反光游戏，发现光斑的呈现与阳光、镜子之间的关系。
2. 难点：尝试自主调整镜子与光源之间的角度，进行反光游戏。

（三）活动准备

1. 经验准备：有过玩镜子的经验。
2. 物质准备：小镜子若干、阳光下宽阔的场地、不同形状（如五角星形、花形、圆形、三角形等）的即时贴。

（四）活动过程

1. 游戏引入，激发幼儿兴趣。

（1）教师玩光斑小游戏，幼儿猜想。

（2）提问：你们猜一猜，墙上的小亮点（光斑）是什么？怎样才能让镜子照出小光斑呢？

2. 幼儿自由探索如何用平面镜照出光斑。

（1）幼儿自由选取实验材料，找到相应位置，进行验证。

（2）分享镜子反光游戏的收获。

提问：

①你在什么地方玩的光斑小游戏？

②你成功地找到小亮点了吗？

③你用了什么好方法？

（3）小结：原来，小镜子要对着阳光，才可以反射阳光，再把镜子对着有阴影的地方，小光斑就会出现了！

3. 幼儿自选不同形状的即时贴，粘贴在镜面上，继续玩镜子反光游戏，尝试反射出不同形状的光斑。

（1）教师提出问题，请幼儿尝试操作。

提问：

①昨天，老师也玩了和小朋友一样的游戏。可是，老师小镜子的光斑和小朋友们的不太一样，请你们看一看。

②为什么老师照出来的小光斑和小朋友的不一样呢？（镜面中间贴了小贴画、小图案等）

③你们也试一试吧！

（2）幼儿尝试制作不同中心图案的镜子，并进行实验。

（3）分享与总结。

提问：

①你们的小实验成功了吗？

②你还有什么新发现?(呈现的光斑形状和贴在镜面上的图案不一样;镂空的图案照出来的光斑有洞洞,贴的图形没有……)

4. 活动延伸。

自制不同的图形卡片(有镂空图形的和不镂空图形的),贴在镜面上,进行光斑小游戏。

(王宇彤)

七、与主题相关的科学游戏案例

镜 子 里 的 我

案例背景:

幼儿园里有很多的镜子,孩子们平时很喜欢去照一照,对着镜子做各种动作。有的镜子把小朋友照得胖胖的,有的镜子把小朋友照得瘦瘦的,有的镜子里的小朋友变得小小的,十分有意思。于是,我们从孩子的兴趣出发,开展了"镜子里的我"这次活动。

案例实录:

"老师,快看,我在镜子里变胖了!"

"老师,老师,您看,我在镜子里好小呀!"

"老师,您看,镜子里面怎么有两个我?"

小朋友们到处照镜子,发现自己在镜子里变了样儿。

"你们发现得可真多!我们怎么才能将自己在照镜子过程中的发现,告诉其他小朋友呢?"我问道。

"可以画下来。"

"用相机照下来。"

小朋友们纷纷说着。于是,有的小朋友拿起纸和笔将镜子中的自己画出来,有的小朋友拿来了照相机,对着镜子拍照。

回到班里,小朋友们对于镜子里为什么有那么多个不一样的自己感到很好奇。于是,我们决定一起去探究为什么镜子里的自己不一样。

我问小朋友们:"刚才,咱们在照镜子的时候,发现自己在镜子里变了样儿,你们知道这是为什么吗?一起去摸摸镜子,看看它们有什么不一样吧!"

在我的启发下,孩子们有了新的发现。

"老师,我在镜子里面是小小的,我发现我照的那个镜子中间厚厚的,可是外边薄薄的。"

"老师,我的也是那个样子的。"海洋附和着。

"哦,这样呀!哪个小朋友在镜子里面变胖了?"我继续追问。

"老师,我在镜子里面变胖了!"依依说。

"为什么呢?"我追问道。

"我仔细看了,我照的那个镜子中间是薄薄的,外边是厚厚的。所以,我在镜子里才变胖了。"

"老师,你知道吗?镜子里面有两个我呢!"硕硕开心地说着。

"真的呀!"我惊讶地回应着。

"我照的那个镜子就像海浪的波浪一样,所以,才会出现两个我,并且是头顶着头的呢!"硕硕说。

小朋友们将自己的发现和大家进行了分享,结果发现,好多小朋友们在玩照镜子的游戏时都出现了同样的情况。

案例分析:

在照镜子的游戏中,孩子们感受到了不同镜子成像效果不同的神奇。小小的镜子竟然照出了小小的我、大大的我、胖胖的我、还有头顶着头的我。在游戏、探究、发现的过程中,教师始终把发现的机会留给孩子，引导他们在观察、触摸、记录中发现有关镜子的秘密。就这样，教师把自我探究的科学精神自然而然地渗透到了孩子们的日常生活中。

（潘　立）

主题活动三：有趣的光影游戏

一、主题活动来源

最近，孩子们在户外活动时自发地玩起了"踩影子"的游戏。班里的光影小屋也成了孩子们游戏的聚集点。黑漆漆的屋子配上不透光线的窗帘、一块大大的白布、发光的手电筒，这些都深深地迷住了孩子们。孩子们每天都会在光影小屋中进行游戏，有时拿起皮影在幕布前摆弄，有时用小手比画出各种各样的手影……在玩的过程中，孩子们也发现了许多问题："什么时候会有影子？""为什么会有影子呢？""影子怎么变来变去的？""影子怎么不见了？"

根据孩子们的疑问，我们生成了"有趣的光影游戏"主题活动，通过"找找影子在哪里""光影小实验""光影小游戏"等活动发现了影子的小秘密。

在这一主题活动中，幼儿通过实际操作进行探究，一点儿一点儿观察、比较、感知影子的特点，体验着影子变化带来的乐趣。

二、主题活动目标

（一）健康领域

1. 在户外活动中，感受"踩影子"游戏带来的快乐，发展大肌肉动作的灵活性和协调性。

2. 在跑、钻、爬、跳等基本动作中灵活地控制身体。

（二）语言领域

1. 喜欢听与影子有关的故事，能大胆地讲述，如《敢于怀疑的小狐狸》等。

2. 在影子表演中，语言流畅、自然，能大方地讲述。

（三）社会领域

1. 乐于参与手影游戏，能与同伴友好合作，共同完成手影表演。

2. 主动参与光影游戏，在游戏中能够轮流、分享、谦让，并尝试解决光影游戏中出现的问题。

（四）科学领域

1. 喜欢探究光影游戏，愿意分享影子游戏的新发现。

2. 运用各种感官，动手、动脑探究与影子有关的现象。

3. 能运用多种记录方式（如绘画、拍照等）记录自己探究影子的发现。

（五）艺术领域

1. 能够绘画影子的轮廓，感受影子变化中的美。

2. 尝试制作简单的影子道具并进行装饰。

3. 能够利用手影、影子道具即兴进行故事表演。

三、主题活动网络图（图 7 - 3）

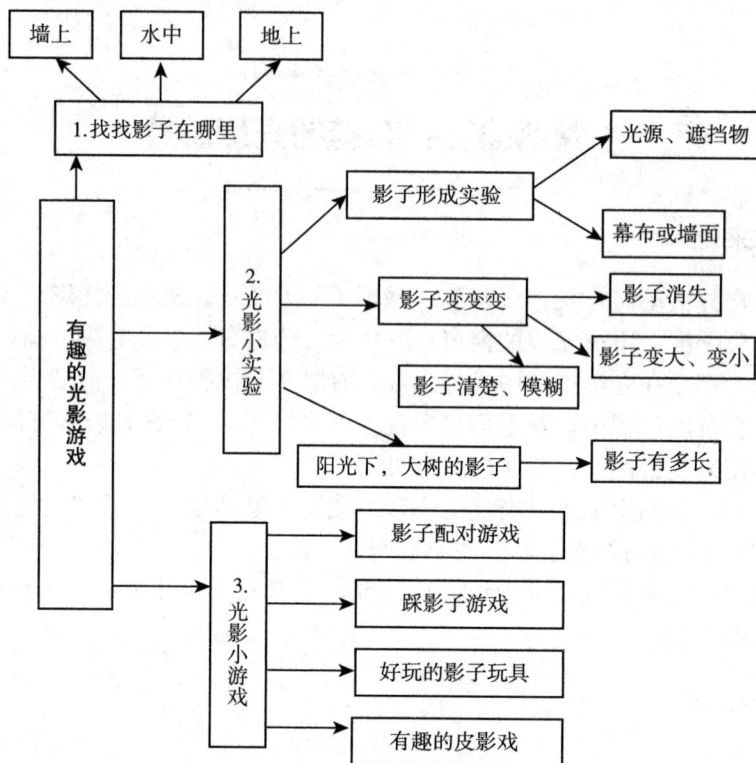

图 7 - 3　主题活动网络图

四、科学领域核心经验（表 7 - 5）

表 7 - 5　中班活动"有趣的光影游戏"科学领域核心经验

核心经验指标		核心经验分级指标
观察实验能力	1. 观察室内、外各种物体的影子，发现一天之中影子的变化	一级：通过观察，能够发现室内、外各种物体的影子
		二级：通过观察，能够发现室内、外各种物体的影子，并发现它们是有变化的
		三级：通过观察，能够发现室内、外各种物体的影子，发现一天之中不同时间段影子的变化
	2. 在玩手影游戏的过程中，能观察、发现光源距离物体近时，影子小而清晰；光源距离物体远时，影子大而模糊	一级：没有发现光源和影子清楚、模糊之间的关系
		二级：通过观察能够发现影子清晰和模糊，但不理解清晰度和光源之间的关系
		三级：在玩手影的过程中，能观察、发现光源距离物体近时，影子小而清晰；光源距离物体远时，影子大而模糊
	3. 通过观察物体的影子、玩手影游戏，发现影子的形成需要光源、遮挡物和幕布或墙面	一级：没有发现影子形成需要的条件
		二级：发现了影子的形成需要光源、遮挡物
		三级：发现了影子的形成不仅需要光源、遮挡物，还需要幕布或墙面
	4. 通过玩光影游戏发现多种光源（如太阳光、灯光、蜡烛光、月光等）	一级：通过玩光影游戏，发现了太阳光、灯光、蜡烛光、月光等1～2种光源
		二级：通过玩光影游戏，发现了太阳光、灯光、蜡烛光、月光等3～4种光源
		三级：通过玩光影游戏，发现了4种以上的光源

（续）

核心经验指标		核心经验分级指标
科学思考能力	5. 通过观察一天中物体影子的变化，猜测影子的变化和光源照射位置有关	一级：观察一天中物体影子的变化，猜测影子的变化时未提到光
		二级：观察一天中物体影子的变化，猜测影子的变化和光源（太阳）有关
		三级：观察发现了一天中物体影子的变化，并猜测出影子的变化和光源位置不同、明暗不同有关
	6. 通过光影游戏，思考怎样使自己的影子消失、出现、变长或变短	一级：喜欢玩光影游戏，但不知道怎样使自己的影子消失、出现、变长和变短
		二级：通过玩光影游戏，思考出使自己的影子消失、出现的方法，但不知道怎样使自己的影子变长或变短
		三级：喜欢玩光影游戏，思考出怎样使自己的影子消失、出现、变长和变短
科学思考能力	7. 通过黑暗和有光条件是否产生影子的对比，总结影子产生的条件需要光源和遮挡物	一级：发现了黑暗中没有影子，有光的时候有影子，但是不能总结出影子产生的条件需要光源和遮挡物
		二级：发现了黑暗中没有影子，有光的时候有影子，只总结出影子产生的条件需要光源
		三级：发现了黑暗中没有影子，有光的时候有影子，能总结出影子产生的条件需要光源和遮挡物
	8. 猜想影子清晰、模糊和光源有关，通过改变光源位置进行验证	一级：不知道影子清晰、模糊和光源位置的关系
		二级：猜想出影子清晰、模糊和光源位置有关，但不知道怎样改变光源位置从而使影子变得清晰
		三级：猜想影子清晰、模糊和光源有关，并通过改变光源位置进行验证
表达交流能力	9. 能够描述影子产生的条件，了解影子变化和光源的关系	一级：不能描述出影子是怎样产生的
		二级：能够描述出影子的产生的条件需要光源和遮挡物
		三级：能够描述出影子的产生的条件需要光源和遮挡物，并能描述出影子的变化是随着光源位置的变化而变化
	10. 能用多种方式（如绳子摆放、粉笔绘画、拍照等）记录不同时间段影子的轮廓变化	一级：只能用绳子摆放、粉笔绘画、拍照等其中1种方式记录不同时间段影子的轮廓变化
		二级：只能用绳子摆放、粉笔绘画、拍照等其中2～3种方式记录不同时间段影子的轮廓变化
		三级：只能用绳子摆放、粉笔绘画、拍照等其中4种或4种以上的方式记录不同时间段影子的轮廓变化
	11. 能够利用手影造型和影子道具讲述故事	一级：不会利用手影造型和影子道具讲故事
		二级：能够利用手影造型或影子道具其中1种方式讲故事
		三级：能够利用手影造型和影子道具讲述故事
设计制作能力	12. 尝试使用尺子、线、毛根等多种材料进行影子的长短、轮廓的测量	一级：不知道怎样测量影子的长短和轮廓
		二级：能尝试使用尺子、线、毛根等其中1种材料进行影子的长短和轮廓的测量
		三级：能尝试使用尺子、线、毛根等多种材料进行影子的长短和轮廓的测量
	13. 能根据自己的需要运用剪纸的方式制作简单的影子故事表演道具，并运用到影子游戏中	一级：不会制作影子故事表演道具
		二级：会用剪纸的方式制作简单的影子道具，但不知道加上棍，使影子表演时看到手
		三级：会用剪纸的方式制作简单的影子故事表演道具，并运用到影子游戏中

五、主题活动教学计划（表7-6）

表7-6　主题活动教学计划

时间	活动名称	活动目标	重点领域	生活活动	区域环境与材料
第一周	影子在哪里	1. 结合自身经验，能够在生活中寻找不同物体的影子 2. 能将自己找到的影子和他人进行交流、分享	社会	1. 谈话活动：分享影子的变化 2. 家园共育：联系家长配合收集关于影子、手影、皮影的资料 3. 过渡环节：听歌曲《总是和我在一起》	1. 科学区：投放不同数量的手电筒，鼓励幼儿探究多种光源与影子关系，并投放多种关于影子的玩具 2. 图书区：投放关于影子、手影、皮影的相关书籍
	《猴子捞月》	喜欢关于影子的绘本故事，感受影子的神奇与有趣	语言		
	影子是怎么变出来的	1. 愿意探索影子产生的原因，感受影子游戏带来的乐趣 2. 通过观察、实验活动，探索、发现影子产生的原因	科学		
	歌曲《总是和我在一起》	通过学唱歌曲《总是和我在一起》，巩固对影子基本特征的认知	艺术		
第二周	清晰的影子	1. 通过操作感知影子模糊、清晰与光源远近的关系 2. 发现并尝试表达光源远近不同导致影子的变化	科学	1. 户外分散活动：鼓励幼儿运用非标准化的测量方式进行影子测量 2. 户外分散活动：开展影子变长、变短和消失的游戏	1. 图书区：投放关于影子的图书 2. 科学区：投放制造影子的手电筒、不透明物体和挡板
	合作玩手影	能与同伴合作完成手影游戏	社会		
	神奇的影子	初步感知并了解影子形成的条件，尝试探索影子的方位变化特点	科学		
	踩影子	引导幼儿练习在一定范围内四散跑，增强幼儿跑的能力	健康		
第三周	变来变去的小树影子	1. 积极探究"小树"影子在光源下的变化，体验探究的乐趣 2. 通过手电筒照射"小树"的实验，发现"小树"影子的变化和光源位置、照射方向有关	科学	1. 户外分散活动：鼓励幼儿自发玩"踩影子"的游戏 2. 过渡环节：在班里玩手影游戏，并制作简单的影子道具 3. 区域活动：在光影小屋和幼儿一起玩影子游戏 4. 户外分散活动：测量物体影子在一天不同时段的长短，并记录形状	1. 光影小屋： ①投放幼儿制作的简单皮影 ②创设故事情境，供幼儿讲述皮影故事 2. 图书区：投放《门后有个大怪物》的图书 3. 科学区：投放关于影子的玩具
	《门后有个大怪物》	喜欢听关于影子的故事，感受影子的有趣与神奇	语言		
	会说话的影子	喜欢玩手影造型游戏，并尝试创造新的手影造型和创编手影对话情景游戏	语言		
第四周	会变化的影子	1. 通过实验，总结发现产生影子的条件：光源与遮挡物 2. 喜欢连续观察相同事物在不同时间段影子的变化，并用自己喜欢的方式记录下来	科学	1. 户外分散活动：测量影子在一天不同时段的长短，并记录形状 2. 区域活动：为幼儿欣赏皮影戏创设机会，如观看大班幼儿表演皮影戏	1. 光影小屋：投放影子材料、手偶，供幼儿操作 2. 美工区：投放透明彩色塑料片，便于幼儿发现光颜色的变化
	艺术欣赏：美丽的手影	1. 通过欣赏和表演手影造型，感知影子造型变化的美 2. 能大胆使用颜料创造性地表现各种影子的造型	艺术		
	神奇的五彩光	1. 对探索光颜色变化的实验感兴趣，感受科学实验的快乐 2. 通过动手操作，发现光透过不同颜色的透明塑料片后会变色的现象	科学		

六、科学领域集体教学活动

活动一：影子是怎么变出来的

(一) 活动目标

1. 愿意探索影子产生的原因，感受影子游戏带来的乐趣。

2. 通过观察、实验活动，探索、发现影子产生的原因。

3. 愿意与同伴共同收集影子实验的材料。

(二) 活动重、难点

1. 重点：探索影子产生的条件有光源、遮挡物、幕布或墙面。

2. 难点：能够较流利地表达影子产生的原因。

(三) 活动准备

1. 经验准备：幼儿玩过影子游戏。

2. 物质准备：室内暗光布置，手电筒或照明灯人手一个，动物玩具、塑料玩具、透明塑料片和不透明玩具（如布娃娃等）。

(四) 活动过程

1. 幼儿玩影子游戏，猜想影子是怎么变出来的。

提问：你们能变出小动物的影子吗？怎样才能变出影子呢？

2. 感受幻灯机下的影子，发现光线打在不透明的物体上才能产生影子。

（1）打开幻灯机，将光投射到墙上。

提问：看一看，墙上有影子吗？

（2）教师用布娃娃挡住光线。

提问：现在，发生了什么事情？为什么会有影子了呢？

（3）鼓励幼儿大胆讲述自己的发现。

（4）教师关掉幻灯机。

提问：现在，墙上还有影子吗？为什么？

（5）教师打开幻灯机，将光投射到墙上，在灯前放一张透明塑料片，引导幼儿讲述自己的发现。

提问：现在，墙上有影子吗？为什么？

（6）小结：光投射在透明的塑料片上，没有影子；只有投射在不透明的物体上，才有影子。

3. 动手操作，感知影子产生的原因。

（1）幼儿分组，拿出手电筒和玩具，尝试用手电筒照射玩具，使玩具出现影子。

提问：手电筒怎样照，才能照出玩具的影子？

（2）分享影子实验的发现。

提问：你们是怎么照的？

小结：手电筒的光照在了物体上，物体挡住了光，就产生了影子。当有物体挡住光时，才会有影子。当移动手电筒时，影子就会有变化。

4. 活动延伸。

（1）在户外活动时，玩手影游戏。

（2）在户外活动时，教师带领幼儿玩"踩影子"的游戏。

（车晓彤）

活动二：清晰的影子

(一) 活动目标

1. 对光影游戏感兴趣，愿意在探索影子变化的过程中动手、动脑。

2. 通过操作，感知影子模糊、清晰与光源远近的关系。

3. 发现并尝试表达光源远近不同的情况下影子的变化。

（二）活动重、难点

1. 重点：通过操作，感知影子模糊、清晰与光源远近的关系。

2. 难点：能够通过改变光源的位置使影子变得更加清晰。

（三）活动准备

1. 经验准备：有在光影小屋玩手影游戏的经验。

2. 物质准备：光线较暗的屋子、幕布 6 块、手电筒、手影道具（木棍上粘有卡通图片）、记录纸若干。

（四）活动过程

1. 观看幼儿光影小屋进行影子讲故事的视频，发现影子模糊的问题，并猜测原因。

（1）提问：

①影子表演时，我们能看清楚吗？

②为什么影子会这么模糊呢？

（2）幼儿猜想影子模糊的原因。

（3）小结幼儿的猜想：你们觉得影子模糊可能和手电筒照射有关，还是和道具的位置有关。

2. 幼儿用手电筒、幕布、手影道具做实验，感知影子清晰、模糊与光源的关系。

（1）幼儿两人一组，开始操作实验，通过调整手电筒位置的远近，发现影子的变化；通过调整道具的位置，发现影子的变化。

（2）幼儿分享自己的发现以及影子的变化。

提问：要怎么做，才能使你的影子变得更清楚？

小结：原来光源越远，影子就会变得越模糊；而光源近一些，影子就会变得清楚一些。

3. 幼儿再次进行影子讲故事游戏，感受影子清晰与模糊的变化。

4. 分享幼儿影子表演的效果。

5. 活动延伸。

幼儿可以在光影小屋中继续进行影子故事表演，感受影子清晰的表演效果。

（门 笛）

活动三：变来变去的小树影子

（一）活动目标

1. 积极探究小树影子在光源下的变化，体验探究的乐趣。

2. 通过用手电筒照射小树图卡的实验，发现小树影子的变化和光源照射的方向、位置有关。

3. 根据实验结果进行影子和光源对应的连线，并讲述自己的发现。

（二）活动重、难点

1. 重点：通过探究发现小树影子的变化和光源的位置、照射方向有关。

2. 难点：根据实验结果进行影子和光源对应的连线，并讲述自己的发现。

（三）活动准备

1. 经验准备：幼儿有在阴凉地方游戏的经验，小组实验并了解了影子形成的原因。

2. 物质准备：手电筒、影子连线图卡（图卡左侧为手电筒照射小树的不同位置图，右侧为空格，请幼儿根据实验填写不同位置的手电筒照射小树后小树影子的形状）、水彩笔、小树树冠图卡、长条积木块、"大树的阴凉哪儿去了"视频。

（四）活动过程

1. 回忆游戏中幼儿发现"大树的阴凉哪儿去了"这一问题，激发幼儿解决问题的兴趣。

（1）观看"大树的阴凉哪儿去了"视频。

教师：这两天，天气特别热，小朋友们特别喜欢在大树的阴凉下玩游戏。可是，他们发现了一个小问题，我们一起来看一看。（播放视频）

（2）大胆猜想大树的阴凉哪儿去了。

提问：

①他们遇到了什么问题？大树的阴凉跑到哪里去了？谁来猜一猜，为什么会这样？

②你们猜了这么多原因，到底对不对？我们一起来做个实验，试一试。

2．利用手电筒照射小树图卡的实验，完成游戏卡。

（1）回忆影子产生的条件。

提问：今天，老师也给小朋友们请来了很多棵小树朋友。我们将小树树冠图卡贴在长条积木的一端，当做小树。要想在班里看到小树的影子，需要什么？（光）在什么地方做实验？（黑暗的地方）哪里是黑暗的地方？（光影小屋、盥洗室、建筑区下面、把窗帘拉上）

小结：如果想要在班里看到小树的影子，我们需要小树、手电筒，并且找到一个黑黑的地方做实验。

（2）介绍影子连线图卡。

提问：咱们在做实验的时候还要完成一个小任务，一起来看看是什么任务。谁来说一说，这个影子连线图卡上面的任务应该怎么完成呢？

小结：我们要根据影子连线图卡左侧手电筒照射小树的不同位置进行实验，再把实验结果写在右侧的空格里。

（3）幼儿利用小树、影子连线图卡和手电筒进行操作实验。

教师：你们可以一个人或者和你的好朋友一起做实验。待会儿，我们一起分享你们的发现。

3．利用影子连线图卡，分享、交流幼儿的发现，总结小树影子的变化和光源的位置、照射的方向有关。

（1）分享交流：谁来分享一下你的发现？你发现了什么？

总结：手电筒在小树上面的时候，照出来的影子是小小的；手电筒在小树旁边的时候，照出来的影子是大大的。小树的影子随着手电筒位置的变化而变化。小树的影子始终在手电筒照射的正前方。

（2）回归问题。

提问：现在，你们知道大树的阴凉哪儿去了吧？

4．活动延伸。

教师：老师给你们布置一个小任务：我们发现了大树的影子会变化，咱们幼儿园的大滑梯、大风车这些大型玩具的影子也会变化吗？一起去看看吧！

（潘　立）

活动四：神奇的五彩光

（一）活动目标

1．对探索光颜色变化的实验感兴趣，感受科学实验的快乐。

2．通过动手操作，发现光透过不同颜色的彩色透明塑料片后会变色的现象。

3．能够在实验过程中养成收拾、整理实验材料的好习惯。

（二）活动重、难点

1．重点：通过手电筒照射实验，发现光透过不同颜色的彩色透明塑料片后会变色。

2．难点：尝试叠加彩色透明塑料片会变出多种颜色的光。

（三）活动准备

1．经验准备：有玩手电筒的游戏经验。

2. 物质准备：幕布6块、彩色透明塑料片若干、彩色酸奶盖若干、手电筒、皮影表演视频等。

（四）活动过程

1. 情境导入，引出问题，激发幼儿兴趣。

（1）预设情境，激发幼儿兴趣。

①观看舞台灯光视频，观察皮影表演中彩色光打光师的工作。

②提问：小朋友们，皮影打光师手中的手电筒发出了什么颜色的光？

（2）猜想如何在幼儿园中打出五颜六色的光。

提问：怎么才能用手电筒照射出五颜六色的光？

（3）小结打出彩色光的方法。

①提问：老师有一个神奇的材料，可以让光变得像彩虹一样五颜六色的，是什么呢？

②出示收集到的彩色透明塑料片、彩色酸奶盖等材料。

小结：用手电筒的光照射在收集到的彩色透明塑料片上，可以变出彩色的光。

2. 幼儿自主探索，发现手电筒的光透过彩色透明塑料片后颜色的变化。

（1）幼儿分组，到幕布前进行操作。

（2）分享实验结果。

提问：手电筒的光透过这些彩色透明塑料片，发生了什么变化？

小结：手电筒的光透过不同颜色的彩色透明塑料片，光也变出了各种各样的颜色。

3. 提出新问题，再次探究。

（1）提出新问题，引发幼儿猜想。

提问：请小朋友们想一想，用手电筒照射，除了能变出红、黄、蓝、绿彩色塑料片的颜色以外，要想变出其他颜色的光，应该怎么做？

（2）再次动手操作，探究变出不同颜色的光。

①幼儿分组，到幕布前进行操作。

②幼儿大胆讲述自己的实验过程，如在手电筒的前面放上红色、黄色重叠的彩色透明塑料片后，光就变成了橙色；黄色和蓝色组合，变成了绿色……

③小结：手电筒的光透过两种颜色叠加的彩色透明塑料片，光也就变出了一种新的颜色。

4. 活动延伸。

尝试小组内进行皮影表演，由幼儿充当打光师，为皮影表演制造五彩的灯光效果。

（王　晴）

七、与主题相关的科学游戏案例

为什么会有影子呢

案例背景：

阳光透过玻璃照射在地板上，留下了斑驳的光影。孩子们总是被透过窗帘射进来的光斑所吸引，他们好奇地在光束下挥舞手臂、摆动身体，由此引发了这个"找光影"的游戏。

案例实录：

一天下午，我和孩子们在睡眠室做户外前的准备活动。

忽然，宸宸过来对我说："张老师，我和您说个悄悄话！"

我蹲下来，问："什么悄悄话呀？"

宸宸说："我发现，这个地方会发光，亮亮的！"

说着，他指着班里被一束光照亮的地板，说："老师，这个地方特别亮。"

我看到后问他："为什么只有这里这么亮呢？"听到我提出的问题，宸宸把手放到了这块发光的地板上。

"咦？"小朋友们都好奇地围了过来，"这块地板上有个小手！"

说着，宸宸把手放到光下，挥舞起来，一只手的影子也在地板上"跳起了舞"，他把胳膊甩了甩，然后拉我过去："张老师，你也玩！"我也把手放在阳光底下，果然，我的手影也出现了，宸宸特别开心。旁边几个小朋友看到了，也过来在光下伸伸胳膊、伸伸腿。

我问道："这个是什么呀？"

小朋友们纷纷说道："是影子！"

我继续问："那为什么会有影子呢？"

宸宸马上说："因为这里亮，就有影子。"

一直在一边看着的花生也参与进来，他说："不对，是因为你的手把亮给挡住了，所以才会有影子！""噢，我明白你们说的意思了。"我说，"你们说是手把亮给挡住了，那你们说的'亮'到底是什么呢？"

花生说："是太阳发出的光！"

宸宸也说："对，是太阳光。"

我说："你们说得太好啦！太阳发出的光被挡住了，才会有影子。那别的东西发出的光被挡住了，也会有影子吗？"

宸宸说："手电筒会发光。"说着，他跑到科学区，拿起手电筒，对着天花板，打开了开关，然后把小手挡了上去："影子！这儿有影子！"

花生说："灯也会发光。"然后，他请我帮他把睡眠室的灯打开，四处找了找，看着地上，说："这儿也有影子！"

小朋友们发现了影子和它的好朋友，还想继续玩。我提议："太阳伯伯特别喜欢和你们玩，外面阳光很充足，我们要不要去外面玩一会儿？"孩子们纷纷点头。大家穿好衣服，来到户外，和太阳伯伯玩起了"躲猫猫"的游戏。他们一会儿站在阳光下，看着自己的影子；一会儿站在阴凉下，把影子藏起来，玩得开心极了！

回到班里，区域游戏时，孩子们在图书区发现了一本书《我的朋友黑黑》。看完这本书，孩子们更深刻地了解了原来各种各样会发光的物体发出的光照在地上，我们挡住了光，地上就有了我们的影子。

案例分析：

这一次的光影探索活动是由孩子们的一个问题引发的。在对光影进行探索时，教师引导幼儿通过直接感知、亲身体验和实际操作的方式进行科学学习。孩子们的一个个"为什么"，都在教师的保护和引导下，找到了答案。教师用自己的好奇心和探究的积极性感染着、带动着孩子们，发展了幼儿的科学探究能力，为今后的科学学习奠定了良好的基础。

（张雪洁）

大 树 的 影 子

案例背景：

6月当头，天气炎热。在户外活动时，大树的影子为小朋友们提供了休闲、纳凉之处。

有一天，嘉怡走到我的面前，说："老师，大树的影子有时候在滑梯那边，有时候在大风车这边，为什么呢？"我肯定地说："你观察得真仔细！那大树的影子怎么会变来变去呢？"

在我的提问下，孩子们开展了一场关于大树影子变化的"探究之旅"。

案例实录：

在我的提问下，孩子们猜测着大树影子变来变去的原因。

航航说："因为有时候有风，所以大树的影子被吹过去了。"

"因为天气特别热，所以大树阴凉的地方就变小了。"

小鱼说："太阳会动，太阳一动，大树的影子就变了。"

这时，小朋友们都惊奇地看向小鱼。

"你们觉得小鱼说得有没有道理？太阳变换位置的时候，大树的影子也跟着变吗？"

"咱们可以多看几天！"

"多观察几天，真是不错的主意，那怎么才能记录大树影子的变化呢？"我问道。

美美抢着说："我们可以把它画下来。"

"嗯，那真是个好方法。还有吗？"

航航拍拍小脑门，说："可以用相机拍下来，就能看到影子有多长了。"

海洋说："我们用玩具量一量。"

"你们的想法真好，那咱们就用画影子、照影子、量影子的方法来观察大树影子的变化，好吗？"

上午户外活动时，孩子们有的用粉笔描出大树影子的轮廓，有的用照相机给大树的影子拍照。而到了下午户外活动时，孩子们刚出去看到大树的影子，就说了起来："老师，你看，大树的影子跑到那边去了。"佳佳说："老师，那个大树离开了它的影子。"我问道："你们发现大树的影子跑到哪里去了？"

紫梦说："跑到反面去了。"

"上午画出来的大树影子跑走了！你们发现大树的影子有变化了，是吗？"孩子们都纷纷点头。

"照照片的小朋友有什么发现吗？"伴随着我的提问，我们把上午和下午的照片放在一起做对比。孩子们发现，上午大树的阴凉没有了，转到了另外一面去了，孩子们感到非常的神奇。

我对孩子们说："你们发现影子有变化真是棒极了！那你们想不想知道早、中、晚，大树的影子到底是不是一样长呢？"

记录组的小朋友着急地回答："不一样，不一样！上午的时候，我和萱萱测量大树的影子是冲着滑梯的，有8个玩具那么长；中午的时候，只有3个那么长；快到晚上的时候，大树的影子冲着大风车了，有11个玩具那么长。"

我笑着说："你们可真能干！你们能发现什么规律吗？"航航说："中午的影子最短，快到晚上的影子最长。"

"这是为什么呢？"

海洋说："因为上午的时候，太阳在滑梯这边；下午的时候，太阳跑到在大风车那边去了。太阳变地方了，所以影子就变了。"

"是因为太阳位置变了，影子就变了吗？"

接下来，我们回到班里，我带着孩子们用手电筒模拟太阳，又拿出了建筑区的大树辅助材料。孩子们发现，当手电筒放在大树的一侧时，照出来大树的影子很长；当手电筒在大树的上面时，照出来大树的影子很短。

实验后，当我又问："是因为太阳位置变了，大树影子就变了吗？"孩子们都争着说："是，因为太阳位置变了，大树的影子才变来变去的！"

案例分析：

变来变去的大树影子不仅给小朋友们提供了纳凉之处，还引发了一场有关影子方向、大小变化的探索。中班的小朋友们利用连续观察、多种形式记录的方法发现了大树影子变化的秘密，并运用手电筒模拟太阳的实验进行验证，最终发现了大树影子的变化和太阳的位置有关。整个过程充分展现了幼儿积极解决问题、敢于思考、大胆操作的科学探究精神，也充分体现了教师"退后"意识和给予幼儿充分自主探究机会的教学策略。

（车晓彤　邢　源）

主题活动四：走进"农业嘉年华"

一、主题活动来源

"第七届北京农业嘉年华"（以下简称"嘉年华"）参观活动如期举行，孩子们踏着春天的步伐，走进了北京市昌平区兴寿镇草莓博览园！这里可真有趣啊！有精致、生动、寓教于乐的农业创意景观、可爱的昆虫和其他小动物，是小朋友们踏春、参观、体验农事活动的不二之选。

孩子们刚一进场馆，就来到了"种子家园"。这里可以探寻种子生长的奥秘与作用，了解种子生长与生活的密切关系。随后，他们又来到了"莓好生活"展区和兰花展区。小朋友们仰头观看由新鲜草莓组合而成、悬挂在空中的"草莓瀑布"，看到了很多不同种类的草莓和兰花。最后，孩子们来到了好玩的昆虫馆。在这里，他们看到了美丽的蝴蝶、可爱的瓢虫、甲虫、蜻蜓、蝈蝈、蚕宝宝、小蚂蚁等。

孩子们对参观"农业嘉年华"活动非常感兴趣，回来之后还在谈论关于"农业嘉年华"的各种话题。针对孩子们的兴趣点，我们开展了关于"走进'农业嘉年华'"的主题活动。

二、主题活动目标

（一）健康领域

1. 能够了解春季自我保护的方法，养成健康的生活方式。

2. 具有良好的生活习惯，在春天干燥的季节能做到多喝水、多吃水果和蔬菜。

3. 通过玩"虫虫大作战""蝴蝶快飞"等游戏，发展身体协调能力和手臂投掷能力。

（二）语言领域

1. 喜欢关于昆虫的诗歌，了解诗歌的特点，尝试仿编。

2. 敢于当众表达自己发现的蝈蝈、瓢虫、蚕等昆虫特征。

3. 自主阅读《毛毛虫变蝴蝶》《14只老鼠去春游》等绘本，理解绘本故事内容。

（三）社会领域

1. 在生活中，愿意通过多种方式搜集关于动、植物的相关资料，提高搜索信息的能力。

2. 愿意与同伴参观、游览嘉年华，一起为春游活动做计划。

3. 愿意把自己对昆虫、植物的发现与同伴分享。

（四）科学领域

1. 积极观察嘉年华中的动、植物，感知动、植物外形特征。

2. 通过对蚂蚁、蝈蝈、瓢虫、蝴蝶进行观察，发现它们的相同点和不同点，同时概括出它们都是昆虫的特征。

3. 能根据嘉年华和植物角对比种植的经验，思考植物生长所需要的条件。

4. 能用图画、符号、照片等形式记录有关嘉年华中观察动、植物的发现。

（五）艺术领域

1. 喜欢欣赏关于昆虫、兰花的绘画作品，并利用粘贴、绘画、剪纸等多种方式进行创作。

2. 在"毛毛虫变蝴蝶"等游戏中尝试用创造性动作表现音乐。

三、主题活动网络图（图7-4）

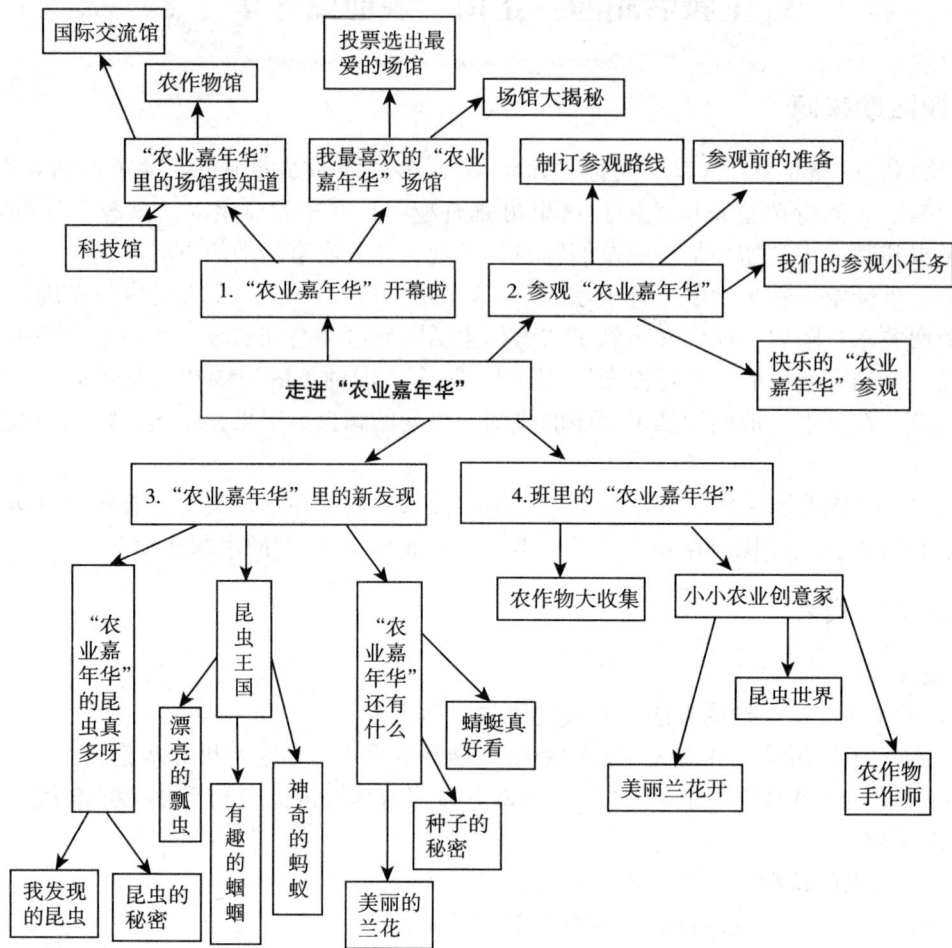

图7-4 主题活动网络图

四、科学领域核心经验（表7-7）

表7-7 主题活动"走进'农业嘉年华'"科学领域核心经验

核心经验指标		核心经验分级指标
观察实验能力	1. 通过观察嘉年华中的蚂蚁、蝈蝈、蜻蜓、蝴蝶等，发现它们的身体结构特征	一级：通过观察，发现蚂蚁、蝈蝈、蜻蜓、蝴蝶的2～3种身体结构组成，如蚂蚁由头、胸、足组成，蝈蝈、蜻蜓、蝴蝶由头、翅膀、足组成
		二级：通过观察，能够发现蚂蚁、蝈蝈的4种身体结构组成，如蚂蚁由触角、头、胸、足组成，蝈蝈、蜻蜓、蝴蝶由头、胸、翅膀、足组成
		三级：通过观察，能够发现蚂蚁、蝈蝈、蝴蝶、蜻蜓、瓢虫的全部身体结构。如：蚂蚁由触角、头、胸、腹、足组成。蝈蝈、蜻蜓、蝴蝶由头、胸、翅膀、腹、足组成
	2. 通过喂养、照顾蝈蝈和蚕，发现它们的生活需要食物、空气、居所，并且发现它们都经历生长和死亡的过程	一级：通过喂养、照顾蝈蝈和蚕，发现蝈蝈、蚕生活需要食物，如蚕吃桑叶，蝈蝈吃萝卜
		二级：通过喂养、照顾蝈蝈和蚕，发现蝈蝈、蚕生活需要食物，并且知道它们要经历生长和死亡的过程
		三级：通过喂养、照顾蝈蝈和蚕，发现蝈蝈、蚕生活需要食物、空气、居所，知道它们都要经历生长和死亡的过程

（续）

核心经验指标		核心经验分级指标
观察实验能力	3. 观察、喂养蝈蝈，发现蝈蝈的生活习性（如喜欢阴凉的环境，爱吃蔬菜、果皮等食物，能发出叫声）	一级：通过观察、喂养蝈蝈，发现蝈蝈的1种生活习性。如爱吃蔬菜和果皮
		二级：通过观察、喂养蝈蝈，发现蝈蝈的2种生活习性。如爱吃蔬菜和果皮、喜欢在阴凉的环境下生活
		三级：通过观察、喂养蝈蝈，发现蝈蝈的多种生活习性。如爱吃蔬菜和果皮、喜欢在阴凉的环境下生活、能发出叫声等
	4. 通过参观嘉年华，发现昆虫的演变过程。如蚕的生长过程经历了卵、幼虫、蛹和成虫4个阶段	一级：通过参观嘉年华，发现蚕经历由卵、幼虫、蛹到成虫演变其中的1~2个过程。如蚕从卵中孵化出来，黑黑的，像"蚂蚁"，幼虫会经过蜕皮长大
		二级：通过参观嘉年华，发现蚕经历由卵、幼虫、蛹到成虫其中的3种过程。如蚕从卵中孵化出来，黑黑的，像"蚂蚁"，幼虫会经过蜕皮长大，然后会结出一个茧，成为蛹
		三级：通过参观嘉年华，发现蚕的全部生长过程。如蚕从卵中孵化出来，黑黑的，像"蚂蚁"，幼虫会经过蜕皮长大，然后会结出一个茧，并在茧里进行最后一次蜕皮，成为蛹。约十天后，羽化成为蛾，破茧而出
	5. 能用放大镜观察瓢虫，发现瓢虫外形特征的不同	一级：能用放大镜观察瓢虫，并发现不同瓢虫都是由触角、头、翅、足组成的，但未发现不同
		二级：能用放大镜观察瓢虫，发现不同瓢虫颜色或外壳星数不同
		三级：能用放大镜观察瓢虫，发现不同瓢虫颜色和外壳星数不同
科学思考能力	6. 通过对蚂蚁、蝈蝈、瓢虫、蝴蝶的观察，发现它们的相同和不同，同时概括出它们都是昆虫	一级：通过对蚂蚁、蝈蝈、瓢虫、蝴蝶的观察，发现它们1处相同点和1处不同点，但不能概括出它们都是昆虫
		二级：通过对蚂蚁、蝈蝈、瓢虫、蝴蝶的观察，发现它们2~3处相同点和2~3处不同点，能概括出它们都是昆虫
		三级：通过对蚂蚁、蝈蝈、瓢虫、蝴蝶的观察，发现它们4处及以上的相同点和不同点，能概括出它们都是昆虫
	7. 能根据嘉年华和植物角对比种植的经验，思考植物生长所需条件（包括阳光、适宜的温度、水、空气）并验证	一级：根据嘉年华和植物角对比种植的经验，思考出植物生长所需的1~2种条件。如水、阳光
		二级：根据嘉年华和植物角对比种植的经验，思考出植物生长所需的3种条件。如水、阳光、适宜的温度
		三级：根据嘉年华和植物角对比种植的经验，思考出植物生长所需的4种条件。如水、阳光、适宜的温度、空气
	8. 提出蝈蝈为什么会叫的问题并猜想答案，思考蝈蝈是通过振动翅膀发出叫声的	一级：提出蝈蝈为什么会叫的问题，但不知道为什么
		二级：提出蝈蝈为什么会叫的问题，在思考原因时未提到翅膀振动
		三级：提出蝈蝈为什么会叫的问题，并猜想答案，思考出蝈蝈是通过振动翅膀发出叫声的
表达交流能力	9. 对嘉年华的兰花、草莓等生长在不同条件下的现象进行解释	一级：能够对嘉年华的兰花和草莓进行观察，不能解释兰花、草莓生长在不同条件下的现象
		二级：能够对嘉年华的兰花和草莓进行观察，能够用简短的语言解释兰花、草莓生长在不同条件下的现象，如兰花根要透气，所以得生长在镂空的花盆里；草莓喜欢湿湿的环境，所以生长在湿润的土里
		三级：能够对嘉年华的兰花和草莓进行观察，能够合理并较完整地解释兰花、草莓生长在不同条件下的现象。如发现兰花根部必须透气，所以生长在底部有镂空、透气性好的花盆里；草莓喜湿，所以生长在湿润的环境和疏松、肥沃的土里

（续）

核心经验指标	核心经验分级指标
表达交流能力 10. 能运用图画、数字、符号、照片等多种形式记录种子的生长过程	一级：能用图画、数字、照片、符号等其中1～2种形式记录种子的生长过程
	二级：能用图画、数字、照片、符号等其中3种形式记录种子的生长过程
	三级：能用图画、数字、照片、符号等其中4种及以上的形式记录种子的生长过程
设计制作能力 11. 能制作简易的昆虫观察盒，通过打孔、剪等方法，给昆虫观察盒预留空气孔、喂食孔、观察口	一级：初步制作昆虫观察盒，但不知道怎样制作空气孔、喂食孔和观察口
	二级：尝试制作简单的昆虫观察盒，通过打孔等方法给昆虫观察盒预留空气孔、喂食孔和观察孔，但过大或过小不适宜养昆虫
	三级：尝试制作简单的昆虫观察盒，通过打孔等方法给昆虫观察盒预留适宜的空气孔、喂食孔和观察孔
12. 能够用压膜、夹页、放重物等多种方式制作花草植物标本、干花书签等	一级：尝试使用压膜、夹页、放重物等多种方式中的1种制作干花或标本
	二级：尝试使用压膜、夹页、放重物等多种方式中的2种制作干花或标本
	三级：尝试使用压膜、夹页、放重物等多种方式制作干花或标本

五、主题活动教学计划（表7-8）

表7-8　主题活动教学计划

时间	活动名称	活动目标	重点领域	生活活动	区域环境与材料
第一周	参观前的准备	有初步的计划意识，和同伴一起制订参观嘉年华计划	社会	1. 谈话活动：分享自己在嘉年华见过的昆虫 2. 家园共育：收集嘉年华的资料，并用多种方式进行分享 3. 户外分散活动：观察幼儿园里的昆虫，如蚂蚁、蝴蝶、瓢虫等，并拍照	1. 图书区： ①投放关于各种瓢虫、蝈蝈、蚕宝宝、蜻蜓、蝴蝶等昆虫的图书及绘本 ②收集昆虫的资料及自制图书 ③仿编昆虫的诗歌墙饰 ④提供关于昆虫的图卡，供幼儿玩猜谜游戏 2. 美工区： ①提供多种颜料，鼓励幼儿绘画各种昆虫和兰花 ②提供各色油泥、超轻黏土、牙签和小棍等辅助材料以及各种昆虫图片，尝试制作各种昆虫造型 ③制作农业嘉年华微缩景观，鼓励幼儿利用废旧材料制作动、植物
	嘉年华里的植物大发现	1. 通过参观嘉年华，发现嘉年华里农作物的外形特征，并分类 2. 愿意将自己的发现和同伴分享	科学		
	小蚂蚁	1. 喜欢小蚂蚁音乐活动，感受音乐游戏的乐趣 2. 愿意说儿歌，熟悉儿歌的节拍	艺术		
	可爱的瓢虫	1. 初步了解七星瓢虫的外形特征，通过绘画形式表达、表现 2. 乐意大胆添画背景，使画面更加丰富	艺术		
第二周	嘉年华里的昆虫	1. 通过参观嘉年华，发现嘉年华里昆虫的外形特征 2. 了解昆虫和人们的关系，知道爱护益虫	科学	1. 家园共育：生活中和幼儿共同制作瓢虫、蚂蚁、蝈蝈的标本 2. 谈话活动：和幼儿交流关于蝈蝈、蚂蚁、瓢虫等昆虫的话题 3. 区域活动：观察科学区的蝈蝈和蚕，用不同方式记录昆虫的变化	1. 美工区： ①收集各种大小、高矮、粗细等不同的纸筒和各种尺寸的纸片，用多种形式制作立体昆虫 ②制作农业嘉年华微缩景观，鼓励幼儿利用废旧材料制作动、植物 2. 科学区： ①提供各种昆虫的图片和标本 ②提供各种昆虫实物、放大镜、镊子、玻璃缸、记录笔和纸，供幼儿将观察到的特征记录下来 ③随时观察蝈蝈、蚕，知道怎样照顾它们
	嘉年华里美丽的兰花	通过在嘉年华观察兰花，了解兰花的叶子是呈放射状生长的特点	艺术		
	大大的瓢虫	喜欢绘画，能绘画瓢虫，并尝试用各种线条有规律地分割背景，装饰画面	艺术		

（续）

时间	活动名称	活动目标	重点领域	生活活动	区域环境与材料
第三周	小瓢虫	1. 在玩玩、说说的过程中，萌发喜爱瓢虫的情感 2. 尝试用"瓢虫停在……上，变成……"的句式创编诗歌	语言	1. 户外分散活动：寻找多种多样的昆虫，用放大镜进行细致观察 2. 谈话活动：和幼儿共同讨论怎样收集昆虫、饲养昆虫、如何照顾蝈蝈的话题	1. 建筑区： ①提供蚂蚁、瓢虫的洞穴照片，各种形状的积木和辅助材料（包括自制小树、小花、蚂蚁和瓢虫的图片），幼儿共同建构昆虫的家 ②提供塑料插片，供幼儿拼插兰花和各种昆虫 2. 棋区： 投放关于昆虫的棋，鼓励幼儿玩有关昆虫的棋 3. 科学区： ①提供各种昆虫的图片和标本 ②提供各种昆虫实物标本、放大镜、镊子、玻璃缸、记录笔和纸，幼儿可以将观察到的昆虫特征记录下来 ③随时观察蝈蝈、蚕，知道怎样照顾它们
	肚子里的虫虫	1. 了解生活中饮食卫生的重要性 2. 知道生活中要讲卫生，保持身体健康	健康		
	美丽的蝴蝶	1. 了解蝴蝶的外形特征，并感知不同花纹和图案的蝴蝶 2. 尝试用左右对称的方法装饰蝴蝶	艺术		
	小植物快长大	将嘉年华植物和班级种植角植物对比、发现种植经验，发现不同植物生长环境的不同	科学		
第四周	找找虫儿	1. 对数学活动感兴趣，仔细观察图片中的昆虫 2. 尝试寻找两种昆虫的相同点，并进行分类	科学	1. 家园共育：在生活中，了解蝈蝈、蚕的生活习性，并尝试照顾和饲养 2. 户外分散活动：玩"昆虫捉迷藏"的游戏，拓展幼儿对昆虫的了解 3. 过渡环节：初步了解动物自我保护的方法	
	饲养角里的蝈蝈	结合饲养角喂养小动物的过程，发现小动物的生活习性及生长变化过程	科学		
	动物排队	通过排序游戏，能说出×××坐在第几节车厢，尝试看懂题卡	科学		

六、科学领域集体教学活动

活动一：嘉年华里的植物大发现

（一）活动目标

1. 乐于分享参观嘉年华时有关植物的发现，感受植物的多样性。

2. 通过参观嘉年华，感知植物外形特征和生长环境的不同。

3. 认真倾听同伴分享有关嘉年华植物的发现。

（二）活动重、难点

1. 重点：乐于分享参观嘉年华时有关植物的发现，感受植物的多样性。

2. 难点：感知植物外形特征和生长环境的不同。

（三）活动准备

1. 经验准备：对嘉年华中的场馆和植物已有简单的了解。

2. 物质准备：教师收集幼儿为嘉年华植物拍摄的特写照片、PPT课件、视频。

（四）活动过程

1. 回忆参观嘉年华植物馆的发现，感知植物的丰富性和多样性。

提问：你在嘉年华的绿色长廊里，看到了什么植物？

2. 通过观察参观嘉年华时为植物拍摄的照片，发现植物外形特征的不同。

（1）幼儿观察 PPT 课件中教师收集小朋友拍摄嘉年华里的植物照片。

（2）分享观察植物的发现。

提问：

①请问你都看到了哪些植物？

②仙人掌和绿萝有什么不一样吗？

③请问竹子和君子兰的样子一样吗？哪里不一样？

小结：原来嘉年华里有这么多的植物，它们的样子还都不一样！

3. 观看植物（西红柿、草莓、奶油生菜）生长环境的小视频，发现植物生长环境的不同。

（1）播放视频，请幼儿观看。

提问：

①请问这 3 种植物有什么不同？

②它们都生长在什么地方？

（2）小结：通过观察嘉年华里的植物，我们才知道原来西红柿可以在棉花上生长，奶油生菜可以生长在鱼缸上面，草莓还可以无土栽培呢！真是太神奇了！

4. 活动延伸。

教师：我们知道了这么多的种植方法。你们想不想在咱们班也试试，在鱼缸上面种点生菜呢？

（门　笛）

活动二：嘉年华里的昆虫

（一）活动目标

1. 对昆虫感兴趣，喜欢探究昆虫的秘密。

2. 通过参观"农业嘉年华"的活动，发现昆虫都是由头、胸、腹、6 条腿组成的。

3. 尝试将自己对昆虫特征的发现用语言表达出来。

（二）活动重、难点

1. 重点：认识常见的昆虫，在观察中发现昆虫身体特征的不同。

2. 难点：概括性地表达昆虫的身体特征。

（三）活动准备

1. 经验准备：生活中幼儿有接触昆虫、饲养蝈蝈的经验；通过参观嘉年华昆虫馆，近距离观察了多种昆虫。

2. 物质准备：PPT 课件，蝈蝈、蚕及其他昆虫的图片集。

（四）活动过程

1. 情景导入，激发幼儿兴趣。

（1）情景描述：提供小蝈蝈邀请小昆虫参加舞会的画面。

提问：小朋友们，咱们参观嘉年华时认识了很多昆虫朋友。你们猜一猜，小蝈蝈的舞会会邀请哪些昆虫朋友来参加呢？

小结：舞会里来了好多朋友，有蝴蝶、蜜蜂、蚂蚁、螳螂、瓢虫、独角仙、蟋蟀等。

（2）思考这些小动物中，哪些是昆虫。

提问：这里面哪些小动物是昆虫呢？什么样的小动物是昆虫？

2. 观察昆虫图片集，初步感知每种昆虫的身体特征。

（1）幼儿自主观察昆虫图片集。

提问：你们看，这里有这么多有趣的昆虫。请你认真看一看图片，告诉老师，你看到的昆虫是什么样子的？

（2）幼儿分享观察昆虫的发现。

请幼儿们大胆表达、分享自己的发现，如昆虫身体的颜色、翅膀、触角、头、腿等。

（3）对幼儿的发现进行小结：昆虫的颜色和外形不一样，有的有翅膀，有的没有翅膀，但它们都有头和腿，头上有触角。

3. 通过对比蝈蝈和其他常见昆虫，进一步发现昆虫的共同外形特征。

（1）观察蚂蚁、瓢虫、蝴蝶等常见昆虫的图片。

提问：请你们仔细观察，说一说蚂蚁、瓢虫、蝴蝶身体的哪些部分和蝈蝈是一样的呢？

（2）请幼儿分享对昆虫外形特征的发现，明确昆虫共同的外形特征：昆虫都有 6 条腿，有头、胸、腹。

（3）教师以儿歌的形式进行小结：开舞会，真热闹，昆虫朋友全来到。头、胸、腹，分三段，首先就要看清楚。一二三，四五六，我们都有六条腿。不能多，不能少，千万不能数错了。

（4）提问：蚕宝宝也来参加舞会了。你们觉得，它能参加舞会吗？为什么？

出示蚕宝宝变成蛾子的过程图片。

4. 幼儿通过前期收集的昆虫和非昆虫的照片进行辨别昆虫的游戏。

玩法：请你告诉我，这里面谁是昆虫？我们邀请它一起参加舞会吧！

5. 活动延伸。

（1）户外活动：小朋友们和教师一起找一找幼儿园里的昆虫。用放大镜仔细观察一下它们的外形特征。

（2）美工区：把自己喜欢的昆虫画出来，跟其他小朋友分享，做一本《昆虫集》的画册。

（李　楠）

活动三：饲养角里的蝈蝈

（一）活动目标

1. 愿意参加观察、照顾蝈蝈的活动，爱护小动物。

2. 通过连续观察、照顾蝈蝈，发现蝈蝈的外形特征和主要的生活习性。

3. 运用语言大胆表达在观察、照顾蝈蝈过程中的发现。

（二）活动重、难点

1. 重点：通过连续观察、照顾蝈蝈，发现蝈蝈的外形特征和主要的生活习性。

2. 难点：运用语言大胆表达在观察、照顾蝈蝈过程中的发现。

（三）活动准备

1. 经验准备：幼儿在班级饲养角经常照顾蝈蝈。

2. 物质准备：蝈蝈、胡萝卜、青菜、水果皮、纸、笔、蝈蝈图片、《蝈蝈的一天》视频、蝈蝈在野外生活的视频。

（四）活动过程

1. 观察参观嘉年华时带回来的蝈蝈，发现蝈蝈的外形特征。

（1）教师：咱们班从农业嘉年华带回来许多新朋友，它们是谁？

（2）观察、发现蝈蝈的外形特征。

提问：咱们已经和蝈蝈相处过一段时间了，你们发现了吗，蝈蝈长的什么样儿？

①蝈蝈头上有什么？触角是直直的吗？

②蝈蝈的身体分为几部分？（头、胸、腹）

③蝈蝈有几条腿？长在哪里？

④蝈蝈有翅膀吗？翅膀有什么用？

总结：蝈蝈是由头、胸、腹 3 部分组成的。它有一对前足、一对中足和一对后足，后足最大；有一对触角；一对翅膀。

2. 观看《蝈蝈的一天》小视频，发现蝈蝈主要的生活习性。

（1）观看小视频并思考问题。

提问：

①蝈蝈喜欢吃什么？

②蝈蝈喜欢生活在什么地方？

③蝈蝈为什么会发出叫声？

（2）总结：蝈蝈最喜欢吃胡萝卜，其次是苹果皮、梨皮。它喜欢在阴凉的地方，不喜欢太阳。蝈蝈通过振动翅膀发出声音。

3. 观看蝈蝈在野外生活的小视频，进一步扩展经验，发现蝈蝈是益虫。

（1）观看小视频并思考、提问。

①蝈蝈在野外的时候吃什么？

②野外的蝈蝈生活在什么地方？

③蝈蝈是好的昆虫，还是坏的昆虫？

（2）总结：蝈蝈喜欢生活在农田里。它喜欢吃田间的害虫，蝈蝈是好的昆虫，也叫益虫。

4. 活动延伸。

图书区：幼儿将关于蝈蝈的小知识制作成图书。

（潘　立）

活动四：小植物快长大

（一）活动目标

1. 愿意对班级植物角进行观察，萌发爱护植物的情感。

2. 将嘉年华里的植物和班级植物角里的植物对比，发现生活中不同植物生长环境的不同。

3. 能够大胆表达自己在观察中的发现。

（二）活动重、难点

1. 重点：将嘉年华里的植物和班级植物角里的植物对比，发现植物需要良好的生长环境。

2. 难点：发现不同植物所需的生长环境不同。

（三）活动准备

1. 经验准备：前期在嘉年华观察过植物的生长环境。

2. 物质准备：嘉年华照片，植物角观察记录，植物角植物（小麦、绿豆、小白菜、大蒜），莲花、仙人掌、西红柿等植物生长环境的照片。

（四）活动过程

1. 出示去嘉年华参观植物时拍的照片，回忆植物的生长环境。

提问：还记得我们参观嘉年华时看到了哪些植物吗？它们都生长在哪里？

2. 迁移经验，观察班级植物角的植物，发现植物的生长环境。

（1）观察班级中的小麦、绿豆、小白菜、大蒜，感知不同植物健康生长的环境。

提问：咱们班的小麦、绿豆、小白菜、大蒜生长在什么环境中呢？

小结：生长在沙里、土里、报纸里，我们每天都会给它们浇水，让它们在阳光下茁壮成长。

小结：大蒜生长在土里，一个放在黑屋子里，没有阳光，另一个放在室外。

（2）对比不同条件下植物生长情况的不同，发现植物需要的生长环境。

提问：哪里的小植物生长得最好？

小结：原来小植物要长大，需要阳光、土壤或沙、水。

3. 根据班内对比种植的经验，发现不同植物生长环境的不同。

（1）小组分享照顾植物的记录，对比小麦、绿豆、小白菜生长环境的不同。

提问：

①不同的种子同时种下去，它们发芽所需要的时间一样吗？

②同样的种子种在水里、土里、沙子里，它们生长的情况一样吗？

小结：我们通过看以前的植物记录，发现小麦和绿豆在沙里长得最好。小白菜在土里长得最好。在报纸里的小植物没有发芽。

（2）观察大蒜在遮光与不遮光环境中的生长情况。

提问：咱们再观察一下，大蒜适合在哪种环境中生长呢？

小结：大蒜适合在有阳光的地方生长，如果没有阳光，会长成蒜黄。

（3）观看仙人掌、莲花、西红柿等生长环境明显不同的植物，发现植物生长环境的多样性。

提问：仙人掌、莲花、西红柿适合生长在哪里呢？为什么？

小结：原来不一样的植物喜欢不一样的生长环境。仙人掌适合干旱的地方，莲花适合水量充足的地方，西红柿适合生长在干湿合适的土壤里。植物只有在自己喜欢的环境中，才会茁壮成长。

4.活动延伸。

美工区：幼儿将不同植物生长环境不同的发现绘画成图，再装订成册，悬挂在主题墙的钉子上。

（邢　源）

七、与主题相关的科学游戏案例

种在鱼缸上的生菜

案例背景：

小朋友们在参观农业嘉年华的过程中有很多新发现。他们对各种各样的植物、动物……非常感兴趣。他们最喜欢那些在不同环境下生长的植物，比如棉花里的西红柿、鱼缸上的小生菜、没有土的草莓等，见过了这些神奇的植物，孩子们也想在班里试一试。

案例实录：

今天，我带着一包生菜的小种子，来到幼儿园。我高兴地告诉孩子们："你们一直想试试在鱼缸上面种生菜，这个愿望终于可以实现了！"孩子们开心极了！他们赶紧来到我身边，拍着手，开心地欢呼着！

"把生菜种在鱼缸上面，可不是那么容易的。我们应该怎么做呢？"我问道。这时，子一说："咱们可以看看我的摄影集，我在嘉年华的时候特意拍下来了。"说着，子一走到图书区，拿来了摄影集，小朋友们认真地看了起来。

看了一分钟左右，子涵突然抬起头，说："我知道了，鱼缸里有一层薄薄的格档，漂在水面上，我们也放一层，就可以了！"依依也抬起头，说道："可是，我们去哪里找这样的板子呢？"小朋友们一时没了声音，我说道："咱们没有这样的板子也没关系，你们想想，我们有什么现成的、还能漂在水上的板子呢？"珺泽挠挠头，对着大家说："我觉得可以用泡沫板试试，它比较轻，可以漂在水面上。"小朋友们纷纷同意珺泽的意见，去找泡沫板了。

泡沫板找到了。可是，问题又来了，泡沫板上如果没有孔，小生菜种子不能碰到水，有孔的话种子又会掉进水里，这可怎么办呢？我挠挠头，故意装作没有办法的样子，说道："看来，我们这个实验不能进行了。"敏茜赶紧拉着我的手，说："咱们别放弃，再想想办法。"我看着小朋友们，说道："你们谁有好办法？""我们把孔扎小一点儿，种子就不会掉了。""可是种子太小了，没有孔能比它再小了！""我想到了一个好方法，之前，我们在小班泡豆子时用过一种薄薄的白纸，就是怕小种子掉到下面的小格子里，我们可以去小班借几张这种纸。"听了这个方法，好多小朋友都表示赞同。他们找到小班的弟弟、妹妹们，借来了白纸。

这下，我们的问题解决了。小朋友们给泡沫板扎上小孔，铺上白纸，再撒上种子，小心翼翼地把泡沫板放进了鱼缸里。他们开心极了！

小朋友们每天来园都会到鱼缸前看看自己的小生菜。可是，过了一段时间，小生菜还是没有长出来，小朋友们有点失望。珺尧安慰那些不太开心的小朋友："我们再去嘉年华的时候，可以问问里面的叔叔、阿姨怎么种的生菜，回来再试试。"其他小朋友听完，连忙跟着说："对，对，对，我们可以去问问！"

案例分析：

小朋友们通过自己的努力成功地将小生菜种进了鱼缸里。其实，实验是否能成功已经不那么重要了。重要的是，孩子们通过这次活动提高了解决问题、动手操作的能力，体验到了创新种植的有趣，也萌发了爱护植物的意识。

（门　笛）

一场关于蝈蝈的争论

案例背景：

参观了嘉年华的昆虫馆后，孩子们对昆虫产生了浓厚的兴趣。我们从嘉年华的昆虫馆里带回来两只蝈蝈，养在了班里。孩子们总是到自然角去观察蝈蝈、讨论有关蝈蝈的话题。最近，他们在讨论的过程中遇到了问题。

案例实录：

一天，在过渡环节中，有几个小朋友来到自然角看蝈蝈，边看边议论着自己的发现。

"小蝈蝈把胡萝卜都吃光了，它可真能吃！"

"是啊，小蝈蝈什么都吃。"

萱萱摇摇手，表示不同意："不是，不是，小蝈蝈不是什么都吃的。"

"它吃胡萝卜，我看到老师给它吃水果。"

"它也吃蔬菜，它是坏虫子。"

泽泽着急地摇头："不是的，我听我爸爸说过，小蝈蝈是好虫子！它在外面的时候，是吃小虫子的。"

佳佳争论道："我家以前养过小蝈蝈，我奶奶喂过它菜叶子，它吃蔬菜。"

"不对，小蝈蝈就是好虫子。"几个小朋友争论起来。

"那咱们去问问老师吧！"在鑫鑫的提议下，小朋友们来到了我面前。

"老师，小蝈蝈是好虫子，还是坏虫子啊？"几个小朋友一起来问我。"这真是一个好问题。小蝈蝈是好虫子，还是坏虫子呢？你们一会儿把这个问题分享给小朋友们，咱们一起讨论一下，好吗？""好呀！"

回到自然角，泽泽对着佳佳说："我还知道蜜蜂是好虫子呢！它会弄出蜂蜜。"佳佳不甘示弱地回道："我知道。我还知道七星瓢虫是好虫子。""我在书里看到过，七星瓢虫是好虫子，但是有很多瓢虫是坏虫子，它们身上点点的个数不一样。"鑫鑫也积极回应："我在电视上看过，蜻蜓也是好虫子，它吃小飞虫。""上次我看蝗虫的标本，老师跟我说蝗虫是坏虫子，它吃小麦。"萱萱朝大家竖起了大拇指，笑着说："你们知道得真多！"

区域活动分享环节到了。这几位小朋友跟大家分享了他们遇到的问题"小蝈蝈是好虫子，还是坏虫子"。其他小朋友的意见也不统一，有的认为蝈蝈是好虫子，有的认为蝈蝈是坏虫子，讨论得特别激烈。其中，认为蝈蝈是好虫子的主要意见是：蝈蝈吃小虫子。认为蝈蝈是坏虫子的主要意见是：蝈蝈会吃蔬菜、水果。

在讨论中，问题并没有得到解决，谁的说法都有人不同意。这时，有个小朋友说道："老师，我们可以用电脑查，我爸爸就用电脑查资料。"经过小朋友的提议，我们决定用电脑查资料，看看蝈蝈是好虫子，还是坏虫子。我把查出来的内容读给他们听："蝈蝈是益虫，蝈蝈的主要食物是各种危害农作物的害虫，比如松毛虫、蝗虫、蝇类等。""什么是益虫呢？益虫就是小朋友们说的好虫子。咱们一般都管好的昆虫为益虫，希望小朋友们记住这个好听的词语。""所以说，蝈蝈是……""是益虫！"小朋友们开心地说。"对，虽然蝈蝈也吃水果和蔬菜，但那是咱们喂给它吃的。在野地里，蝈蝈的主要食物是坏虫子，所以它是益虫。"

就这样，一场"蝈蝈是益虫、还是害虫"的争论有了答案。在这一过程中，小朋友们通过对蝈蝈的观察和争论，引出了问题，又自然而然地运用自己已有经验和观察所得去思考和交流，积极解决遇到的问题，最后得到了正确答案。

案例分析：

有关"蝈蝈是益虫、还是害虫"的争论伴随着孩子们探究的深入，最终找到了答案。在这一过程中，发展了孩子们主动观察、合作探索、解决问题的能力。教师应该多方面支持和鼓励孩子们的探索行为，认真对待孩子们提出的问题，并和他们一起寻找、验证问题的答案。

（李　楠）

主题活动五：夏天的水游戏

一、主题活动来源

夏天到啦！幼儿园里只要有水的地方都深受孩子们的欢迎。凉快又好玩的水区、有趣的压水机、联通水路、各种水闸、旋转不停的水车……孩子们总要伸手去感受一下！看到孩子们对水的兴趣这样浓厚，我们开展了"夏天的水游戏"主题活动。在主题活动中，孩子们找到了很多和水做的游戏，如捞鱼、寻宝、打水仗、制作泡泡水等。

通过一系列的水游戏，幼儿初步认识了水的特征及水对人类的作用，感受着水中沉浮、游船、寻宝、打水仗等游戏的乐趣，并从中有所发现。水玩得多了，小朋友们找到了既能畅快玩水，又能节约用水的好方法！他们还制作了节水宣传画，鼓励更多的小朋友们加入到我们的节水行列中来！

二、主题活动目标

（一）健康领域

1. 根据自身需要喝白开水，体会水对人体健康的重要性。
2. 在打水仗、摇水车、水中寻宝等游戏中，增强手眼协调能力。

（二）语言领域

1. 欣赏绘本故事，理解故事内容并进行流畅表达。
2. 通过阅读故事《小水滴旅行记》，了解水的变化并自主讲述。

（三）社会领域

1. 知道节约用水，建立起保护水资源的意识。
2. 通过多种形式宣传玩水游戏时节约用水的方法。

（四）科学领域

1. 能够主动提出有关水的问题，并能与同伴积极讨论。
2. 能运用各种感官，动手、动脑探究与水有关的现象和问题。
3. 能用图画或简单的符号记录玩水游戏的发现。
4. 爱护周围的环境，节约用水，有初步的环保意识。

（五）艺术领域

1. 练习纸船的基本折法，学习折叠纸船。

2. 通过音乐表现活动，大胆用肢体动作表现水流动的样子。

3. 尝试巧妙地利用废旧物品和工具进行泡泡画、水墨画创作。

三、主题活动网络图（图 7 - 5）

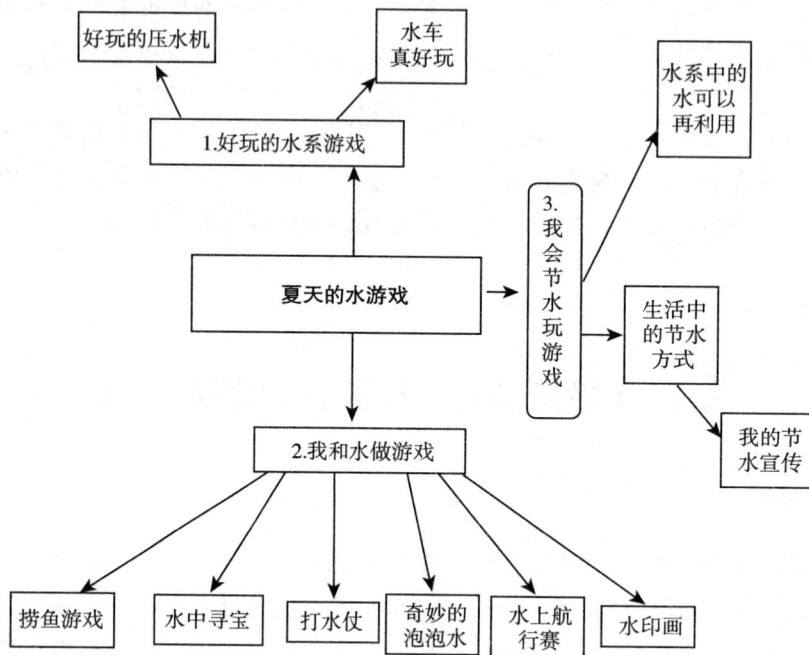

图 7 - 5　主题活动网络图

四、科学领域核心经验（表 7 - 9）

表 7 - 9　主题活动"夏天的水游戏"科学领域核心经验

核心经验指标		核心经验分级指标
观察实验能力	1. 通过捞鱼、水中寻宝的水游戏，观察发现物体在水中的沉浮现象	一级：喜欢参与捞鱼、水中寻宝的水游戏，观察发现1～2种物体的沉浮现象（如塑料小鱼浮在水面上；石头沉在水底）
		二级：喜欢参与捞鱼、水中寻宝的水游戏，观察发现3～4种物体的沉浮现象（如塑料小鱼、橡皮鸭子浮在水面上；石头、小轮胎沉在水底）
		三级：喜欢参与捞鱼、水中寻宝的水游戏，观察发现5～6种物体的沉浮现象（如塑料小鱼、橡皮鸭子、木板、塑料瓶浮在水面上；石头、小轮胎沉在水底）
	2. 在水车游戏中，发现通过调整半圆形竹筒出水口可以改变水流的方向，并能使水车转动	一级：在水车游戏中发现水能按照半圆形竹筒出水口的方向流动
		二级：在水车游戏中发现通过调整半圆形竹筒出水口可以改变水流的方向，水流满水车一格后能使水车转动，并能使1～2格水车转动
		三级：在水车游戏中发现通过调整半圆形竹筒出水口可以改变水流的方向。水流满水车一格后能使水车转动，并能使3～4格水车转动
	3. 通过水上航行赛游戏，发现船行进快慢和船身材质、重量、是否漏水有关	一级：通过水上航行赛游戏，发现1种影响船行进快慢的因素（如船身材质）
		二级：通过水上航行赛游戏，发现2种影响船行进快慢的因素（如船身材质、重量）
		三级：通过水上航行赛游戏，发现3种影响船行进快慢的因素（如船身材质、重量、是否漏水）

核心经验指标	核心经验分级指标
观察实验能力 4. 能在联通水路、压水机游戏中发现水是透明的、从上往下流动的、无味的，能够联通和堵截	一级：能在联通水路、压水机游戏中发现 1 种水的特征（如水是透明的）
	二级：能在联通水路、压水机游戏中发现 2 种水的特征（如水是透明的、无味的）
	三级：能在联通水路、压水机游戏中发现 3～4 种水的特征（如水是透明的、无味的、从上往下流动的、能够联通和堵截）
科学思考能力 5. 通过玩水印画游戏，大胆猜想水印消失的原因（如温度、阳光照射、水量等），并能主动验证	一级：通过玩水印画游戏，大胆猜想 1 种水印消失的原因（如温度），并能主动验证
	二级：通过玩水印画游戏，大胆猜想 2 种水印消失的原因（如温度、阳光照射等），并能主动验证
	三级：通过玩水印画游戏，大胆猜想 3 种水印消失的原因（如温度、阳光照射、水量等），并能主动验证
6. 通过沉浮游戏，大胆猜想物体在水中的沉浮现象，并主动验证	一级：通过沉浮游戏，能大胆猜想物体在水中的沉浮现象，但验证结果与猜想不符
	二级：通过沉浮游戏，能大胆猜想物体在水中的沉浮现象，但猜想与验证结论部分不相符（如猜想轮胎能浮在水面上，但验证结论是沉入水底；猜想木板会沉在水底，但验证结论是浮在水面上）
	三级：通过沉浮游戏，能大胆猜想物体在水中的沉浮现象，且验证结果，发现结果与猜想相符
7. 通过玩"水中寻宝"游戏，思考打捞沉底物体的方法（如石头要用捞网贴边慢慢捞起；项链用小木棍插进圈里，再捞起来）	一级：通过玩"水中寻宝"游戏，没有思考出打捞沉底物体的方法
	二级：通过玩"水中寻宝"游戏，思考出 1 种打捞沉底物体的方法（如石头要用捞网贴边慢慢捞起）
	三级：通过玩"水中寻宝"游戏，思考出 2 种打捞沉底物体的方法（如石头要用捞网贴边慢慢捞起；项链用小木棍插进圈里，再捞起来）
表达交流能力 8. 在水印画游戏中，能够解释水印消失的原因	一级：在水印画游戏中，不能解释水印消失的原因
	二级：在水印画游戏中，能够初步解释水印消失的原因（如太阳底下阳光照射，温度高，水印消失得快；阴凉地没有阳光，温度低，水印消失得慢）
	三级：在水印画游戏中，能够解释水印消失的原因（如太阳底下阳光照射，温度高，水印消失得快；阴凉地没有阳光，温度低，水印消失得慢。笔尖沾水多，水印消失得慢；笔尖沾水少，水印消失得快）
9. 尝试用绘画、拍照、标记符号等方式记录玩沉浮游戏时的猜想和发现	一级：尝试用 1 种方式记录玩沉浮游戏时的猜想和发现（如绘画）
	二级：尝试用 2 种方式记录玩沉浮游戏时的猜想和发现（如绘画、拍照等）
	三级：尝试用 3 种方式记录玩沉浮游戏时的猜想和发现（如绘画、拍照、标记符号）
10. 在水游戏中，能概括性地表述节约用水的方法	一级：在水游戏中，能概括性地表述 1 种节约用水的方法（如用滋水枪浇地）
	二级：在水游戏中，能概括性地表述 2 种节约用水的方法（如用滋水枪浇地；水游戏的水要从水区取，不能从水龙头接水）
	三级：在水游戏中，能概括性地表述 3 种节约用水的方法（如用滋水枪浇地；水游戏的水要从水区取，不能从水龙头接水；清水洗过抹布的水可以做泡泡水）

（续）

核心经验指标	核心经验分级指标
设计制作能力 11. 能够运用橡皮泥、轻型黏土、塑料瓶、纸盒等材料，通过捏、粘贴、折叠等方法制作浮起来的小船	一级：能够运用1种材料（如纸盒），通过1种方法（如粘贴）制作小船，但小船不能成功地浮在水面上
	二级：能够运用2种材料（如轻型黏土、纸盒等），通过2种方法（如捏、粘贴等）制作小船，且小船能成功地浮在水面上
	三级：能够运用3种材料（如轻型黏土、塑料瓶、纸盒等），通过3种方法（如捏、粘贴、折叠等）制作小船，且小船能成功地浮在水面上
12. 能够用毛根通过弯曲、扭结、捆绑等方法制作圆形、三角形、正方形、五角星形等形状的吹泡泡工具	一级：能够用毛根通过弯曲、扭结、捆绑等方法制作1种形状（如圆形）的吹泡泡工具
	二级：能够用毛根通过弯曲、扭结、捆绑等方法制作2~3种形状（如圆形、三角形、正方形等）的吹泡泡工具
	三级：能够用毛根通过弯曲、扭结、捆绑等方法制作4种形状（如圆形、三角形、正方形、五角星形等）的吹泡泡工具

五、主题活动教学计划（表 7-10）

表 7-10 主题活动教学计划

时间	活动名称	活动目标	重点领域	生活活动	区域环境与材料
第一周	《水族馆》	1. 欣赏音乐《水族馆》，感受音乐变化的美 2. 尝试用肢体动作随音乐变化表现水的流动状态	艺术	1. 过渡环节：播放音乐《水族馆》，供幼儿欣赏 2. 家园共育：搜集多喝水的好处，并进行分享 3. 户外分散活动：进行水区活动，画水印画、玩水系区玩具 4. 一日生活环节：提示幼儿根据自己的需要及时饮水 5. 洗手、漱口、刷牙等环节：鼓励幼儿节约用水	1. 语言区：①投放保护环境、节约用水的自制画 ②收集河流、湖泊、海水的资料自制图书 2. 美工区：①提供纸船欣赏图册和折纸船步骤图例 ②投放彩笔、大开纸等绘制节水海报和节水宣传单的材料 3. 科学区：①不同造型的吹泡泡工具和洗涤灵、肥皂水等 ②溶解玩具1筐（盐、沙子、红糖、石头、量杯等）③颜料配比1筐（三原色颜料、颜料杯、滴管、试管、抹布、记录单等）
	消失的水印	1. 喜欢参与水印画活动，感受水印消失现象的有趣 2. 能对水印消失的原因进行大胆猜想，并积极尝试验证	科学		
	我爱喝水	1. 知道喝白开水的好处，了解白开水最解渴 2. 养成主动喝水的习惯	健康		
	我是节水小卫士	1. 了解水资源紧缺的危害并知道节约用水 2. 能够走进社区进行节约用水宣传	社会		
第二周	绘本阅读：《水呢》	1. 观察绘本画面，理解画面内容 2. 知道生活中很多地方会用到水，感受水对生活的重要作用	语言	1. 晨间播报：分享折纸船的方法 2. 家园共育：寻找生活中的水，并分享 3. 户外分散活动：进行水上航行、打捞水中宝藏等水区游戏 4. 过渡环节：到中班各班宣传"水上航行赛"，邀请小朋友们参加	1. 语言区：提供绘本《水呢》，供幼儿阅读 2. 美工区：①彩笔、大8开纸等绘制"水上航行赛"海报的材料 ②制作小船的材料1筐（彩纸、彩笔、塑料瓶、薄膜板、纸盒、羽毛等）3. 科学区：沉浮玩具材料1筐（石头、木块、木板、项链、橡皮鸭子、塑料小鱼、捞网、沉浮游戏记录单等）
	折纸船	能够按照简单的折纸步骤制作纸船	艺术		
	"水上航行赛"海报制作	尝试运用多种绘画的方法绘画"水上航行赛"海报	艺术		
	打捞水底宝藏	1. 在打捞水底宝藏的游戏中，发现物体在水中的沉浮现象 2. 尝试用语言较完整、连贯地表达自己玩水玩具时的发现	科学		
	"水上航行赛"邀请	1. 能利用自制海报宣传"水上航行赛"，并号召陌生人加入其中 2. 在宣传中能有礼貌、大胆地和陌生人交流	社会		

（续）

时间	活动名称	活动目标	重点领域	生活活动	区域环境与材料
第三周	《雨滴变变变》	1. 通过图片熟记歌词 2. 尝试听音乐伴奏进行合唱	艺术	1. 过渡环节：播放音乐《雨滴变变变》，让幼儿熟悉歌曲 2. 户外分散活动：进行水的接力赛、水上航行赛等水区游戏活动 3. 家园共育：家中废水再利用	1. 表演区： 投放音乐《雨滴变变变》节奏图谱、沙锤、响板等乐器 2. 语言区： 投放节约用水的自制画 3. 美工区： 修补小船工具1筐（胶带、剪刀、胶枪、彩纸等） 4. 科学区： 幼儿自制小船1筐
	鱼儿哭了	1. 乐于亲近水、接触水，有保护水资源的美好愿望 2. 能发动身边的人一起参加节约用水的活动，保护水资源	社会		
	水的接力赛	1. 在游戏中了解海绵可以吸水的特性 2. 尝试用手臂快速摆动的形式进行接力赛跑	健康		
	水上航行赛	1. 通过"水上航行赛"游戏，感知水流的方向，发现在水中助推小船前进的方法 2. 愿意尝试新方法进行水上航行赛比赛，积极面对输赢	科学		
第四周	水中寻宝	1. 通过钻爬、跳跃的方式跨越障碍，成功打捞"水中宝藏" 2. 与同伴有序游戏，提高身体的灵活性	健康	1. 谈话活动：分享打捞"水中宝藏"的好方法 2. 家园共育：搜集打孔水瓶、滋水枪等打水仗的玩具 3. 户外分散活动：开展打水仗等水区活动 4. 一日生活环节：播放《大雨、小雨》音乐，让幼儿熟悉歌曲	1. 语言区： 提供故事《小水滴旅行记》图片 2. 美工区： 投放自制滋水枪材料：水瓶、打孔器、针管、剪刀等 3. 表演区： 投放《大雨、小雨》节奏图谱、沙锤
	好玩的打水仗	通过玩打水仗游戏，发现水枪、针管、打孔矿泉水瓶等滋水效果的不同	科学		
	《小水滴旅行记》	通过图片完整讲述故事《小水滴旅行记》	语言		
	《大雨、小雨》	1. 在会唱歌曲《大雨、小雨》的基础上，尝试用沙锤表现歌曲的强弱变化 2. 尝试看指挥与同伴合作演奏	艺术		

六、科学领域集体教学活动

活动一：消失的水印

（一）活动目标

1. 喜欢参与水印画活动，感受水印消失现象的有趣。

2. 能对水印消失的原因进行大胆猜想，并积极尝试验证。

3. 玩水印画后，能够有序地收放材料。

（二）活动重、难点

1. 重点：大胆猜测水印消失的原因并验证。

2. 难点：发现水印消失的原因与阳光照射、温度、水量多少有关。

（三）活动准备

1. 经验准备：幼儿进行过水笔作画游戏。

2. 物质准备：户外大号水笔若干，阳光、阴凉的场地，水区，iPad。

（四）活动过程

1. 玩水印画游戏，初步感受水印消失的现象，激发幼儿参与活动的兴趣。

（1）幼儿进行水印画游戏。

提问：观察你的水印有什么变化？

（2）教师和幼儿共同总结水印消失的现象。

2.根据水印画游戏中观察到的现象，猜想水印消失的原因。

（1）大胆猜想水印消失的原因。

提问：

①为什么水印消失了？

②为什么有的地方水印消失得快，有的地方水印消失得慢？

（2）小结猜想：

①可能是因为太阳照射下阳光强，所以水印消失得快；而阴凉的地方没有阳光，所以水印消失得慢。

②可能是因为太阳照射下太热了，温度高，所以水印消失得快；阴凉的地方温度低，所以水印消失得慢。

③可能是因为小朋友的水笔里水多，所以水印消失得慢；而鞋底沾的水少，所以水印消失得快。

提问：怎样才能知道小朋友们猜得对不对呢？

3.再次进行水印画游戏，验证水印消失的原因。

（1）请幼儿再次到场地上玩水印画游戏，鼓励幼儿尝试选择不同地点、水笔沾不同水量游戏。

（2）再次分享，总结发现。

①提问：水印为什么会消失？

②小结：原来水印消失跟阳光照射、温度高低、水量多少都有关系。我们如果想在太阳照射下画水印画，就要快快地画，在画完之后，赶紧用 iPad 拍照记录下来，或者在阴凉的场地画。

③提问：在太阳的照射下，小朋友们的水印画作品很快就消失了，我们怎样才能把作品记录下来呢？

④小结：笔尖多沾点儿水，快速画，及时拍照。

（张思陈）

活动二：打捞水中的宝藏

（一）活动目标

1.乐于参与活动，能够对打捞水中的宝藏这一活动感兴趣。

2.在打捞宝藏的游戏中，发现物体在水中的沉浮现象。

3.尝试用语言较完整、连贯地表达自己玩水玩具时的发现。

（二）活动重、难点

1.重点：通过水中打捞宝藏游戏发现物体在水中的沉浮状态。

2.难点：能够思考快速打捞沉底宝藏的方法，并进行尝试。

（三）活动准备

1.经验准备：有玩水的经验。

2.物质准备：不同材质的水玩具（塑料玩具、黄宝石、金币、木制小船等）、水区、捞网。

（四）活动过程

1.创设水中打捞宝藏游戏情境，激发幼儿参与活动兴趣。

（1）幼儿进入打捞水中宝藏的情境。

教师创设情境：在幼儿园的水区里散落着各种各样的"宝藏"，有小船、小美人鱼，还有大家最喜欢的黄宝石和金币。它们现在都在水区里，我们一起拿着捞网去打捞水中的宝藏吧！

（2）安全提示：水深危险，小朋友们不要用手打捞。

2. 幼儿自主游戏，教师巡回观察、指导。

3. 幼儿分享自己在游戏中的发现。

提问：

（1）你都打捞上来什么宝藏？

（2）它是沉在水底，还是浮在水面上的？它是用什么做的？

（3）你是怎么把它捞上来的？

4. 积极思考如何打捞沉在水底的宝贝，并再次尝试打捞宝藏。

（1）幼儿思考打捞沉底宝藏的方法。

提问：

①为什么有的宝藏容易打捞，有的宝藏不容易打捞？

②沉底的宝藏怎么打捞呢？

（2）幼儿再次尝试打捞沉底的宝藏。

（3）分享打捞沉底宝藏时的发现。

5. 分享打捞的宝藏，总结物品在水中的沉浮状态，分享成功游戏的方法。

（1）幼儿与同伴互相分享自己打捞上来的宝藏。

（2）教师提问：

①在打捞水中宝藏的时候，你觉得哪些宝藏容易打捞，为什么？

②你觉得哪些宝藏不容易打捞，为什么？

（3）教师小结：小朋友们都收获满满。我们发现塑料玩具、木质小船这种漂浮在水面上的玩具最容易打捞，但是金币、黄宝石这种宝藏不容易打捞，因为它们都很重，并且沉在水底，需要我们想办法才能打捞上来。

6. 活动延伸。

幼儿在美工区用不同材料制作"宝藏"，并在下次游戏时投放。

（张雪洁）

活动三：好玩的打水仗

（一）活动目标

1. 喜欢玩打水仗游戏，感受夏季玩水的快乐。

2. 通过打水仗游戏，发现水枪、针管、打孔矿泉水瓶等滋水效果的不同。

3. 在游戏中保护同伴，文明打水仗。

（二）活动重、难点

1. 重点：通过打水仗游戏，发现水枪、针管、打孔矿泉水瓶等滋水效果的不同。

2. 难点：表达不同工具滋水效果的不同，并说出原因。

（三）活动准备

1. 经验准备：幼儿玩过滋水游戏，前期制作了打水仗工具。

2. 物质准备：水区、去针头的针管、瓶盖带孔的矿泉水瓶、舀水工具、玩具水枪。

（四）活动过程

1. 幼儿分组玩打水仗的游戏，发现不同工具滋水效果不同。

（1）挑战游戏：小朋友们 6 人一组，分为敌方和战友，自选工具（每组均备有不同的工具），进行打水仗的游戏。

（2）安全提示：取工具的时候，不要拥挤。打水仗的时候，注意保护小朋友的头部，不要往其他小朋友的眼睛、耳朵、脸上滋水。

（3）提出问题，幼儿进行打水仗游戏。

提问：打水仗的时候，试一试，哪个工具最厉害？

2. 分享幼儿打水仗游戏的发现，感知打水仗时滋水远近和工具的关系。

（1）小组分享打水仗游戏的发现。

提问：你们为什么胜利？你的工具为什么滋水滋得很远？

（2）与幼儿共同总结发现。

小结：原来水枪胖胖的，装水多，能拉伸，有力气，滋水远；矿泉水瓶装水也多，但是没有力气把水滋远；针管水量少，推起来费力，也不能把水滋远；舀水盆里的水太多，很容易就把小朋友的裤子弄湿了。

3. 幼儿再次自选工具（选相同工具的小朋友一组）进行打水仗的游戏，感受打水仗游戏的乐趣。

4. 收拾、整理工具，晾晒衣服。

5. 活动延伸。

利用户外分散活动环节开展更大范围地跑动打水仗游戏。

（邢　源）

活动四：水上航行赛

（一）活动目标

1. 喜欢参与纸船水上航行探究活动，感受"水上航行赛"的乐趣。

2. 通过水中运小船游戏，感知水流的方向，发现在水中助推小船前进的方法。

3. 愿意尝试新方法进行"水上航行赛"，以积极的心态面对输赢。

（二）活动重、难点

1. 重点：通过水中运小船游戏，发现在水中助推小船前进的方法。

2. 难点：在游戏中，感知水流的方向与小船行进方向的关系。

（三）活动准备

1. 经验准备：幼儿知道水有浮力，小纸船能漂浮在水面上。

2. 物质准备：水区、遥控汽艇、小纸船若干、小棍等划水工具、冠军贴纸。

（四）活动过程

1. 观察遥控汽艇水上行进的现象，感知水流的方向。

（1）遥控汽艇引入活动，激发幼儿兴趣。

提问：仔细观察，汽艇在水上航行的时候，水往哪个方向流动？

（2）幼儿观察汽艇水上航行的现象，尝试发现汽艇航行时水流的方向。

提问：汽艇在水上航行的时候，水流向哪儿了？

小结：汽艇在水上航行的时候，水向后流动。

2. 进行"水上航行赛"初赛，发现水流方向，猜想原因。

（1）教师：请小朋友们统一站到水区岸边的一侧，使小船从同一边出发。比一比，谁的小船先到达对岸？小朋友每人拿一艘小船，再到材料区选择一种帮助小船前进的工具（手不能碰到小船）。老师当裁判。小船一起出发，看看谁的小船先到达对岸。

（2）发现问题，提出好方法。

提问：

①水上航行赛初赛结束啦！小朋友们有没有遇到什么问题？（小船行进慢、方向偏离等）

②我们用什么方法解决小船行进慢、方向偏离的问题？

（3）请让小船快速到达对岸的幼儿分享好方法。

（4）小结：小船在水中航行时，我们的手不能碰到小船，但可以用手、小棍等在小船两边向后划水，水向后流动得越快，小船向前航行得也越快；也可以在小船后面用力吹气，推动小船前进。

3. 进行"水上航行赛"决赛，总结助推小船快速前进的方法。

（1）幼儿再次选择纸船进行航行比赛。

提问：刚才，小朋友们分享了这么多助推小船前进的方法。我们再比赛一次，看看用了好方法之后，谁能让自己的小船快速到达对岸？

（2）鼓励成功的幼儿分享助推小船前进的方法。

（3）为成功的幼儿贴冠军贴纸，予以奖励。

4. 活动延伸。

家园共育：请家长带领幼儿到公园划小船，感受水流方向与小船行进方向之间的关系。

（张思陈）

七、与主题相关的科学游戏案例

水 印 不 见 了

案例背景：

在班级开展的主题活动"夏天的水游戏"中，教师和小朋友们一起使用各种工具和材料开展了各种各样的水游戏。滋水枪、渔网、橡皮鸭子、水瓶、大毛笔等都是孩子们喜欢使用的水游戏工具。其中"水印画"是孩子们经常选择并乐于进行的游戏内容，在"水印画"游戏中我们有了新的发现。

案例实录：

今天，户外分散活动环节到了。我笑着对孩子们说："今天，老师想请你们分组，画一画不一样的水印画。""太好了！怎么分组呀？"花生问。"请小朋友们自由选择，分成两组，一组是在有太阳照的场地画画，另一组是在阴凉场地画画。现在，小朋友们自己选择场地，站好吧！"我说完后，小朋友们都快速地选择了自己想去的场地。小朋友们陆续取了大毛笔后，火热的"水印画"游戏在两个场地开始了。

"我想画幼儿园里的树！"在太阳场地画画的大洁子说。"我想画水区，我最喜欢水区！"同在太阳场地的默默边画边说。"我想画小花，小花最漂亮。"阴凉场地画画的花生低着头说。

"老师！你来看我画的水区！"在太阳场地画画的默默叫着我。"我来了。咦？你画的水区在哪儿呢？"我问。"都没了。"她说。"那你画的画都哪儿去了呀？"我接着问。"都被太阳给晒干了，消失了。"她摊着手，说。"老师，来看我画的小花！"花生在阴凉场地叫着我。"咱俩去看看花生画的小花，看看会不会也像你的画一样消失了？"我对默默说。"好呀！"说着，我们来到了花生身边。"她画的小花只剩三个花瓣了。"默默指着地上的水印小花，说。"是啊，那两个花瓣不见了。"花生说。"它们为什么会不见了呢？"我问。"被太阳晒干了呗！"默默说。"那为什么你画的水区都消失了，但是她画的小花还有三个花瓣没消失呢？""我知道，我知道。"一旁的海洋说，"因为太阳晒着的地面温度高，水印就消失得快。""阴凉地呢？"我问。"阴凉地比太阳晒着的地方温度低一点点，所以消失得慢。但是，慢慢也会都消失的。"他接着说。"你好棒呀！那还有没有别的原因？"我又问。他们三个人想着没有说话。"比如，刚才，我看到默默把大毛笔的笔尖沾满了水，去画画。花生是沾完水后，用手拧了一下笔尖，才去画画的。笔尖沾水多少会有影响吗？"我问。"会有！沾水多的消失得慢，沾水少的消失得快！"花生说。"真是这样吗？你们再去试试吧！"他们三人又去尝试了一下，发现毛笔蘸水量多少、阳光照射、地面温度都会影响水印消失的速度。

"如果你在太阳下画的作品想要保存下来，可以怎么做呢？"我问。"可以多沾点儿水，然后快快地画，在消失之前画完，赶紧用 iPad 拍下来。""这真是个好办法！一会儿，你们跟其他小朋友们分享一下吧！"我建议道。"好呀！好呀！"他们说。

案例分析：

中班孩子很喜欢操作和探究，也喜欢猜想和尝试。但是需要注意的是，在幼儿游戏过程中，教师要及时发现孩子游戏中的问题并引导孩子去发现，更要以启发式提问、追问等形式引导孩子自己动脑筋想原因，自己尝试去验证。因为比起结果，孩子反复实验的探究过程更重要，孩子验证自己猜想后获得的成就感也会更多。作为教师，我喜欢和他们一起玩、一起探究、一起猜想、一起验证、一起感受新发现的喜悦，所以我会继续和孩子们一起进行各种科学游戏，寻找更多的发现。

（张思陈）

我是打捞小能手

案例背景：

在"夏天的水游戏"主题活动中，孩子们在幼儿园的水区体验了各种各样的水游戏。其中，孩子们最喜欢打捞水中沉浮的"宝藏"。结合孩子们的兴趣，我尝试将区域活动和户外水区游戏相结合，鼓励孩子们自己制作水中的宝藏，并尝试进行打捞，深入探索、感知水中物品的沉浮现象。

案例实录：

一天，户外分散游戏时间到了，孩子们在水区打捞水中的"宝藏"。牛牛将一块小石子扔进了水中，然后拿着捞网，开始捞了起来。等他将石子打捞上来以后，我说："你在打捞石子吗？哇，这个想法真不错！"牛牛说："我刚才还打捞掉到水里面的叶子呢！"我说："嗯，那你除了打捞叶子和石子，还想打捞哪些和别人不一样的东西呢？"牛牛低下头，开始思考。这时候，在一边听我们说话的晨熙有了想法，他说："我想把我今天折的小船放进去，让牛牛帮我捞起来！""这是个好主意，还有什么呢？"牛牛也想到了："我想做一个潜水艇，放进水里去。"我说："一会儿，咱们回去就做一个潜水艇，下次玩水的时候带来吧！"

水区游戏结束后，孩子们回到了班里。牛牛迫不及待地进入美工区。他将画板和画笔准备好后，问："老师，我应该用什么做潜水艇呢？"花生在一旁说："用纸盒，你给它装饰一下就好啦！"牛牛说："不行！纸盒太轻了，潜水艇可是要沉到水底去的。""那就用这个吧！"花生又拿出了一个小铁盒，牛牛接过她手中的小铁盒，说："这个，我看行！"他们简单装饰了潜水艇，还突发奇想地把那个小石子涂上了五彩的颜色，当做钻石。在他们制作潜水艇时，很多小朋友都好奇地围了过来，我鼓励孩子们都想一想还可以将什么物品放进水里打捞。大家你一句，我一句地说："我想把我那个小汽车放进水里，再打捞。""我想把小鸭子放进水里打捞。"在下午的户外游戏时，孩子们将他们的"宝贝"都带到了水区，放进了水里，开始玩打捞游戏。

在打捞游戏中，我看到有的小朋友很快就把自己的"宝贝"打捞上来了，而有的小朋友还在不断努力地打捞着。这时，我问已经打捞完的孩子们："为什么你们打捞得这么快呀？"花生说："我这个小船特别轻，漂在水面上，所以特别好捞。"默默说："对呀，对呀，我的小鸭子也是漂在水面上，很好捞。"我又问还在努力打捞的孩子们："你们的'宝藏'容易打捞吗？"牛牛叹了口气，说："我这个太不好打捞了，这个铁盒子也太沉了吧，都沉底了！"我说："大家有什么好办法帮帮他吗？"海洋说："我觉得可以两个人一起捞，一个捞网放下面，另一个把铁盒子推到下面这个捞网里，这样捞得快！"我肯定了他的想法，并鼓励孩子们试一试。

大部分小朋友都成功了。这时，我看到茗绎使用了不一样的办法，他先把铁盒推到一边，然后贴着池壁，把它给捞了上来。"你的方法和别人的不一样，你是怎么打捞的？"茗绎说："可以把铁盒子先推到一边，然后贴着边儿，把它捞上来。"静宜说："这个很像我妈妈捞饺子呀！""对呀！""我也觉得像！"茗绎一边说着，一边用"捞饺子法"打捞起水中的铁盒。没一会儿，就打捞上来了。孩子们开心极了，拿着捞网和"宝藏"，到教师面前展示自己的打捞成果。

案例分析：

打捞宝藏的游戏从孩子的举动"捞石子"开始，再到一起制作"宝藏"，发现物体的沉浮现象与打捞的难易度有关。整个活动，孩子们兴趣盎然，积极主动探索，有发现，有成功，真不愧是爱科学的小精灵！

（张雪洁）

第 八 章
大班主题式科学探究课程

大班幼儿喜欢探究身边的各种事物，他们的眼睛是小小的"显微镜"，乐于关注身边的各种细微变化，所以他们总有大人们意想不到的新发现；他们喜欢猜想、喜欢用自己的双手去验证和实践，用事实来证明自己的判断；他们喜欢憧憬美好的科幻，喜欢遨游在未知的世界；喜欢和他们熟悉的家乡生活近距离的接触，探索家乡生活中蕴含的科学现象；他们更是美好生活的发明者，喜欢将自己的想法创造性地表现出来，去丰富生活和游戏。

因此，大班的主题式科学探究课程既有接近幼儿身边的花草、水、齿轮和力玩具的探究，又有从周边环境（参观"农业嘉年华"、北京小汤山温室大棚、中国航空博物馆）引发的探究课程。我们围绕孩子们的兴趣和需要，带领孩子们利用幼儿园现有资源（绿色花草植被、多种多样的力学玩具、齿轮玩具、水系区、飞机体验模拟游戏区），开展了"奇妙的花草""好玩的水""好玩的齿轮""有趣的力玩具"等科学探究主题活动，让孩子们在熟悉的幼儿园游戏设施中深入体验和感知，探究身边玩具和游戏中科学的奥秘。同时，我们也充分利用小汤山地域特色，和孩子们一起走进温室大棚、中国航空博物馆，去探究温室大棚里植物生长的奥秘、去体验神奇飞机的演变和功能、去感受遨游太空的神奇。借此，生成了孩子们最喜欢的科学探究主题活动"走进温室大棚""飞向太空"和"神奇的飞机"。

孩子们在主题活动中，积极观察发现、乐于动手操作、不断挑战、反复实验，在创造性思维发展、科学探究能力发展、合作意识提升、表达能力发展、动手操作能力的提高等多方面都有较大突破。

大班的孩子们不仅对身边的探究活动感兴趣，而且对周围生活环境中的科学探究活动也乐此不疲。因此，我们要抓住大班幼儿喜欢刨根问底的特点，挖掘幼儿感兴趣的话题和活动，生成科学探究课程，以满足大班幼儿持续探究的需要。

主题活动一：好玩的齿轮

一、主题活动来源

生活中转动的现象无处不在。孩子们每天都会发现各种会旋转的物体，如滚动的车轮、美丽的漩涡、转个不停的陀螺等。各种各样的转动不仅吸引了孩子们关注的目光，也引来了他们无尽的好奇和遐想。

在幼儿园里，孩子们发现了大水车，看到链条带动齿轮转动，使小水桶里的水洒下来，孩子们感到好奇："它们是怎样转动的？""为什么小水车里的水自己会洒出来？"在科学探索厅里，孩子们发现齿轮组合玩具中的大齿轮会带动小齿轮转动。"为什么有的齿轮往同一个方向转动，有的齿轮却往不同的方向转动呢？""小齿轮转动的时候，链条也会跟着转动呀！""一个齿轮能带动很多齿轮转动呢！"

孩子们纷纷感叹齿轮玩具的神奇。

为了进一步关注幼儿对各种转动现象的兴趣，了解其中的奥秘，体验探究的乐趣，我们将与孩子们一起走进"好玩的齿轮"主题活动，共同经历有趣的转动之旅。

主题活动中，我们设计了"齿轮在哪里""齿轮的秘密""齿轮连接挑战赛"等内容。首先，请孩子们在幼儿园和生活中找一找哪些是齿轮玩具，在玩的过程中发现齿轮的作用。之后，再进一步探索发现关于齿轮的更多秘密。最后，我们将开展亲子制作活动，和爸爸、妈妈一起制作有趣的齿轮玩具，并在生活中进行"齿轮连接挑战赛"，促进幼儿熟练掌握齿轮连接的方法。

"好玩的齿轮"主题活动能充分调动孩子们的求知欲与探索欲，有助于幼儿对生活中常见的现象进行观察和探索，从而让幼儿发现"生活处处是科学"。

二、主题活动目标

（一）健康领域

1. 在操作齿轮、使用工具的过程中，具有自我保护的安全意识。

2. 喜欢在户外游戏中运用齿轮玩具进行走、跑、跳等运动游戏，发展身体协调能力。

（二）语言领域

1. 喜欢倾听或讲述齿轮发明者的有趣故事，讲话时自然、自信。

2. 能围绕齿轮的话题进行讨论，主动发现问题、提出问题，理解并尊重他人的观点。

3. 会复述、仿编有关齿轮的简单文学作品。

（三）社会领域

1. 乐于制订齿轮挑战赛的游戏规则，获得成功的体验，增强自信心。

2. 在齿轮游戏中能主动、友好地与同伴交往，体验分享、互助、合作的快乐。

3. 能控制自己的情绪，遵守游戏规则。

4. 掌握一定的人际交往技能，能独立解决交往中的问题。

（四）科学领域

1. 乐于寻找生活中的齿轮，大胆提出与齿轮有关的问题，积极猜想，收集信息。

2. 能运用多种记录方式（绘画、记数字、拍照等）记录自己探究齿轮的发现。

3. 积极探究齿轮转动的简单原理和规律，发展思维能力。

（五）艺术领域

主动参与美术、音乐等欣赏、创作活动，丰富对齿轮的感知经验。

三、主题活动网络图（图8-1）

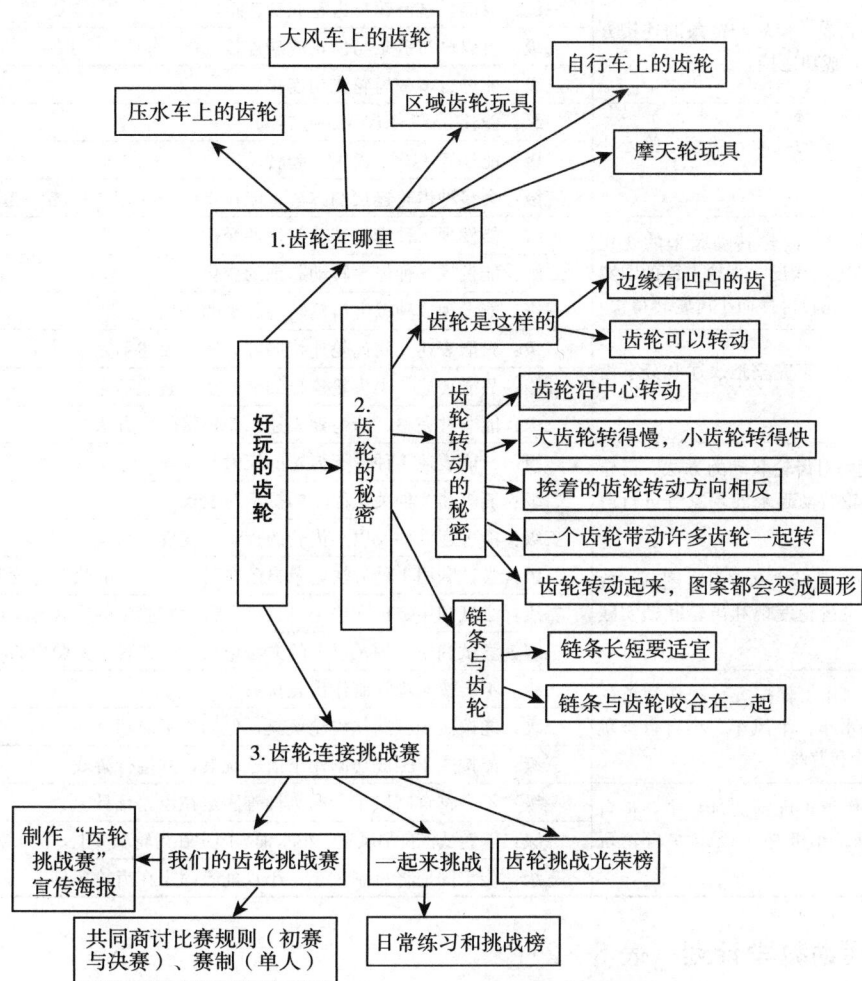

图8-1 主题活动网络图

四、科学领域核心经验（表8-1）

表8-1 主题活动"好玩的齿轮"科学领域核心经验

	核心经验指标	核心经验分级指标
观察实验能力	1. 通过观察和操作，发现齿轮边缘都有凹凸的齿、齿轮可以转动、一个齿轮可以带动许多齿轮一起转、大齿轮转得慢而小齿轮转得快	一级：通过观察和操作，只能发现1种齿轮的特征
		二级：通过观察和操作，能发现2种齿轮的特征
		三级：通过观察和操作，能发现3种及以上齿轮的特征
	2. 通过观察发现有些齿轮玩具上有链条，齿轮的齿插入链条的小孔，链条封闭，且长度适宜，就可以带动齿轮一起转	一级：能发现有些齿轮玩具上有链条
		二级：在发现链条的基础上，能仔细观察、发现齿轮与链条的连接方法
		三级：在发现链条的基础上，能仔细观察、发现齿轮与链条的连接方法和链条封闭、有适宜的长度等特点
	3. 能够根据齿轮的特点在幼儿园寻找有齿轮的玩具（风车、水车、楼道齿轮玩具、自行车等），发现这些玩具都有链条，链条会带着齿轮转动	一级：能在幼儿园里找到1～2种带齿轮的玩具
		二级：能在幼儿园里找到3种带齿轮的玩具
		三级：能在幼儿园里找到3种以上带齿轮的玩具

核心经验指标		核心经验分级指标
科学思考能力	4. 思考齿轮与齿轮、齿轮与链条的连接方法，并大胆验证，成功连接	一级：只能尝试齿轮与齿轮成功连接
		二级：可以进行链条与齿轮成功连接
		三级：能进行多种齿轮成功连接
	5. 能根据操作齿轮的经验，猜想、验证让更多齿轮一起转动	一级：能让 3~5 个齿轮一起转动
		二级：能让 5~10 个齿轮一起转动
		三级：会多种齿轮连接的方法，能让 10 个及以上的齿轮一起转动
	6. 积极猜想并验证齿轮转动起来的变化（挨着的齿轮转动方向相反、齿轮上面的图案都变成圆形、大齿轮转得慢而小齿轮转得快）	一级：能发现 1 种齿轮转动起来的变化
		二级：能发现 2 种齿轮转动起来的变化
		三级：能发现 2 种以上齿轮转动起来的变化。
表达交流能力	7. 能够用连贯的语言完整地表述和分享齿轮连接的好方法	一级：只能表述几句齿轮连接的好方法，表述不完整
		二级：只能表述一半齿轮连接的好方法，表述不完整
		三级：能非常完整、清楚地表述齿轮连接的好方法
	8. 用自己的理解对齿轮联动的方法、齿轮的外形特征、齿轮转动起来的现象等进行解释和说明	一级：只能表述 1 种关于齿轮的探索与发现
		二级：能表述 2 种关于齿轮的探索与发现
		三级：能表述 3 种及以上齿轮的探索与发现
	9. 能运用多种记录形式（符号、图画、数字、照片等）记录齿轮发现和齿轮联动实践探究过程	一级：尝试利用 1 种方法记录自己在科学实验中的收获与发现
		二级：尝试利用 2 种方法记录自己在科学实验中的收获与发现
		三级：尝试利用 3 种及以上的方法记录自己在科学实验中的收获与发现
设计制作能力	10. 尝试按照制作步骤探究、制作简单的齿轮小玩具（如水车、小风车、小自行车玩具），并进行实验和游戏	一级：不会按照步骤制作齿轮玩具
		二级：能按照步骤制作齿轮玩具，但制作不成功
		三级：能按照步骤成功制作出齿轮玩具，并进行游戏
	11. 能够在制作齿轮玩具的过程中，将自制风车、小水桶、小纸杯等固定在齿轮玩具上	一级：不会将自制风车、小水桶等固定在齿轮玩具上
		二级：能尝试将自制风车、小水桶等固定在齿轮玩具上，但不够结实，有松动现象
		三级：能牢固地将自制风车、小水桶等固定在齿轮玩具上

五、主题活动教学计划（表 8-2）

表 8-2　主题活动教学计划

时间	活动名称	活动目标	重点领域	生活活动	区域环境与材料
第一周	一起来挑战	1. 通过讨论、体验等方式，一起制订齿轮挑战赛的游戏规则 2. 分组合作，设计齿轮挑战赛宣传图	社会	1. 谈话活动：分享生活中不同的齿轮玩具，感受它们的不同 2. 家园共育：收集齿轮玩具的资料并分享 3. 过渡环节：可以在楼道里玩齿轮玩具 4. 户外分散活动：体验自行车游戏	1. 语言区： ①画出自己喜欢的齿轮玩具，说一说自己为什么喜欢 ②收集齿轮玩具的图片，自制图书 2. 美工区： ①投放齿轮玩具的欣赏画 ②画齿轮玩具的线描画 3. 科学区： ①投放各种齿轮玩具 ②投放齿轮转动记录表
	齿轮转呀转	1. 能够运用"××转啊转，齿轮带着××转"的句式，仿编有关齿轮的儿歌 2. 感知儿歌的节奏以及押韵方式，大胆进行仿编	语言		
	齿轮作用大	1. 通过对比观察，发现齿轮玩具都有凹凸的齿、能沿中心轴转动、一个齿轮可以带动许多齿轮一起转的特性 2. 通过活动，初步了解齿轮的作用，知道齿轮可以传递动力	科学		
	我喜欢的齿轮	1. 运用多种技能如粘贴、剪、折纸等方式，制作自己喜欢的齿轮造型 2. 能做到画面丰满，布局合理，大胆创新	艺术		

（续）

时间	活动名称	活动目标	重点领域	生活活动	区域环境与材料
第二周	齿轮与链条	1. 愿意积极动手、动脑解决齿轮与链条之间的问题，体验齿轮转动的乐趣 2. 探究齿轮与链条的连接方法，发现齿轮可以带着链条一起转动	科学	1. 过渡环节：请幼儿说一说齿轮的好朋友 2. 家园共育：搜集生活中各种带有齿轮的玩具和物品 3. 户外分散活动：观察幼儿园里的齿轮，并进行记录 4. 午睡前的故事环节：听一些关于齿轮的故事	1. 语言区： ①投放一些关于齿轮的故事 ②说一说关于齿轮的词语，玩想象词语游戏 2. 美工区： ①能用剪、折、粘贴等方法尝试画出自己喜欢的齿轮玩具 ②利用废旧物如毛线、树枝、果壳等制作自己喜欢的各种链条 3. 科学区： 观察大齿轮和小齿轮的不同，并进行实验
	齿轮俱乐部	1. 搜集生活中各种带有齿轮的玩具和物品，发现齿轮在不同物品中的作用 2. 当别人的想法与自己不同时，能倾听并接受别人的意见	社会		
	我与齿轮	1. 喜欢参加"我与齿轮"的绘画活动，感受色彩带来的美 2. 愿意和别人分享、交流自己的齿轮绘画作品	艺术		
	我是小齿轮	1. 乐于参加慢跑、躲闪跑等游戏，体验活动的乐趣 2. 在躲闪跑的游戏中，能够躲避他人的撞击	健康		
第三周	齿轮组合大赛	1. 对齿轮感兴趣，并能够邀请同伴参加齿轮组合大赛 2. 能与同伴协商、制订并遵守齿轮组合大赛的规则	社会	1. 过渡环节：小游戏"我来说"，说说关于齿轮的发现 2. 家园共育：发现生活中关于齿轮的秘密 3. 户外分散活动：体验齿轮摇玉米的过程	1. 美工区： ①运用水粉材料画一画自己创作的齿轮玩具 ②尝试利用废旧材料制作链条 2. 语言区： ①创编《我和齿轮》的小故事 ②结合自制图书，讲齿轮的故事 3. 科学区： ①投放链条和多个齿轮 ②投放关于齿轮游戏的竞赛表 4. 建筑区： 搭建"齿轮王国"
	链条中的齿轮	1. 喜欢操作齿轮玩具，感受链条带动齿轮一起转动的有趣 2. 通过操作齿轮玩具，发现链条中齿轮发生的变化，并说明原因	科学		
	摇玉米	1. 能与同伴一起摇玉米，遇到困难能一起想办法解决 2. 能和同伴合作进行摇玉米的活动，感受用手脱玉米和摇玉米的不同，发现齿轮带给生活的便捷	社会		
第四周	设计我的齿轮玩具	1. 用绘画或想象等自己喜欢的方式设计齿轮玩具，大胆表达自己的设计思路 2. 积极准备各种材料，并有计划地进行制作	艺术	1. 家园共育：收集可以制作齿轮玩具的材料 2. 过渡环节：可以玩一玩别人制作的齿轮玩具 3. 户外分散活动：可以玩"大齿轮和小齿轮"的体育游戏 4. 晨间播报：分享自己制作齿轮玩具的心得	1. 美工区： ①投放可以制作齿轮玩具的材料 ②尝试画一画制作齿轮玩具的步骤图 2. 语言区： ①幼儿讲一讲自己制作的齿轮玩具 ②自制制作齿轮玩具过程的图书 3. 科学区： 展示幼儿的齿轮玩具作品 4. 棋区： 制作关于齿轮的游戏棋
	立体齿轮挑战赛	1. 乐于参与齿轮探究活动，萌发对科学活动的探究兴趣 2. 尝试用多种方法组合，让更多的立体齿轮转动	科学		
	我和齿轮做游戏	1. 能双手抱胸侧滚，将齿轮连接在墙面上并转动 2. 能和同伴合作完成齿轮连接的活动，体验竞赛游戏的快乐	健康		
	我的齿轮作品展	1. 仔细观察和欣赏不同的齿轮作品，感受齿轮作品的美 2. 能主动介绍自己的作品，增强自信心	社会		

六、科学领域集体教学活动

活动一：齿轮作用大

（一）活动目标

1. 喜欢参与齿轮的探究活动，对科学活动感兴趣。

2. 了解齿轮的作用，知道齿轮可以传递动力。

3. 在操作中爱护玩具，游戏后认真收拾、整理玩具。

（二）活动重、难点

1. 重点：通过操作实验，感知齿轮可以传递动力。

2. 难点：发现凹槽和齿的空隙大小合适，连接在一起的齿轮转动时才更省力。

（三）活动准备

1. 经验准备：在区域活动中玩过齿轮玩具。

2. 物质准备：自行车、齿轮玩具、记录表。

（四）活动过程

1. 收集生活中的齿轮，初步了解齿轮的作用。

（1）幼儿共同收集生活中的齿轮，利用晨间播报环节，通过绘画作品展示，与同伴分享齿轮在生活中的应用。

（2）出示自行车，教师引导幼儿发现自行车中的齿轮和链条，观察并发现齿轮的作用。

提问：你们知道自行车为什么能向前行进吗？

小结：原来自行车是利用齿轮和链条传递力量向前行进的。

2. 寻找幼儿园里的齿轮玩具。

（1）观察并记录齿轮的特点及作用。

提问：

①幼儿园里有哪些齿轮玩具？

②齿轮在玩具中的作用是什么？

③齿轮有什么特点？

④转动齿轮，你有什么发现？

⑤齿轮给我们带来了什么便利？

小结：齿轮是圆形的，中间有轴，边缘有齿，可以转动。凹槽和齿的空隙大小合适，可以让我们更省力。

（2）幼儿分享记录的内容。

提问：你有什么新发现？

3. 幼儿交流与分享收集来的、带齿轮的物品。

教师：小朋友们带来了许多带齿轮的物品，请大家自己去看一看，感受一下。

4. 活动延伸。

（1）制作简易的齿轮玩具。

（2）在晨间播报环节分享自己见过的、不同机器的齿轮，介绍其不同的作用。

（李婉晴）

活动二：齿轮与链条

（一）活动目标

1. 愿意动手、动脑解决齿轮与链条之间的问题，体验齿轮转动的乐趣。

2. 探究齿轮与链条的连接方法，发现齿轮可以带动链条一起转动。

3. 能够大胆分享齿轮与链条连接的好方法。

（二）活动重、难点

1. 重点：探究齿轮与链条的连接方法，发现齿轮可以带动链条一起转动。

2. 难点：能够积极动手、动脑解决齿轮方向与链条方向相同与不同的问题。

（三）活动准备

1. 经验准备：在区域活动中玩过齿轮玩具。

2. 物质准备：齿轮玩具、记录表、视频。

（四）活动过程

1. 问题导入，吸引幼儿的兴趣。

（1）播放幼儿区域活动中玩齿轮与链条遇到问题的视频，问题导入，激发幼儿解决问题的兴趣。

提问：

①小朋友们分别遇到了什么问题？（齿轮与链条没有连接在一起）

②你有没有好的方法，帮助他解决这个问题？（齿轮与链条挨得近一些、齿轮凸起的齿与链条上的小孔对接在一起等）

③你们想不想试试这些好方法？

2. 幼儿分组，尝试连接齿轮与链条。

（1）幼儿第一次尝试连接齿轮与链条。

提问：

①你们用了什么方法？

②你们遇到了哪些问题？（齿轮与链条没有连在一起转动）

③怎样才能让齿轮与链条一起转起来呢？

小结：原来，齿轮凸起的齿要与链条上每一个小孔都对接上。

（2）幼儿再次连接齿轮与链条。

提问：

①你们组的齿轮与链条一起转起来了吗？

②你们用了哪些好方法？

③有什么新的发现吗？

小结：除了齿轮的齿与链条需要连接在一起，齿轮之间也需要对接在一起，才能让链条与齿轮一起转动。

3. 游戏"齿轮大比拼"。

游戏玩法：幼儿自由分组进行比赛，时间 2 分钟。看看哪一组能用更多的齿轮带动一根链条转动。

4. 活动延伸。

幼儿在区域活动时继续挑战齿轮与链条的连接，尝试创新玩法。

（徐　露）

活动三：链条中的齿轮

（一）活动目标

1. 喜欢操作齿轮玩具，感受链条带动齿轮一起转动的有趣。

2. 通过操作齿轮玩具，发现链条中齿轮发生的变化，并说明原因。

3. 能与同伴友好合作，积极发表自己的观点。

（二）活动重、难点

1. 重点：观察、发现链条带动齿轮玩具时齿轮发生的变化，并分析原因。

2. 难点：通过操作感知齿轮和链条转动方向的关系。

（三）活动准备

1. 经验准备：幼儿有用链条连接齿轮一起转动的游戏经验。

2. 物质准备：各种齿轮、链条，照相机、记录纸、笔等。

（四）活动过程

1. 图片导入，激发幼儿探究兴趣。

教师出示链条带动齿轮组合后的图片，请幼儿仔细观察。

提问：请你们猜一猜，如果转动摇柄，链条和齿轮分别会有什么变化？

2. 探究链条与齿轮组合转动时，齿轮发生的变化。

（1）幼儿两人一组，组合链条与齿轮。

①请幼儿两人一组，和同伴一起完成链条与齿轮的组合。

②摇动摇柄，发现齿轮在链条中的变化。

③教师指导，并提问：

A. 链条与齿轮组合在一起转动的时候，齿轮是怎样转动的？

B. 猜一猜，为什么齿轮在链条里会这样转动？

④用相机录制或者拍照记录的方式记录下自己的观察与发现。

3. 分享操作、观察后的发现与收获。

（1）小组分享。

①请幼儿自主说一说：链条与齿轮组合在一起转动的时候，齿轮是怎么转动的？

②请幼儿将自己的组合玩具放在前面的讲台上，观察挨着链条和不挨着链条齿轮转动的情况一样吗？为什么？

（2）小结：齿轮在链条中转动时，挨着链条的齿轮都是向同一个方向转动的，和链条转动的方向一样。因为摇动摇柄的时候，都是向一个方向用力的；不挨着链条齿轮转动的方向与链条转动的方向相反，因为它的力量是挨着链条的齿轮传递给它的。

4. 活动延伸。

（1）在生活中搜集链条带动齿轮转动的装置，了解链条带动齿轮在生活中的运用。

（2）尝试制作用链条带动齿轮的小玩具。

（马彩云）

活动四：立体齿轮挑战赛

（一）活动目标

1. 乐于参与齿轮的探究活动，萌发对科学活动的探究兴趣。

2. 尝试用多种组合方式让更多的立体齿轮转动。

3. 能大胆表达在齿轮游戏中的各种发现，并乐于分享。

（二）活动重、难点

1. 重点：通过多媒体、课件展示，发现和比较齿轮转动时的变化。

2. 难点：知道齿轮与齿轮咬合好之后能够联动。

（三）活动准备

1. 经验准备：幼儿在区域活动时经常玩齿轮玩具。

2. 物质准备：PPT课件、触摸式一体、立体齿轮建构材料每人一份、视频。

（四）活动过程

1. 播放视频，引出问题，激发幼儿对齿轮的探究兴趣。

（1）出示机器人图片，激发幼儿兴趣。

（2）观看机器人画画的视频。

提问：

①你们知道这个机器人为什么会动吗？

②机器人手臂上的齿轮和我们拼的齿轮有什么不一样？

小结：如果给机器人上了发条，机器人身上的齿轮转动就会带动机器人的手写字。我们已经会拼平面的齿轮了，今天，我们要挑战立体齿轮，让我们的齿轮像机器人的手臂一样立起来吧！

2. 操作教具，感知立体齿轮的安装方法。

（1）教师与幼儿共同观察齿轮底座，讨论安装方法。

提问：

①齿轮可以安在什么地方？

②大齿轮和小齿轮应该怎样连接？

③如果想把两个立体齿轮连在一起转动，应该怎么操作？

（2）幼儿分组，第一次尝试搭建立体齿轮。

教师重点引导幼儿借助链条连接立体齿轮。

（3）幼儿讲述自己第一次安装立体齿轮时遇到的问题。

提问：

①你们在安装时遇到了哪些困难？

②谁能帮助他解决这个困难？

（4）幼儿共同解决问题：先将链条打开，围着齿轮绕一圈儿，量好长短，再拆除多余的链条，并将链条与齿轮连接起来。

3. 再次尝试搭建，分享自己成功的经验。

（1）幼儿再次尝试搭建立体齿轮，重点指导幼儿如何互相配合。

（2）分享自己成功的经验和搭建方法。

提问：你在搭建立体齿轮时有什么好方法？

4. 立体齿轮挑战赛。

游戏玩法：幼儿分组进行比赛。在规定的时间内，哪一组立体齿轮搭建得最多，哪一组就获胜。

5. 活动延伸。

教师：今天，小朋友们一起动脑筋，发现了安装立体齿轮的好方法。接下来，我们还可以在区域活动环节继续开展立体齿轮挑战赛。看看哪个小朋友安装的立体齿轮能带动更多的齿轮转起来。

（梁颖慧）

七、与主题相关的科学游戏案例

组建立体齿轮水车

案例背景：

一直以来，班里的幼儿特别喜欢幼儿园里的水车玩具。随着我们对齿轮玩具操作、探究的深入，他们也从平面齿轮联动逐渐向立体齿轮联动"进发"。幼儿经常合作组装立体齿轮，每一次都能获得新的经验。

案例实录：

今天，巴金拿出了科学区的齿轮玩具，把它放在了桌子上，然后走到我面前，对我说："张老师，今天，我要用齿轮弄一个水车的装置出来！""什么样子的水车？"我问。"就是幼儿园的那种！""好！你去试一试，等着你成功的好消息！"我对他说。

他走到桌子边，开始拼插齿轮。他先用了10分钟左右的时间，用柱状材料拼插出一个高高的立柱，在立柱下面安了一个圆盘支点，好让立柱稳稳地站在桌子上。接着，便开始安装齿轮和链条。他在立柱同一侧的上下两个位置安装了两个齿轮，还在下面的齿轮上安了一个摇把。然后，开始尝试安装链条。他把筐里所有的绿色链条都拿出来，接在了一起，并尝试与齿轮的齿连接，两个齿轮用链条连接后，他摇了几下摇把："怎么回事？下面的转不起来啊！"他小声地说着，还在继续转动摇把。"齿轮插得太紧了吧？一定是卡在柱子上了。"一旁的子涵边说边用手帮他把齿轮往外松了松，又用手确定齿轮能否转动。巴金重新转动摇把："还是不能一起转啊！"他走到我身边："张老师，您过来一下，我有一个问题。"我走了过去。

"您看，我这个齿轮没法一起转，一转就从链条里出去了，怎么办啊？"他问。

"你想组装什么来着？"我问。

"水车啊！"他说。

"你要的那个水车玩具里，是什么让上下两个齿轮一起转动的呢？"我问。

"链条。"

"好，那你的齿轮检查过了吗？可以转动吗？"我问。

"可以，我检查了！"子涵在一旁说，"会不会是链条不对啊？你看，下面的链条长了这么多。"

"嗯，那我弄短点儿试试。"

他从链条上卸下了一大截链条，把剩下的链条安装在齿轮上。"不对，不对，链条得接上，你这个接不上，太短了。"景瑜说。于是，他又把拆开的两根链条连在了一起，又拆下一节比上次短一些的链条，再次尝试组装。"底下又长了。"景瑜说。就这样，又过了15分钟左右，经过多次拼接、拆卸后，他发现链条还是不太合适。巴金皱着眉头，说："张老师，我拼不出来啊！"

"链条一会儿长了，一会儿短了，就是不对劲儿。"他说。

"你是怎么做的？"我问。

"就是拆掉一节，然后拼接，链条就接不上了。拼在一起，又弄了一次，又长了。我拼不出来了。"说到最后，他趴在了桌子上。

"没关系！这点儿小事难不倒我们！我帮你看看！"我说，"你一开始拆了一段以后发现链条短了，对吗？"

"对。"

"拆了一段链条，剩下的链条短了，说明什么？"我问。

"拆多了。"他说。

"那怎样才能拆下合适的链条长度呢？"我问。

"一点儿、一点儿地拆。"

"嗯！你可以试一试这个方法！一点儿、一点儿地拆，别一下子拆那么多，再试试看！我相信你一定会成功的！"我鼓励他说。

"行！"他对我笑了笑。

大约过了10分钟，他拿着组装好的立体齿轮水车走过来，笑着说："张老师，看！我成功了！"

案例分析：

大班幼儿喜欢操作、喜欢探究、喜欢挑战。案例中，巴金小朋友在使用齿轮、链条组装立体水车的过程中，遇到"链条无法带动齿轮一起转动"的问题。初期，他能够猜测原因，并自己主动尝试调整链条长短来解决问题，也能够接纳同伴的意见，调整齿轮位置与链条的长短。在问题不能得到解决时，能够及时向教师寻求帮助。教师通过启发式提问、追问等方式带动孩子思考，帮助孩子找到问题的原因和解决办法。案例中，我用提问的方式先引导巴金回忆自己想要完成的任务是什么，又帮助他排除他已经会的齿轮组装问题，使他的关注点直指链条。在他调整链条一会儿长、一会儿短、总是不成功的过程中，我及时鼓励他，给他信心，并再次通过逐句提问，鼓励他想办法解决问题。最终，他获得了成功的体验。

（张思陈）

主题活动二：我是小小科学家

一、主题活动来源

孩子们参加了幼儿园第二届科技节，活动后意犹未尽，还在继续讨论科技节上的游戏：火焰掌、造纸活动、活字印刷等。孩子们互相谈论着自己在游戏过程中的发现，纷纷向教师提问："老师，这里有很多的小方块，是做什么用的啊？""那个架子上晾的是什么呀？""那个纸上怎么都是字啊？"可见，孩子们对科技节的小游戏非常感兴趣。

结合孩子们的兴趣点，我们决定开展"我是小小科学家"主题活动，以孩子们在科技节中发现并了解的"中国四大发明"入手，和孩子们一起了解他们想知道的科学问题，带领孩子们开展有趣的科学实验，运用对比实验、观察记录的方法进行科学探究，从而解决我们实际生活中的问题，发展孩子的探究能力。

二、主题活动目标

（一）健康领域

1. 积极、主动参加体育活动，在走、跑、跳等活动中，动作灵活、协调。
2. 创造性地进行肢体运动，养成自主、合作、不怕困难的好品质。
3. 能够关注到火药的危险，不接触火药、烟花等物品，学会保护自己。
4. 在发明、创造的过程中，能够安全地使用卫生的工具、材料进行创作。

（二）语言领域

1. 对科技发明感兴趣，并乐于分享自己的发现。
2. 喜欢倾听或讲述发明家在发明过程中的有趣故事。
3. 能够围绕中国古代"四大发明"进行讨论，语言流畅、自然。

（三）社会领域

1. 感受中国古代"四大发明"的伟大，萌发爱祖国、爱他人的美好情感。
2. 主动、友好地与同伴交往，体验分享、合作的快乐。
3. 能明确自己的任务，做事认真，有责任感。

（四）科学领域

1. 对中国古代"四大发明"感兴趣，乐于提出与"四大发明"有关的问题，并验证。
2. 主动参与科学小实验，积极猜想与动手操作、尝试。
3. 能用多种记录形式（图画、数字、符号等）记录自己的探究过程和发现。
4. 结合实际需要，大胆发明与创造。

（五）艺术领域

1. 积极参加发明展示活动，愿意和别人分享自己的艺术作品。
2. 主动参与绘画、泥工、纸工等美术活动，从中获得美的体验。

三、主题活动网络图（图8-2）

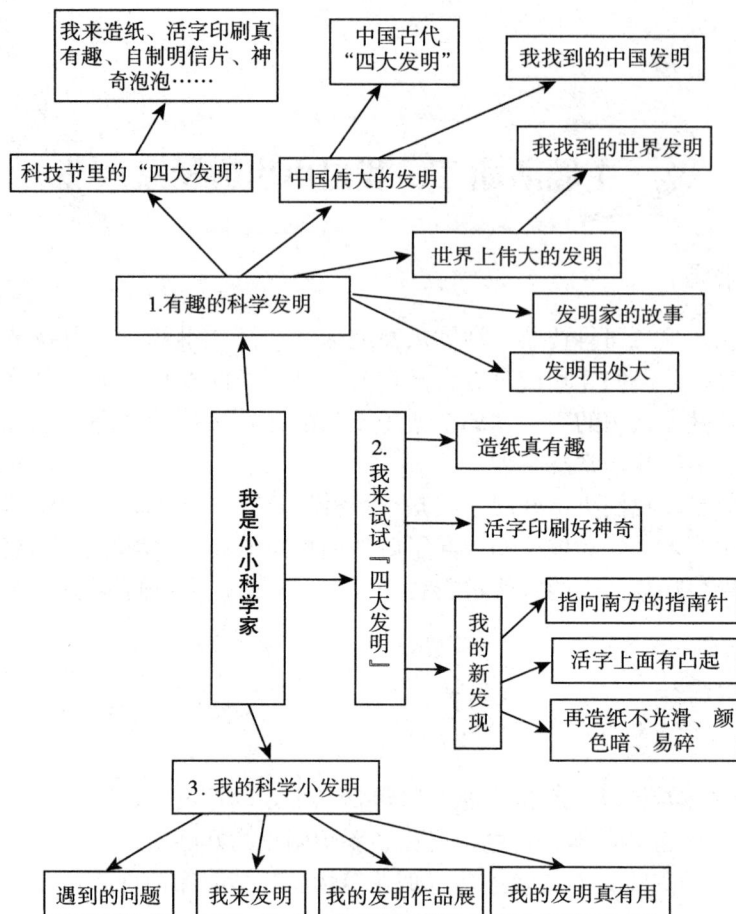

图8-2 主题活动网络图

四、科学领域核心经验（表8-3）

表8-3 主题活动"我是小小科学家"科学领域核心经验

核心经验指标		核心经验分级指标
观察实验能力	1. 能持续观察指南针，发现指南针的指针指向南方，但会受磁铁磁场的影响，改变指针的方向	一级：通过观察，只能发现指南针的指针指向南方
		二级：能观察、发现指南针的指针指向南方，不了解指针改变方向的方法
		三级：发现指南针指向南方的现象，能够运用磁铁探究改变指针方向
	2. 在教师的引导下，能发现生活中使用不便捷的工具（如不吸水的墩布、无分装笔筒、扬尘板擦等）	一级：只能发现生活中1种不便捷的工具
		二级：能发现生活中2～3种不便捷的工具
		三级：能发现生活中3种以上不便捷的工具
	3. 在实际操作中，观察拓印印章的外形特征，并尝试制作小印章	一级：能观察到拓印印章上的花纹、图案和凹凸，但不会制作
		二级：能观察到拓印印章上的花纹、图案和凹凸，尝试制作，但未成功
		三级：在观察拓印印章上的花纹、图案和凹凸的基础上，成功制作小印章
	4. 观察造纸的过程，并能探究造纸的方法（碎纸、制浆、晾晒），合作完成制造再生纸	一级：在探究再生纸的过程中，不会运用造纸方法进行实践，造纸失败
		二级：在探究再生纸的过程中，造纸先后顺序不对，造出来的纸无法成形
		三级：在探究再生纸的过程中，能运用正确的造纸方法制作出再生纸

核心经验指标	核心经验分级指标
科学思考能力	
5. 能大胆猜测、验证拓印和纸张再生（纸纤维再次组合）科学小实验成功的原因	一级：在实践探究中，不知道也说不出任何一个科学小实验成功的原因
	二级：在实践探究中，能运用自己的理解说出 1 个科学小实验成功的原因
	三级：在实践探究中，能运用自己的理解说出 2 个科学小实验成功的原因
6. 能依据印章上的凹凸图案，正确猜测拓印出来的图案，验证凸出的部分是拓印出来的图案	一级：能发现印章上的凹凸图案，但无法猜测出拓印后的画面
	二级：能发现印章上的凹凸图案，但猜出拓印出来的画面是凹进去的画面，验证错误
	三级：能依据印章上的凹凸图案正确猜测和验证拓印出来的画面是凸出来的画面
表达交流能力	
7. 能够用连贯的语言表达自己参与发明小实验的发现与收获	一级：能用语言表达在发明小实验中的发现与收获，只能表述几句话
	二级：在表达科学小实验和科学探究中的发现与收获时，只能表述一半的探究过程
	三级：能完整、清楚地表述自己在科学小实验和科学探究中的发现与收获
8. 愿意合作表达小组关于造纸、拓印和小发明中的发现与收获，能积极、主动地进行分享与展示	一级：只能表达出造纸、拓印和小发明其中 1 种制作过程中的发现与收获
	二级：能表达出造纸、拓印和小发明其中 2 种制作过程中的发现与收获
	三级：能表达出造纸、拓印和小发明 3 种实践制作过程中的发现与收获
9. 能运用多种记录方式（符号、图画、数字、照片等）记录自己的小发明和实践探究过程	一级：尝试利用 1 种方法记录自己在科学实验中的收获与发现
	二级：尝试利用 2 种方法记录自己在科学实验中的收获与发现
	三级：尝试利用 3 种及以上的方法记录自己在科学实验中的收获与发现
设计制作能力	
10. 熟悉造纸机造纸和小印章的制作过程，并能独立完成	一级：熟悉造纸机造纸和小印章的制作过程，但两个都不能成功完成
	二级：在教师的指导下，只能成功地完成造纸机造纸或者小印章其中 1 种制作过程
	三级：能独立设计图案和花纹，成功完成造纸机造纸和小印章的制作
11. 探索适宜的材料制作吸水墩布、多功能笔筒、吸尘板擦、轻便松土工具、滴管式浇花器等便捷工具	一级：在实验探究中，能制作出 1 种便捷工具
	二级：在实验探究中，能制作出 2～3 种便捷工具
	三级：在实验探究中，能制作出 3 种及以上的便捷工具
12. 能够安全地使用剪刀、胶条、细铁丝、钳子等工具和材料完成吸水墩布、便捷笔筒、滴管式浇花器的制作	一级：能够安全地使用 1～2 种工具完成吸水墩布、便捷笔筒和滴管式浇花器的制作
	二级：能够安全地使用 3 种工具完成吸水墩布、便捷笔筒和滴管式浇花器的制作
	三级：能够安全地使用 3 种以上的工具完成吸水墩布、便捷笔筒和滴管式浇花器的制作

五、主题活动教学计划（表 8-4）

表 8-4　主题活动教学计划

时间	活动名称	活动目标	重点领域	生活活动	区域环境与材料
第一周	我国的"四大发明"	1. 通过科技节发现了中国古代的"四大发明"，并初步了解"四大发明"的名称和内容 2. 愿意与大家分享科技节里玩的"四大发明"游戏	社会	1. 谈话活动：和幼儿一起谈论"四大发明"的话题，引发幼儿对"四大发明"的探究兴趣 2. 户外分散活动：有目的地去"四大发明"墙观看"四大发明"的故事 3. 家园共育：为幼儿讲《我国古代"四大发明"故事》，和幼儿一起体验发明的便捷，萌发爱国情怀和探究兴趣	1. 语言区： ①有关"四大发明"的书籍 ②自制图书《科技节里的"四大发明"》，并与同伴分享 2. 科学区： ①指南针 ②制作印章的工具 ③不同的纸
	科技节里的"四大发明"	1. 流畅表述我国古代"四大发明"，并理解其意义 2. 能够围绕"四大发明"进行讨论，萌发对科学家的敬仰之情	语言		

（续）

时间	活动名称	活动目标	重点领域	生活活动	区域环境与材料
第一周	不会掉下来的水	1. 喜欢探究"不会掉下来的水"科学小实验，乐于参与其中 2. 在操作中探究发现水杯里的水不会掉下来的方法 3. 不怕困难，积极探究解决问题的方法	科学		
	危险的火药	1. 能够关注到火药的危险，不接触火药、烟花等类物品，学会保护自己 2. 乐于与同伴讨论火药的发明故事	健康		
第二周	不会湿的毛巾	1. 喜欢做有关空气的小实验，体会科学探究的乐趣 2. 探索透明塑料杯倒扣入水且杯中毛巾不湿的方法，感知空气的存在且占据着一定的空间 3. 操作中，能保持桌面清洁，有收拾、整理桌面的好习惯	科学	1. 过渡环节：带领孩子们观察和体验纸的秘密 2. 家园共育：和孩子一起搜集印章玩具和物品，并带到幼儿园与大家分享 3. 过渡环节：扮演"小小介绍员"，主动、流畅、自信地介绍自己带来的玩具和物品	1. 语言区： ①儿童书籍《神奇的指南针》 ②创编《指南针的故事》 2. 科学区： ①指南针 ②制作印章的工具 ③不同的纸 3. 美工区： ①拓印工具 ②不同的蔬菜 ③拓印颜料 ④宣纸
	拓印画	1. 积极尝试使用不同形状的材料进行组合，创作拓印画，并在操作过程中掌握拓印的方法 2. 喜欢参与拓印活动，感受拓印带来的乐趣	艺术		
	我找到的中国发明	1. 搜集与中国发明相关的资料 2. 敢于大胆发言，表达自己的想法 3. 能够用完整的语言讲述自己找到的中国发明	语言		
	发明用处多	1. 多种渠道了解中国古代"四大发明"和世界著名的发明，感受发明创造给我们生活带来的便捷 2. 能够从身边的事物中发现发明的伟大	社会		
第三周	变多、变少的影子	1. 愿意在小组合作中动手、动脑，体验探究的乐趣 2. 积极探究和发现影子变多、变少与光源数量、方向有关	科学	1. 家园共育：搜集与世界发明相关的资料，并与其他小朋友一起分享自己的发现 2. 过渡环节：观察班级中的制作工具，为制作活动做好准备 3. 户外分散活动：了解指南针如何辨别方向	1. 美工区： ①制作与发明有关的书籍 ②"我的小发明"展示台 ③彩泥、黄泥、橡皮泥、水晶泥、自制玩具、塑料和木质工具 2. 语言区： 自制图书《我找到的世界发明》 3. 健康墙： 安全使用工具的步骤图 4. 科学区： ①指南针 ②制作工具
	安全我知道	1. 在发明创造的过程中，使用安全、卫生的工具和材料进行创作 2. 知道正确使用工具的方法，避免伤害自己	健康		
	我找到的世界发明	1. 搜集与世界发明相关的资料 2. 能够用完整的语言讲述自己找到的世界发明	语言		
	我的发明设计	1. 在绘画设计图时，有目的地进行设计，并进行简单的设计思路记录 2. 乐于参加发明设计活动，敢于尝试创新	语言		

（续）

时间	活动名称	活动目标	重点领域	生活活动	区域环境与材料
第四周	多样的皮影缀结	1. 喜欢参加探究、制作活动，体验制作皮影的乐趣 2. 能够与小组成员一起自选材料，进行皮影人物关节的缀结，探究不同材料的使用方法 3. 发现皮影关节缀结中的问题，并积极思考，解决问题	科学	1. 家园共育：和孩子一起在家中搜集关于发明家的故事，到幼儿园与小朋友们一起分享自己的发现 2. 过渡环节：欣赏幼儿设计、绘画和制作的小发明 3. 区域活动：制作"我的发明展"宣传海报 4. 过渡环节：和幼儿一起邀请小班、中班的弟弟、妹妹参观自己的小发明	1. 科学区： ①指南针 ②活字印刷教具 ③我的小发明 2. 美工区： ①绘画纸、颜料、各种绘画工具（笔、调色盘等） ②自制图书《我的发明设计图》 3. 多功能厅： ①展示幼儿的小发明作品 ②制作"我的小发明"标签 ③和孩子们一起布置"我的发明展"展台
	发明家的故事	1. 喜欢倾听或讲述发明家在发明过程中的有趣故事 2. 知道发明家的故事，萌发对发明家的尊敬之情	艺术		
	神奇的造纸	1. 通过观察与实验，感受造纸发明的伟大 2. 能够珍惜身边的资源，懂得节约用纸 3. 萌发对祖国的热爱之情	社会		
	我的发明展	1. 制作过程中有意识地进行装饰，美化自己的发明 2. 积极参加展示活动，愿意和别人分享自己的发明作品	社会		

六、科学领域集体教学活动

活动一：不会掉下来的水

（一）活动目标

1. 喜欢探究"不会掉下来的水"科学小实验，乐于参与其中。

2. 在操作中，探究、发现倒扣着水杯里的水不会掉下来的方法。

3. 不怕困难，积极探究解决问题的方法。

（二）活动重、难点

1. 重点：探究倒扣着水杯里的水不会掉下来的方法。

2. 难点：发现杯外空气压力和水不掉下来的关系。

（三）活动准备

1. 经验准备：幼儿玩过与水的有关游戏。

2. 物质准备：纸杯若干个、水、纸、水盆、记录纸、展台等。

（四）活动过程

1. 情景导入，引起幼儿探究兴趣。

出示纸杯、水和纸，幼儿猜想。

（1）如果纸杯里装满水，用纸盖住，倒扣过来，水会洒出来吗？

（2）请幼儿说说自己的猜想。

2. 幼儿第一次实验，探究"不会掉下来的水"成功的方法。

（1）请幼儿自主取纸杯和纸，在盛满水的水盆里进行探究。

（2）成功的幼儿将自己的方法用绘画的形式记录在记录纸上。

（3）幼儿操作，教师巡回了解幼儿操作情况。

3. 分享自己成功的好方法，总结"不会掉下来的水"的方法。

（1）请幼儿向同伴介绍自己的方法。

（2）提问：你用了什么好方法？

（3）利用展台展示记录单，并请幼儿介绍自己成功的方法。

（4）请成功的幼儿进行操作展示。

（5）小结：纸真神奇！通过封闭杯口，缓慢倒扣，水会紧紧地吸住纸，水杯里的水就不会掉下来了，那是因为杯外空气压力比较大，有空气在纸的外面顶着纸呢！

4. 幼儿第二次实验，运用成功实验幼儿介绍的方法进行"不会掉下来的水"的实验验证。

（1）请幼儿运用实验方法，再次探究"不会掉下来的水"。

（2）提问：

①这一次，你们用了什么好方法？

②你有什么新发现吗？

5. 活动延伸。

继续探究水还可以玩哪些有趣的科学小实验，与同伴分享、交流。

（尹丹妮）

活动二：不会湿的毛巾

（一）活动目标

1. 喜欢做有关空气的小实验，体会科学探究的乐趣。

2. 探索透明塑料杯倒扣入水且杯中毛巾不湿的方法，感知空气的存在且占据着一定的空间。

3. 操作中能保持桌面清洁，有收拾、整理物品的好习惯。

（二）活动重、难点

1. 重点：探索玻璃杯倒扣入水且杯中毛巾不湿的方法，感知空气的存在且占据着一定的空间。

2. 难点：能大胆讲述自己探究的过程和结果，体验探索的乐趣。

（三）活动准备

1. 经验准备：幼儿做过纸船等小实验，有相关经验；同时了解水的特性及空气的有关知识，具备了一定的动手能力和语言表达能力。

2. 物质准备：透明塑料杯、毛巾、大的塑料盆等。

（四）活动过程

1. 游戏导入，激发兴趣。

（1）出示毛巾、透明塑料杯等材料，请幼儿观察。

（2）教师：你们猜一猜，毛巾放在杯子里，再把杯子放进水里，毛巾会不会湿？

2. 第一次探究活动。

（1）使用封闭的、半封闭的材料，探索让毛巾到了水里也不会湿的方法，感知和发现"密封"能使毛巾不湿。

（2）提问：怎样做能让小毛巾到了水里也不湿呢？

（3）幼儿分组尝试，教师交代实验要求：试完一种方法，可以再试另一种方法。但必须用抹布把材料和手擦干，这样才能保证第二次实验的成功。

（4）提问：

①你用什么方法让实验成功的？

②有谁没有成功的，让我们大家来帮你解决一下？

③小结：成功的幼儿做实验时材料封紧了，没有缝隙，水进不去，毛巾就不会湿。没有成功的小朋友也知道失败的原因了，是因为材料有缝隙，水进去了，毛巾也就湿了。小朋友们明白了用密封的方法能让小毛巾不湿。

3. 第二次探究活动。

（1）加深难度，解决"用一个杯子让小毛巾不湿"的问题，感知空气的存在和空气占据一定空间的特点。

（2）提问：

①只用一个杯子，能不能让小毛巾到了水里也不湿呢？（幼儿自由尝试）

②将杯口朝下，压入水底，再把杯子提出水面，试试看，杯子里的毛巾会怎样？

（3）教师指导并请个别幼儿讲述成功的方法：杯子要垂直上下，不能斜，动作要快、稳。

（4）幼儿集中讨论：刚才，我们把毛巾严严实实地密封起来，才不会湿，而塑料杯口这么大，毛巾也不会湿，这是为什么呢？

（5）思考：

①杯子里有什么？（毛巾）杯子里除了有毛巾，还有别的东西吗？

②这种东西能看得见、摸得着吗？

③在杯口斜着浸入水中的时候，你看到了什么？是什么东西从杯子里跑出来"吹泡泡"的？

（6）小结：杯子里装满了空气，是空气把杯子严严实实地密封起来，水流不进杯子里，所以杯子里的毛巾不会湿。

4. 活动延伸。

（1）请幼儿和家长一起回家做"毛巾不会湿"的小实验。

（2）和家长们一起玩不同的科学小实验，并带到班里进行表演。

（马彩云）

活动三：变多、变少的影子

（一）活动目标

1. 愿意在小组合作中动手、动脑，体验探究的乐趣。

2. 积极探究和发现，影子变多、变少与光源数量、照射方向有关。

3. 大胆讲述自己的实验过程和发现。

（二）活动重、难点

1. 重点：发现影子变多、变少与光源数量、照射方向是有关系的。

2. 难点：大胆讲述自己试验的过程和发现。

（三）活动准备

1. 经验准备：幼儿有过在"光影小屋"进行光影游戏的经验和观察影子特征的经验。

2. 物质准备：手电筒、记录单、幼儿自制手工玩具等。

（四）活动过程

1. 回忆问题，激发幼儿对出现两个影子的猜想。

（1）回忆播报的新闻内容。

（2）提问：为什么会出现两个影子呢？

2. 探究影子变多、变少与光源数量、照射方向的关系。

（1）实验重点：用两个手电筒尝试照出一个影子和两个影子的现象。

（2）规则：

①商量分工，确定由谁做工作记录人、拿灯光的人和观察的人。

②实验过程中保持安静，小声交流。

③听到提示音，请安静地回到座位上。

（3）分享交流：你们用了几个手电筒？用什么方法照出了两个影子？

（4）师幼共同总结：用两个手电筒从不同方向照在小动物玩具上，就可以产生两个影子。或者其中有两个手电筒照射方向相同，一个手电筒反方向照射也会产生两个影子。

3. 同伴合作，尝试探究照出多个影子。

（1）第二次实验重点：用多个手电筒尝试照射，看看会出现什么情况？

（2）分享交流：

①提问：你们组一起合作，产生了多少个影子？有什么更好的方法和新的发现吗？

②师幼共同总结产生多个影子的好方法：光源的数量和方向都会影响产生影子的数量。

4. 活动延伸。

在区域游戏中继续尝试好方法。

（1）鼓励幼儿在区域游戏中运用制造多个影子的方法继续游戏。

（2）引导在表演区游戏的幼儿担任灯光师，为表演者打出更多的光影，烘托表演气氛。

（门雅娴）

活动四：多样的皮影缀结

（一）活动目标

1. 喜欢参加探究、制作活动，体验制作皮影的乐趣。

2. 能够小组自选材料进行皮影人物关节的缀结，探究不同材料的使用方法。

3. 发现皮影关节缀结中的问题并积极思考解决的方法。

（二）活动重、难点

1. 重点：能够与小组成员一起选择材料，尝试进行皮影人物关节的缀结。

2. 难点：发现皮影关节缀结中的问题并思考如何解决。

（三）活动准备

1. 经验准备：幼儿前期玩过皮影，对皮影制作方法有初步的了解并收集好了缀结材料。

2. 物质准备：照相机、大电脑、幼儿自制皮影角色人物并将关节裁剪好、缀结扣、毛根若干、打孔器、细铁丝、毛线、剪刀等。

（四）活动过程

1. 提问导入，引发幼儿参与创作活动的兴趣。

提问：我们制作的皮影人物关节要怎样连接，才能让它动起来？

2. 运用收集到的材料，猜想缀结皮影人物关节的方法。

（1）提问：我们收集了哪些缀结皮影关节的材料？

（2）提问：怎么把皮影人物关节连接起来呢？

3. 幼儿分组，自选材料，尝试将自制的皮影人物关节相连。

（1）幼儿自选材料，初步尝试皮影人物关节的缀结。

（2）教师巡回观察幼儿出现的问题，并用相机拍照记录。

4. 第一次分享幼儿制作中的方法和问题。

（1）成功缀结组的幼儿分享经验。

教师：你们组的皮影关节缀结成功了吗？你们是怎么做的？

（2）未成功缀结的组介绍遇到的问题，幼儿共同商讨解决的办法。

教师：你们组的皮影为什么没有缀结成功？遇到了什么问题？哪个组的小朋友能够帮他们解决一下？

5. 再次调整自己的皮影，探索皮影缀结的方法。

（1）如有的组幼儿已操作成功，鼓励小组间互相帮助。

（2）如有的组幼儿未成功，用其他组分享的解决方法再次尝试。

（3）提问：这次你们组的皮影缀结成功了吗？你们是如何做的？

（4）总结连接方法：

①根据皮影人物材质薄厚的不同选择缀结扣：卡纸材质较薄，可以用毛根来缀结；打印纸的材质较软，可以用绳子来缀结。

②用毛根穿过两张皮影的孔，再打结，注意间隙要合适。如果皮影关节松垮，说明间隙过大；如果皮影关节动不了，说明间隙过小。可以将毛根多次弯折，来调整间隙的大小。

6. 活动延伸。

（1）鼓励幼儿将制成的皮影人物放在表演区里，进行皮影戏表演。

（2）没有做好的皮影人物，可以在美工区游戏中继续完成。

（马彩云）

七、与主题相关的科学游戏案例

挑 战 手 影

案例背景：

由于天气较热，阳光十足。班里的孩子们在户外活动时，发现了自己和物体周围出现了影子，进而对影子产生了浓厚的兴趣，教师及时抓住教育契机，开展了有关光影的一系列游戏。

案例实录：

今天，我给孩子们提出了一个新的挑战："如何让影子变多？"班里几位"影子高手"打算"应战"。

"杜老师，我们来挑战您说的影子变多那个难题！"时时笑着走到我面前，手舞足蹈地说。乐乐、菡菡跟在他后面，一起走了过来。"好！这个难题交给你们，看看你们能不能挑战成功？"我说。

只见，他们笑着走进光影小屋。"我来当表演手影的，你来当小观众，她来当打光师。"时时分配道。"行！"乐乐和菡菡应道。乐乐在小观众的椅子上坐好。菡菡拿好手电筒，打开光。"我们来试试，怎么能让小狗的影子变多吧？"说着，时时就用两只手配合着做出他最喜欢的小狗手影动作，灯光打在时时的手上，在白墙上形成了小狗的手影。

"咦？怎么只有一只小狗手影？"时时用疑问的语气说道，"乐乐，从你那儿看呢，有几个小狗手影？""我这里看，也是一个。"乐乐说。"菡菡，你晃晃手电筒，试试看，会不会多几个？"时时说。菡菡听了，轻轻地晃动着手里的手电筒。"没有啊，还是一个。"菡菡说。"一个手电筒只能打出一个小狗手影。乐乐，你把那个手电筒也拿来，两个一起用，试试。"时时想了想说。乐乐拿起另一个手电筒，打开光，把光也照在了时时的手上。"哎呀，还是一个，也没变多啊！"乐乐说。"你也晃一下试试。"时时说。乐乐也轻轻地晃起来。"没变多。看来，咱们今天的实验是成功不了了。"菡菡撇撇嘴，说。"乐乐，你来做手影，我来打灯试试！""好吧，希望你能成功！"乐乐边说边和时时交换了位置。时时也按照他们刚才的方法晃了晃。"哎呀！到底要怎么做嘛？"他有点气馁，大喊一声，手电筒随着他的大动作乱摆。"有了，有了！你别动！"一旁打灯的菡菡大声说，并用空着的手去摆时时手的位置："在这，在这，别动，别动！你们看！变两个小狗手影了！""真的啊！我们成功了！看吧，我就说，我们会成功的！""你看，你俩打的光像一个大'X'一样，从我的手上穿过去了。"乐乐笑着说。"看来用两个灯，变成大'X'，就能变出两个小狗手影了！"时时说，"我们赶紧跟小朋友们说去，我们挑战成功了！""好，走！"乐乐和菡菡应道。

案例分析：

三位小朋友在挑战的过程中，能够明确分配任务，通过积极交流、一起动脑思考、共同合作完成了有难度的挑战任务。挑战中，他们能够运用原有经验进行深入思考，使用不同的方法，多次努力尝试，不轻易放弃、不求助教师，主动自己想办法解决问题，并能够在完成挑战后与其他小朋友分享自己的成果和喜悦，实在是难得。

（杜 艾）

多样的皮影缀结

案例背景：

最近，孩子们对皮影游戏非常感兴趣，特别喜欢在光影小屋进行皮影游戏。但是，他们发现有的人物没有成品的皮影道具。于是，我们开展了一次皮影人物制作活动，并且将各个关节进行了分割，那该怎么把关节连接起来呢？于是，探究"不同缀结方法"的活动便生成了。

案例实录：

活动中，我首先引起话题："孩子们，上次活动，我们研究了真正皮影能动的地方，然后，我们自己设计了皮影，并且把关节的地方都进行了分割，但是关节都分开了，皮影人物没法表演了，这可怎么办呢？"

康康说："我觉得要想个办法把它们连起来，不然，它们都是分开的，没法玩儿。"阳阳点点头，说："对，还得安上挑棍，让它动起来。要不然，老是一个动作，特别没意思。"孩子们纷纷表示同意。

我立刻追问："用什么连接呢？"孩子们你一言、我一语地说："用毛线系！""用铁丝拧上！""可以缝个小扣子！""用毛根也行！"我微笑着点点头："你们的办法真多！现在，我们就来试试吧！你们可以用想出的办法试试，看看能不能把皮影的关节连接起来。"

孩子们自主结对，开始进行皮影关节处的缀结探究。不一会儿，天天就着急地说："老师，老师，我的铁丝拧得太紧了，把皮影都弄破了。"阳阳马上对天天说："铁丝太硬了，纸的皮影那么软，很容易坏的。你先把坏的地方用胶条粘起来，换一个别的方法吧！你看，我的就成功了，我用的是毛根，一点儿、一点儿拧，别拧太紧，就可以了！"天天点点头："哦，谢谢你，我也试试你的方法。"果然，他很快就成功了。天天开心地跑过来，对阳阳说："阳阳，你的办法真好，我也成功了！"

紧接着，小扣子组和毛线系结组也成功了，我及时引导孩子们总结："你们用什么办法把自己的皮影人物关节连接好的？有什么新发现吗？"

孩子们一边拿着自己成功的作品，一边指着连接处，说："毛根、扣子、用线绳系都可以，铁丝比较硬，不容易拧起来，还特别容易把皮影弄破。"乐乐说："但是也不能系得太紧，这样关节就动不了了。"我微笑地夸奖他们："哦，你们的办法非常好，以后无论需要什么皮影人物，我们都可以自己制作啦！现在，你们可以到幕布前一起试一试，看看我们自制的皮影能不能动起来！"

孩子们纷纷尝试，陆陆续续向我汇报成功了的好消息。于是，一场场精彩的皮影故事表演开始啦……

案例分析：

结合孩子们在皮影游戏中的真实需求，我带领他们通过观看成品皮影、发现关节、一起制作需要的皮影人物和关节的切割。在此基础上，我们一起探究了皮影关节处的缀结，这是取得成功最关键的一步，但关节处缀结的材料和方法很多，我没有采用直接教授的方式，而是让幼儿猜想可以缀结的材料与方法，鼓励孩子们大胆尝试。在孩子们出现问题的时候，也通过鼓励、同伴互助、经验学习的方式给幼儿充足的自主探究时间和空间，让幼儿相互借鉴，并通过合作皮影表演，验证关节缀结是否取得成功。活动贴合幼儿实际，充分体现了问题从游戏中来、通过游戏解决问题、再回归到游戏中去的真实探究过程。

（马彩云）

主题活动三：奇妙的花草

一、主题活动来源

小朋友们在户外游戏的时候发现了幼儿园里新添了一些特别的花草：它们有的长在墙壁上、有的倒挂在屋檐上、有的没有土也能生长、有的在高高的墙壁上盛开着漂亮的花……"它们真的好奇怪！它们都叫什么名字？""它们倒挂在房檐上，那怎么浇水呢？""它们喜欢什么样的生活环境？"……孩子们的问题一直没有停歇。"这些新奇的花草和我们班里自然角里的植物差别好大啊！到底哪里不同呢？"

伴随着孩子们的兴趣点和话题，我们准备结合幼儿园里新添的新奇植物开展"奇妙的花草"主题活动，从幼儿对特殊花草的关注出发，通过观察、发现这些花草特别的生长方式、生长特点、特殊功能等奥秘，与自然角的花草进行对比、观察和记录，感受它们的相同与不同，学会根据花草的特性和需要去关爱和照顾花草。

二、主题活动目标

（一）健康领域

1. 乐于参加户外体育游戏，提高身体动作的协调性。

2. 了解特殊花草保护人体的作用，养成健康的生活习惯。

（二）语言领域

1. 喜欢倾听故事，理解故事大意。

2. 尝试对故事进行复述，并区分故事中的角色。

3. 能有节奏地、富有情感地朗诵，朗诵时声音自然。

（三）社会领域

1. 喜欢进行角色扮演游戏，体验茶馆中泡茶和招待客人的快乐。

2. 能与同伴合作制作保护花草的标志。

3. 知道爱护花草，有宣传意识。

（四）科学领域

1. 通过观察与种植，了解花草不同的生长方式（无土生长、沙土生长、接触空气生长等）。

2. 观察奇妙花草的特征，了解它们在名字和作用方面的特别之处。

3. 知道花草和人类、环境的关系，了解特殊花草的药用价值和特殊作用。

4. 了解常见花草的生长过程，能用绘画、符号等多种方式进行记录。

（五）艺术领域

1. 感受并喜爱生活环境中花草的艺术美。

2. 能大胆运用自己喜欢的方式进行与花草有关的艺术创作。

3. 观察发现五瓣花、六瓣花等折纸方法的不同，学会看折纸和剪纸符号。

4. 学唱与花草有关的歌谣，并富有个性地表达自己对歌曲的感受。

三、主题活动网络图（图8-3）

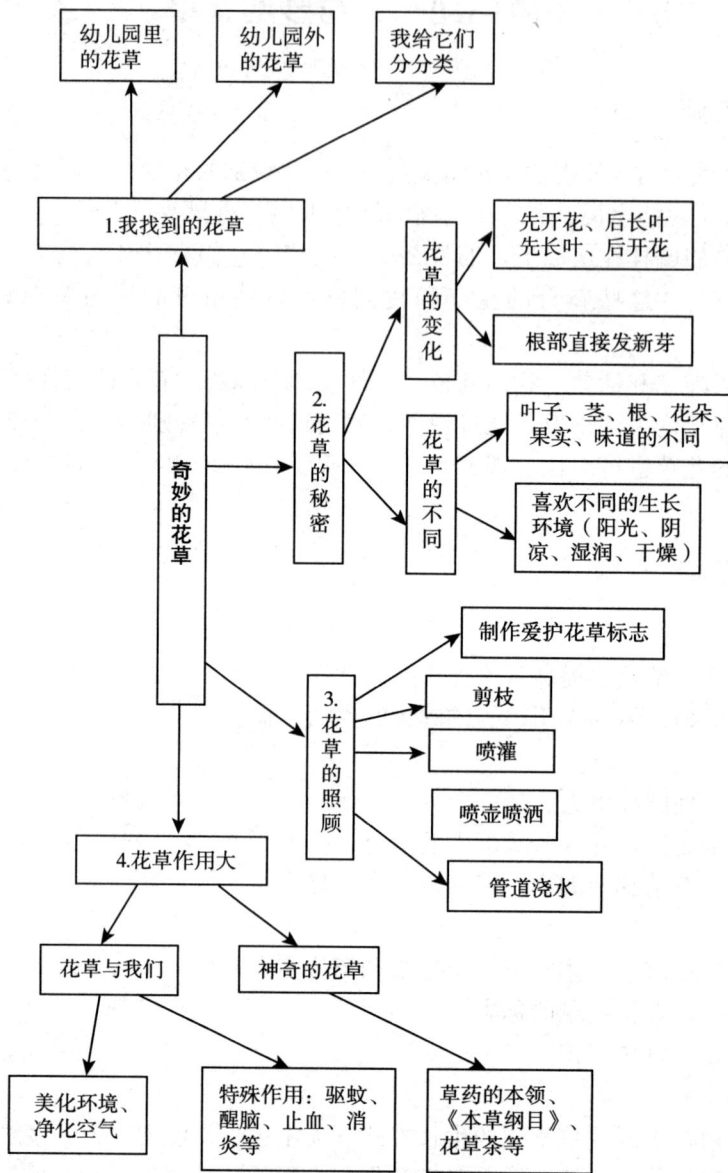

图8-3　主题活动网络图

四、科学领域核心经验（表8-5）

表8-5　主题活动"奇妙的花草"科学领域核心经验

核心经验指标		核心经验分级指标
观察实验能力	1. 通过多种感官了解花草，发现花草与它们名字、用途的联系（如驱蚊草味道独特，能驱蚊虫；老人须的根像老人的胡须；三角梅的花瓣是粉色的、三个瓣；薄荷的味道经常出现在牙膏、口香糖里，有去除异味和醒脑的作用）	一级：通过多种感官了解，只能发现1种花草与其名字或用途的联系
		二级：通过多种感官了解，能发现2~3种花草与其名字或用途的联系
		三级：通过多种感官了解，能发现4种以上花草与其名字或用途的联系

（续）

核心经验指标		核心经验分级指标
观察实验能力	2. 能与同伴合作调查幼儿园和家中的花草，并按照自己的方式清晰地进行记录、汇总与分类	一级：能与同伴合作调查幼儿园和家中的花草，但记录不完整，无法进行汇总与分类
		二级：能与同伴合作调查幼儿园和家中的花草，记录较完整，但汇总与分类不清晰
		三级：能与同伴合作调查幼儿园和家中的花草，并按照自己的方式清晰地进行记录、汇总与分类
	3. 通过观察、猜想、种植与照顾，对比发现室内和室外花草在生长方式、浇水方式等方面的不同	一级：能对比发现室内、外花草1处不同点
		二级：能对比发现室内、外花草2处不同点
		三级：能对比发现室内、外花草3处及以上的不同点
科学思考能力	4. 通过搜集资料，了解幼儿园里奇妙花草在用途方面的特别之处（驱蚊草驱蚊、薄荷醒脑、茉莉花养颜、菊花清火等）	一级：愿意大胆猜测不同花草的用途，验证结果与猜测有一定差距
		二级：能大胆猜测不同花草的用途，验证结果与猜测有一定的关联性
		三级：喜欢猜测和验证不同花草的用途，并通过资料搜集了解花草的用途，验证结果与猜测完全一致
	5. 能根据对花草生活习性、生长环境的了解，推断适宜的浇水方法	一级：在照顾花草的过程中，对不同花草的生活习性、生长环境不了解，不能很好地给花儿浇水
		二级：在照顾花草的过程中，对1～2种花草的生活习性、生长环境比较了解，能很好地给花儿浇水
		三级：在照顾花草的过程中，对3～4种花草的生活习性、生长环境比较了解，能很好地给花儿浇水
	6. 通过观察泡根植物水位的降低，推测出根可以吸收水分与营养	一级：不能很好地解释泡根植物水位降低的原因
		二级：能根据泡根植物水位的降低，推测出水分减少与根有一定关系
		三级：能根据泡根植物水位的降低，推测出水分减少是被植物的根吸走了，用于供给植物营养和水分
表达交流能力	7. 能够用较清楚、连贯的语言表达自己搜集的特殊花草在用途方面的不同	一级：能用语言表达自己搜集的特殊花草在用途方面的不同，但不连贯，停顿较多
		二级：能连贯地表达自己搜集的特殊花草在用途方面的不同，但重复的词汇较多
		三级：能够用连贯的语言表达自己搜集的特殊花草在用途方面的不同
	8. 愿意与同伴合作探究室内、外花草的秘密，并大胆讲述自己的发现	一级：愿意合作表达小组探究室内、外花草的发现与收获，表述内容相对较少
		二级：愿意合作表达小组探究室内、外花草的发现与收获，能尝试对分享内容进行补充
		三级：愿意合作表达小组探究室内、外花草的发现与收获，能积极、主动地对分享内容进行补充
	9. 敢于表达，能清晰、连贯地讲述制作浇花器的步骤和过程	一级：知道浇花器的制作步骤及过程，但表述不清晰
		二级：知道浇花器的制作步骤及过程，能清晰表达，但不连贯，有停顿现象
		三级：能清晰、连贯地讲述制作浇花器的步骤和过程
	10. 尝试用语言、图画、照片、符号等多种方式记录幼儿园花草生长过程的新发现	一级：尝试用1种方法记录自己在科学实验中的收获与发现
		二级：尝试用2种方法记录自己在科学实验中的收获与发现
		三级：尝试用3种及以上的方法记录自己在科学实验中的收获与发现

（续）

核心经验指标	核心经验分级指标
设计制作能力	11. 探索适宜的材料制作浇花器，探究花洒出水口大小对节约用水的影响（浇花器出水口大，易洒，浪费水；浇花器出水口小，出水少，更节水；棉线导水浇灌，更节水）	一级：在实验探究中，制作出的浇花器出水口大，易洒水
	二级：在实验探究中，制作出的浇花器出水口较小，但不能连续滴水进行花草浇灌
	三级：在实验探究中，制作出的浇花器能很好地达到节水和滴灌浇水的效果
	12. 能够安全地使用塑料瓶子、钉子、锤子、剪刀、胶条、毛线、棉线等完成浇花器和花瓣标本的制作	一级：能够安全地使用1～2种工具，完成浇花器与花瓣标本的制作
	二级：能够安全地使用3～4种工具，完成浇花器与花瓣标本的制作
	三级：能够安全地使用5种及以上的工具，完成浇花器与花瓣标本的制作

五、主题活动教学计划（表8-6）

表8-6　主题活动教学计划

时间	活动名称	活动目标	重点领域	生活活动	区域环境与材料
第一周	奇妙花草大发现	1. 通过观察、猜想、种植与照顾，对比发现室内和室外花草在生长方式、浇水方式等方面的不同 2. 愿意用自己喜欢的方式记录自己的发现，并清楚地表达	科学	1. 谈话活动：和幼儿谈论幼儿园里花草的变化 2. 户外分散活动：观察幼儿园里的花草，为室内、外花草对比和写生做准备 3. 家园共育：为幼儿讲《七色花》的故事，和幼儿一起玩跳皮筋游戏，为户外游戏"马兰花"积累前期经验	1. 语言区： ①阅读有关花草的书籍 ②故事《七色花》 2. 美工区： ①花的欣赏画 ②各种材料绘画、制作花 3. 科学区： ①花的种子和花朵标本若干 ②种植花卉。
	故事：《七色花》	1. 喜欢倾听故事，了解《七色花》故事梗概 2. 尝试对故事进行复述，会区分故事中的角色	语言		
	跳皮筋：《马兰花》	1. 练习伴随儿歌《马兰花》双脚配合玩跳皮筋 2. 通过跳皮筋活动，发展身体动作的协调性	健康		
	写生：我喜欢的花草	1. 仔细观察喜欢的花草外形特征和生长环境，大胆进行绘画活动 2. 尝试绘画表现花草在生长中的前后遮挡关系	艺术		
第二周	它们的生长很特别	1. 通过观察与种植，了解花草不同的生长方式（无土生长、沙土生长、接触空气生长等） 2. 感受不同花草生长的特别之处，并用自己的方式进行表达	科学	1. 户外分散活动：带领幼儿对比、观察花草的不同生长方式 2. 过渡环节：倾听歌曲《茉莉花》，为学习演唱歌曲做好准备	1. 语言区： ①认识花草茶的书籍 ②花朵与文字卡 2. 美工区： ①五瓣花与六瓣花剪纸步骤图 ②不同颜色的纸张、剪刀等 3. 小茶馆： ①杭白菊、茉莉花茶等花草茶 ②冰糖、茶壶、茶杯等 ③与小茶馆游戏相结合，和幼儿一起体验洗茶、沏茶、品茶的游戏，感受花草茶的美味
	剪纸：五瓣花和六瓣花	1. 观察并发现五瓣花和六瓣花的折纸方法不同，学会看折纸和剪纸符号 2. 喜欢剪纸活动，能成功剪出五瓣花和六瓣花	艺术		
	小茶馆	1. 喜欢进行角色扮演游戏，体验茶馆中泡茶和招待客人的快乐 2. 感受合作游戏的快乐，品尝花草茶的美味	社会		
	歌曲：《茉莉花》	1. 理解歌词大意，能用优美的声音和动作表现歌曲 2. 能用基本准确的节奏和音调演唱歌曲《茉莉花》	艺术		

（续）

时间	活动名称	活动目标	重点领域	生活活动	区域环境与材料
第三周	提取花草中的颜色	1. 观察奇妙花草的特征，探索花草五颜六色的奥秘（花草中含有胡萝卜素、花青素等色素） 2. 愿意与同伴分享自己发现的花草颜色奥秘	科学	1. 家园共育：搜集有关不同花草的名字和作用的特别之处 2. 家园共育：搜集、制作爱护花草标志的材料 3. 过渡环节：倾听儿歌《十二月花》，为学习儿歌做好准备 4. 户外分散活动：将幼儿制作的爱护花草标志安放在适当的位置	1. 语言区： ①与奇妙花草相关的书籍 ②儿歌：《十二月花》互动墙饰 2. 美工区： ①不同的花卉折纸步骤图 ②装饰花瓶 3. 益智区： ①花朵与四季对对卡 ②花瓣与四季对对卡 4. 自然角： 种植奇妙的花草（驱蚊草、薄荷等）
	制作爱护花草标志	1. 能与同伴合作制作爱护花草的标志 2. 知道爱护花草，有宣传意识	社会		
	漂亮的折纸花	1. 学会看折纸步骤图，能根据步骤图折纸花 2. 喜欢折纸游戏，爱动手、动脑	艺术		
	儿歌：《十二月花》	1. 通过学习儿歌，了解一年中每个月的花卉名称和外形特征 2. 能有节奏地、富有情感地朗诵《十二月花》，萌发爱花的情感	语言		
第四周	奇妙花草的秘密	1. 喜欢参与花草探究活动，知道花草和人、环境的关系 2. 通过视觉、听觉、嗅觉、触觉等多种感官了解特殊花草的药用价值和特殊作用 3. 对各种花草感兴趣，从发现中感受到快乐	科学	1. 家园共育：和幼儿一起搜集有关不同花草的特殊作用 2. 家园共育：请懂园艺花卉的家长为幼儿讲解浇灌与剪枝的奥秘 3. 过渡环节：请幼儿用自制的浇花器根据花卉的生长特点进行浇灌 4. 加餐环节：品尝花草美食	1. 语言区： ①《本草纲目》（儿童版）相关书籍 ②花草美食相关书籍 2. 美工区： ①各种废旧材料供幼儿自制浇花器 ②艺术探究：插花 3. 建筑区： ①搭建小花园 ②制作花坛 4. 小茶馆： 品尝桂花糕，桂花酥，饮菊花茶等
	自制浇花器	1. 尝试运用废旧材料依据花卉的浇水特点自制适宜的浇花器（喷壶式、滴管式） 2. 愿意和别人分享、交流自己的作品	艺术		
	花草让我更健康	1. 了解不同花草在生活中的运用，以及对人类身体健康的益处 2. 乐于搜集和分享花草服务于人类的实例（驱蚊草驱蚊、芦荟止痒消炎、杭白菊去火等）	健康		
	花草美食	1. 搜集用花草制作的美食，了解特殊花草对人们身体健康的好处 2. 品尝花草美食（桂花糕、桂花酥等），感受花草制作成食物的美味	健康		

六、科学领域集体教育活动

活动一：奇妙花草大发现

（一）活动目标

1. 喜欢进行花草的搜集与发现活动，体会花草的特别与神奇。

2. 通过观察、猜想、种植与照顾，对比发现室内和室外花草在生长方式、浇水方式等方面的不同。

3. 愿意用自己喜欢的方式记录自己的发现，并清楚表达。

（二）活动重、难点

1. 重点：对比发现室内和室外花草在生长方式、浇水方式等方面的不同。

2. 难点：愿意用自己喜欢的方式记录自己的发现，并清楚地表达。

（三）活动准备

1. 经验准备：幼儿有前期观察和照顾植物的经验。

2. 物质准备：图片、绘画纸、水彩笔等。

（四）活动过程

1. 提问导入，引出主题。

根据幼儿已有经验提问。

教师：幼儿园里又多了很多全新的花草，你们发现它们长在哪里了吗？

2. 观察室外花草，发现它们在生长方式等方面的不同。

（1）记录自己的发现。

（2）提问：

①找一找，你能发现哪些奇妙的花草？用你喜欢的方式记录下来。

②它们生长在哪里？

③猜一猜：为什么它们生长在这里？分享一下你的想法。

④它们长什么样子？用你的话描述一下。

⑤猜一猜，它们怎样才能"喝"到水呢？

3. 共同搜集室外奇妙花草的特别之处。

（1）感受植物外形和名称的联系，以及特殊的作用。

（2）提问：

①说一说：这个植物为什么叫老人须？这个植物为什么叫三角梅？这个植物为什么叫情人泪？（外形很像）

②悬挂着的老人须不需要"喝"水吗？

③这种植物为什么泡在水里？

（3）室内、外花草植物对比。

（4）提问：

①看一看，我们的多肉植物大多生长在哪里？为什么它们生长在沙土里？

②老人须、三角梅、情人泪等，这些植物和多肉植物比起来，有哪些不同之处？

4. 活动延伸。

（1）和爸爸、妈妈一起搜集这些奇妙花草还有什么更奇特的地方，记录下来，互相分享。

（2）户外活动时，引导幼儿细致观察这些奇妙花草在叶、根、花等方面的特别之处。

（马彩云）

活动二：它们的生长很特别

（一）活动目标

1. 喜欢细致观察幼儿园里的花草，感受不同花草生长的美。

2. 通过观察与种植，了解花草不同的生长方式（无土生长、沙土生长、接触空气生长等）。

3. 感受不同花草生长的特别之处，并用自己的方式进行表达。

（二）活动重、难点

1. 重点：通过观察与种植，了解植物不同的生长方式（无土生长、沙土生长、接触空气生长等）。

2. 难点：感受不同植物生长的特别之处，并用自己的方式进行表达。

（三）活动准备

1. 经验准备：幼儿前期熟悉一些土生花草和沙生花草，并对幼儿园里的特殊花草进行过前期的观察。

2. 物质准备：图片、绘画纸、水彩笔、照相机等。

（四）活动过程

1. 提问导入，引出主题。

根据幼儿已有经验提问。

（1）植物生长都需要什么条件呢？（阳光、空气、水、土壤）

（2）猜一猜，这些是植物生长所必需的条件吗？

（3）少一个条件或两个条件，植物还能生长吗？

2. 通过观察种植的花草，发现不同花草在生长方式上的不同。

（1）观察幼儿园里的花草，说说它们都是怎样生长的。

（2）引导幼儿用自己喜欢的方式进行记录（如绘画、拍照等）。

（3）重点记录内容：它们是怎样生长的，以及植物生长的必需条件有哪些。

3. 感受和发现不同花草生长的特别之处。

（1）请幼儿结合自己的记录（如绘画记录、符号记录、拍照记录等），分享自己的发现。

（2）提问：

①哪些花草没有土壤，也能很好地生长？

②哪些花草没有水也可以生长？

③哪些花草不喜欢阳光？

④哪些花草特别喜欢水？把它们浸泡在水里时，还需要注意什么？

（3）总结：一些奇妙的花草在生长中有很特别的地方，有的不喜欢阳光、有的没有水和土壤也可以生长、有的只有水和空气就可以生长得很好。因此，我们要根据花草生长的特点来照顾它们。

4. 活动延伸。

（1）和爸爸、妈妈一起搜集，还有哪些生长方式很特别的奇妙花草，记录下来，分享给其他小朋友。

（2）日常生活中，和孩子们一起根据花草生长方式的不同科学地照顾花草。

（马彩云）

活动三：奇妙花草的秘密

（一）活动目标

1. 喜欢参与花草探究活动，知道花草和人、环境的关系。

2. 通过视觉、听觉、嗅觉、触觉等多种感官，了解特殊花草的药性和功用。

3. 对各种花草感兴趣，并在探究的过程中感受快乐。

（二）活动重、难点

1. 重点：知道花草和人、环境的关系。

2. 难点：了解特殊花草的药性和特殊作用。

（三）活动准备

1. 经验准备：收集过奇特植物的图片、照片及相关资料，并玩过音乐游戏"蝴蝶找花"。

2. 物质准备：含羞草 1 盆、防盗草 1 盆、猪笼草 4 盆，课件（有配音的各类花草图片）、视频。

（四）活动过程

1. 视频导入，激发幼儿兴趣。

（1）观看视频，提出问题：你看到了什么？

（2）播放有关课件，描述植物的特性。

（3）提问：

①你认识它们吗？

②你知道它们有什么奇怪的地方吗？

③它们一般生长在什么地方？

2. 自由尝试探索。

（1）出示含羞草、防盗草。幼儿去看一看、摸一摸，充分运用自己的感官：视觉、听觉、嗅觉、触觉等感受植物的奇异特性。

（2）围绕问题，交流发现。幼儿4人一组，以含羞草、防盗草为例，用语言讲述植物的外部特征。

（3）引导幼儿讨论。

①含羞草有什么奇特的地方？

②触摸防盗草有什么感觉？

③小结：含羞草又名感应草，轻轻触碰这种植物的叶片，叶片会立刻紧闭、下垂，呈含羞状。防盗草又称植物猫，当人及猪、羊、牛、马等动物触碰时，接触的地方就会像被电击、火烧般的奇疼、怪痒。将这种草的干草放在粮仓周围，老鼠碰到就会立即逃之夭夭，所以也有"植物猫"之称。

3. 拓展幼儿对奇异花草的认识。

（1）出示自己收集到的奇特植物图片、照片或相关资料，向本组同伴介绍。

（2）引导幼儿从以下几个方面介绍：植物的名称是什么？它有什么特别之处？它生长在哪里？

（3）每组推选1～2名幼儿在集体面前介绍自己带来的奇特植物。

4. 分组观察、操作。

（1）每组一盆猪笼草、瓶装小虫若干。

①要求：将瓶中的小虫倒入捕虫囊，感受猪笼草的奇异特性。

②操作指导：引导幼儿边观察边用图示记录猪笼草的捕食过程。

（2）分享并提问：

①你观察到了什么有趣的现象？

②小结：猪笼草像一个彩色的瓶子，瓶里有又香又甜的蜜，苍蝇飞来了，掉进了瓶底，瓶子很滑，苍蝇爬不上来，就被猪笼草吃掉了。

5. 游戏：蝴蝶找花。

（1）游戏玩法：幼儿分为两组，一组假扮蝴蝶，一组假扮小花。扮演小花的幼儿手持叶片、花朵等道具。播放《蝴蝶找花》的音乐，扮演蝴蝶的幼儿伴随音乐在花丛中飞舞。当音乐停止时，蝴蝶找到小花，轻轻触碰小花的叶片、花朵等，并用肢体语言与小花亲密接触。完成一次游戏后，幼儿互换角色，再次随音乐律动。

（2）教师根据情况暂停音乐。

6. 活动延伸。

（1）植物角投放捕蝇草、半支莲、大花草等植物，让幼儿观察、交流，进一步引发对植物的兴趣。

（2）回家与爸爸、妈妈一起上网搜集有关花草的资料，拓展对植物的认识。

（王亚楠）

活动四：提取花草中的颜色

（一）活动目标

1. 喜欢科学探究活动，愿意动手、动脑参与从花草中提取颜色的活动。

2. 通过实验操作，尝试提取花草中的颜色，并愿意表达自己在探究中的发现。

3. 在操作中，有主动收拾、整理的习惯。

（二）活动重、难点

1. 重点：能大胆尝试运用多种方式提取原材料中的颜色。

2. 难点：观察、对比同种材料提取出颜色的细微差别。

（三）活动准备

1. 经验准备：幼儿前期讨论，收集了不同颜色的原材料，并对使用不同的工具有一定的经验。

2. 物质准备：幼儿搜集掉落的、不同颜色的花瓣（海棠花瓣、金盏菊花瓣、牵牛花花瓣、指甲草花瓣等）、杂草（户外种植区的杂草）、辅助工具（榨汁机、捣蒜器、安全刀具、透明塑料杯）、展台、水盆等。

（四）活动过程

1. 观察染纸作品，猜想使用的颜料。

（1）出示漂亮的染纸作品图片，引发幼儿思考。

（2）提问：

①请幼儿猜一猜，染纸作品上的颜色是用什么染出来的？

②说一说，美术颜料染出来的颜色和从花草中提取汁液染出来的颜色有什么不同？

2. 探究多种方式提取原材料中的颜色。

（1）观察原材料，猜想它们会变成什么颜色。

提问：你们猜一猜，这些花瓣、杂草的汁液会是什么颜色的？

（2）操作与验证。

幼儿选择辅助工具，从选择的原材料中提取颜色。

（3）安全提示：教师要特别关注操作榨汁机的幼儿，插电操作部分可以由教师辅助；使用其他工具提取颜色的幼儿，教师也要注意观察，进行安全提示。

3. 分享与收获：请幼儿讲述提取花草颜色的发现。

（1）幼儿分享探究结果。

（2）提问：

①你提取出来哪些颜色？

②这些颜色是从什么里提取出来的？用什么方法提取出来的？

③提取出来的颜色和你们猜想的颜色一样吗？

（3）将同种原材料提取出来的颜色进行对比，引导幼儿观察并发现颜色的细微差别，并分析原因。

①提问：同样是一种材料的汁液，为什么提取出来的颜色不同呢？

②小结：原来掉落的花瓣和杂草里都能提取出一定颜色的液体，说明里面都有颜色和水分，提取出来的颜色有的和它本来的颜色一样，有的不一样，还有一些细微的颜色差别。

4. 思考：我们提取出这么多颜色，可以用来做什么呢？

5. 活动延伸，回归生活。

（1）将提取出相同颜色的液体收集在一起，当做美工区活动的颜料，服务于幼儿游戏。

（2）鼓励幼儿收集各种掉落的花瓣和杂草，继续探究有关花草的其他活动（如制作花瓣书签等）。

（马彩云）

七、与主题相关的科学游戏案例

我找到的花草

案例背景：

五月，我们开始了"奇妙的花草"主题活动，孩子们都见过各种各样的花和草。今天，我们开始在幼儿园里寻找各种各样的花草。孩子们自由分组后，开始了寻找花草之旅。

案例实录：

集体活动时间，我们一起去寻找幼儿园里的花草。幼儿园里有很多花草，孩子们都想去寻找。"怎样才能找到幼儿园里所有的花草呢？"有的孩子说："我们可以分组，这样快一点儿。"大家都同意他的建议，开始自由分组。"怎样才能记住找到的花草呢？""我们可以拍照，把它们都拍下来。""我们可以记录下来，这样就不会忘记了。"孩子们拿着记录工具，开始寻找起来。

大约过了10分钟，孩子们来到了指定的集合地点。大家都拿着自己组的记录表，开始与旁边的小朋友说起来。

孩子们围在我身边，说："我们组找到了很多花草，先找到了玉兰花，然后又找到了迎春花，还有月季花。还有几种花，我们不知道叫什么名字，但是我们把它们都拍下来了。"我们一起看着iPad里的图片，大家看到了菊花、串红等，但是有一些花，大家都不认识。面对这个问题，我们讨论之后，决定回班上网找答案。

第二组开始分享他们找到的花草。他们是用记录表记录的，他们说："我们在墙上找到了很多花草，有月季花、薄荷。还有一些花，我们也不知道名字，但是我们可以去墙上看一看。"大家一起来到了后院，看着墙上的花，心中产生了疑惑。"它们怎么会生长在墙上呢？"为了找到原因，有一些孩子直接走过去看，他们仔细观察着，然后说道："原来它们是有花盆的，只是花盆都挂在了墙上。"

这时，有的孩子提问了："怎么给它们浇水呢？""我看到墙上有管子，是用这个浇水吗？"

孩子们听到后，都开始寻找墙上的管子。大家这才知道原来花是通过墙上的管子浇水的。

幼儿园里的花草有的生长在墙上、有的生长在土里、还有的生长在水里，它们的生长环境都不一样。它们还有很多秘密，下次，我们会继续寻找。

案例分析：

孩子们对幼儿园的各种花草非常感兴趣。教师充分利用园所的现有资源，让孩子们在园所寻找各种各样的花草，观察花草的生长环境，在观察中发现花草的秘密，为后面活动的开展积累了前期经验。孩子们观察细致，教师给予关键性提问，引导幼儿观察与探究。

（徐　露）

多肉植物的秘密

案例背景：

在班级开展的"奇妙的花草"主题活动中，孩子们和爸爸、妈妈一起搜集了很多喜欢的多肉植物，放在了班级的植物角，进行观察和照顾。一鸣带来一个多肉植物，却不知道它的名字、怎么浇水等。于是，我们决定一起探究神奇的沙土花草——多肉植物。

案例实录：

"马老师，您看！我带来了一个多肉植物，但我还不知道它的名字。"一鸣一来到幼儿园，就向我跑过来，激动地对我说。我开心地回应着："真的吗？哇，好漂亮的多肉植物啊！我们怎么才能知道它的名字呢？"一旁的子时说："马老师，我们可以上网查一查啊！"听子时这么一说，一鸣马上向我请求："马老师，活动区活动时，您能和我一起上网查一下吗？因为我不会打字。"我微笑着说："没问题。"

活动区活动的时间到了，一鸣开心地和我一起上网查阅了他带来的多肉植物。只见，他一边浏览网上的图片，一边一点儿、一点儿地寻找相似的多肉植物。突然，他很开心地说："找到了，马老师，这就是我带来的多肉植物。老师，您帮我念一念上面的文字，好吗？我想知道它叫什么，怎么浇水，多久浇一次水。""好的，我帮你读一读啊！石莲花——喜欢温暖、干燥和通风的环境，喜欢阳光，喜欢富含腐殖质的沙壤土，非常耐旱，连着几个星期不给它浇水，照样能够生长，因为它的每瓣叶子就像一座小水库，水分都储藏在叶子里，以备干旱时用。"

一鸣开心地说："马老师，我知道了。我这个石莲花喜欢沙子。我明天看看哪里有沙子，在花盆里再放一点儿沙子，然后把它放在窗台那边，晒晒太阳，那浇多少水啊？怎么浇水啊？您就说好几个星期不浇水，我也不知道那是几天啊？"

看到他这么用心地询问，我特别开心："好，我们再一起找找看。哦！这里，我帮你读一读啊，给石莲花浇水不要浇到叶子上面，那样叶子容易腐烂。另外，一次浇水要浇透，下一次浇水要在一个月之后。"

"不要浇到叶子上，那应该怎么浇水呢？"一鸣问。这时，在一旁画画的宸宸说："上次在'农业嘉年华'参观时，讲解员不是讲了吗？用盆子，里面放上水，泡着花盆就行了，要是你从上面浇水，就得用吸管了。"

"哦，对了。"一鸣恍然大悟，"咱们班就有吸管，我这就去浇水。"我及时提醒他："孩子，你了解了这个多肉植物，可是其他小朋友还不知道呢！万一他们不知道怎样照顾，给石莲花浇水浇多了，你的石莲花长不好，多可惜啊！"

一鸣愣了一下："有了，马老师，我做一个标牌，画上这些问题，再在台历上标记我今天浇水的时间，不就行了吗？"我点点头："嗯，你的这个办法真好，我期待你的标牌哦！"

于是，一鸣很快完成了自己的标牌和浇水任务，并在区域活动评价环节主动向大家分享自己的收获、发现和标牌上各种符号的含义，得到了大家热烈的掌声。

案例分析：

一鸣小朋友对于多肉植物有着浓厚的兴趣。当他拿着一盆多肉植物询问我时，我没有直接告诉他，而是在他的建议下，和他一起通过上网查阅资料，并针对石莲花的浇水方式、生长方式进一步进行了探究。在同伴的提示下，幼儿完成了标牌的制作和区域分享。在向大家介绍标牌的意义和石莲花的照顾方式后，幼儿不仅深入了解了石莲花，也提高了语言表达能力和用多种方式解决问题的能力。

（马彩云）

主题活动四：好玩的水

一、主题活动来源

美好的夏天到了，孩子们都喜欢在水系区快乐的游戏。对此，他们有着非常浓厚的兴趣。他们喜欢听"哗哗"的流水声，更喜欢用压水机压水、在水中钓鱼、滋水浇花等。因此，我们从孩子们的兴趣和需要出发，激发幼儿对事物的探究兴趣，设计了"好玩的水"主题活动。

活动中，我们将通过一系列的科学实验活动，鼓励幼儿初步认识水的特征及水与我们生活的关系。在区域活动中通过"油水分离""脏水过滤""制作泡泡水"等多种活动激发幼儿的探究兴趣，发现水的奥秘，提高仔细观察、尝试发现、大胆提问的能力。通过家园合作，鼓励孩子们和家长一起使用丰富多样的环保材料，设计并制作出不同种类的船，探索船在水中前进的速度，提高孩子们动手实验的能力。与此同时，我们将开展"节水标志制作""节水宣传"等活动，进一步帮助幼儿养成节约用水、保护水资源的好习惯。

二、主题活动目标

(一)健康领域

1. 了解夏季自我保护的方法，形成健康的生活方式。

2. 积极参与夏季戏水等体育活动，能灵活、协调地控制身体。

(二)语言领域

1. 能用完整的语言讲述并交流玩水的发现，表达时自然、自信。

2. 专心阅读与水有关的绘本，理解其内容，并进行讲述。

3. 在阅读过程中不打扰别人，爱护图书。

(三)社会领域

1. 能够积极解决在玩水游戏中遇到的问题，并从中获得成功的感受。

2. 积极与同伴交流合作，完成节约用水宣传活动的讨论与策划。

(四)科学领域

1. 尝试运用多种感官探究水的特性。

2. 积极猜想与水有关的问题，并通过操作验证。

3. 能运用绘画、符号、拍照等多种方式记录玩水游戏的发现。

4. 了解水与环境、人类的关系，有保护水资源的意识。

(五)艺术领域

1. 运用水墨画、水粉画等多种形式进行美术创作，从中获得愉悦感和美感。

2. 积极、主动参加音乐活动，能用律动或者简单的动作表现对音乐的理解。

三、主题活动网络网 (图 8 - 4)

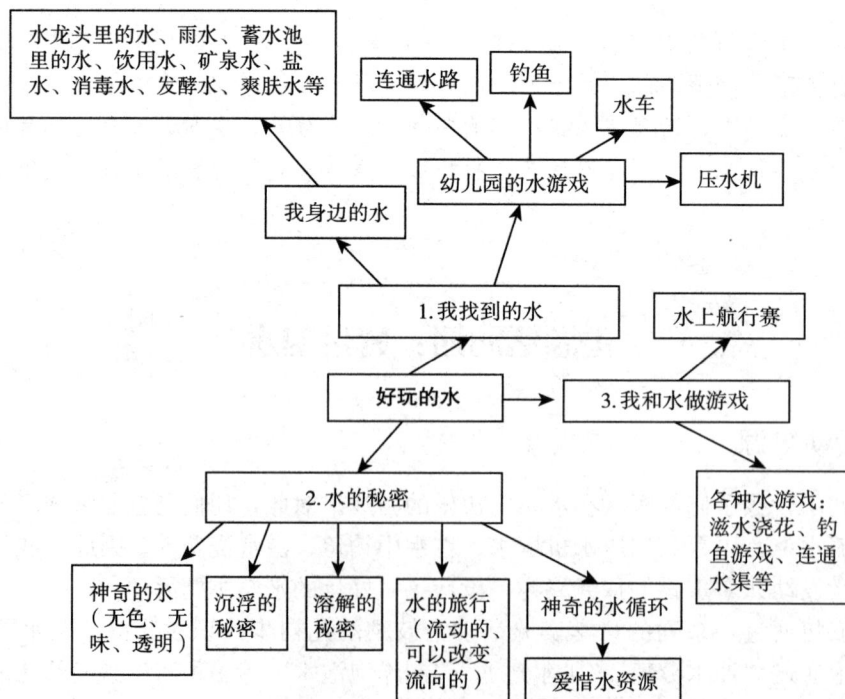

图 8 - 4 主题活动网络图

四、科学领域核心经验（表8-7）

表8-7　主题活动"好玩的水"科学领域核心经验

核心经验指标		核心经验分级指标
观察实验能力	1. 通过油水分离、水醋对比、水袋不会破等实验，发现水是流动的、透明的、无色、无味的	一级：通过油水分离、水醋对比、水袋不会破等实验发现水的1种特性
		二级：通过油水分离、水醋对比、水袋不会破等实验发现水的2种特性
		三级：通过油水分离、水醋对比、水袋不会破等实验发现水3种及以上的特性
	2. 通过操作压水机、挤压矿泉水瓶等游戏，发现通过压力能将水从低处运到高处	一级：通过操作压水机、挤压矿泉水瓶等游戏，发现水从低处往高处流，但不清楚原因
		二级：通过操作发现水从低处往高处流，知道通过外力可以使水从低处往高处流，但是不清楚是哪种外力导致的现象
		三级：通过实验发现水从低处往高处流是受到外力挤压的结果
	3. 通过观察，发现水的不同形态	一级：通过观察，发现水的1种形态（固态、液态、气态）
		二级：通过观察，发现水的2种形态（固态、液态、气态）
		三级：通过观察，发现水的3种形态（固态、液态、气态）
科学思考能力	4. 在过滤污水的过程中，猜想并验证使水变清的方法（如静止、沉淀、纱布过滤、海绵过滤、毛巾过滤、石头过滤、沙子过滤等）	一级：能够在过滤污水的过程中，猜想并验证使用静止、沉淀、纱布过滤、海绵过滤、毛巾过滤、石头过滤、沙子过滤其中的1种方法使水变清
		二级：能够在过滤污水的过程中，猜想并验证使用静止、沉淀、纱布过滤、海绵过滤、毛巾过滤、石头过滤、沙子过滤其中的2种方法使水变清
		三级：能够在过滤污水的过程中，猜想并验证使用静止、沉淀、纱布过滤、海绵过滤、毛巾过滤、石头过滤、沙子过滤其中的3种方法使水变清
	5. 通过对雨水的了解，推论雨形成的原因及作用	一级：通过对雨的了解，不能够推论出雨形成的原因
		二级：通过对雨的了解，能够推论出雨形成的原因
		三级：通过对雨的了解，能够推论出雨形成的原因，并知道雨水的作用
	6. 通过沉浮实验，思考让沉下去的物体浮起来的方法	一级：通过改变形状、借助漂浮物、给水里加盐等其中1种方法让沉下去的物体浮起来
		二级：通过改变形状、借助漂浮物、给水加盐等其中2种方法让沉下去的物体浮起来
		三级：通过改变形状、借助漂浮物、给水加盐等3种及以上的方法让沉下去的物体浮起来
表达交流能力	7. 能够清楚地讲述水、冰、水蒸气如何相互转化	一级：能够使用清楚的语言讲述水的3种形态转化其中的1种转化关系
		二级：能够使用清楚的语言讲述水的3种形态转化其中的2种转化关系
		三级：能够清楚地讲述水、冰、水蒸气如何相互转化
	8. 能够用箭头、图画、勾叉、照相等方式记录水的沉浮、溶解、过滤等现象	一级：能够用箭头、图画、勾叉、照相等其中的2种方法记录水的沉浮、溶解、过滤等现象，表达自己在游戏中的发现
		二级：能够用箭头、图画、勾叉、照相等其中的3种方法记录水的沉浮、溶解、过滤等现象，表达自己在游戏中的发现
		三级：能够用箭头、图画、勾叉、照相等其中4种及以上的方法记录水的沉浮、溶解、过滤等现象，表达自己在游戏中的发现

（续）

核心经验指标		核心经验分级指标
表达交流能力	9. 尝试在探究自制泡泡水的活动中，与同伴合作交流，并围绕自制泡泡水的方法进行讨论	一级：能与同伴围绕自制泡泡水的方法进行讨论，但是不能通过同伴分享习得制作泡泡水的经验
		二级：能与同伴围绕自制泡泡水的方法进行讨论，通过同伴分享讨论的 1 种方法调整制作的泡泡水（如运用同伴加入白糖的方法使泡泡水变粘稠）
		三级：能与同伴围绕自制泡泡水的方法进行讨论，通过同伴分享讨论的 2 种及以上方法调整自制的泡泡水（如运用同伴加入白糖、甘油的方法使泡泡水变黏稠，并且吹出来的泡泡不易破）
设计制作能力	10. 能用洗衣粉、洗涤灵、白糖、甘油等材料进行探究、组合，制作泡泡水	一级：能用洗衣粉、洗涤灵、白糖混合制成泡泡水，但无法成功地吹出泡泡
		二级：能用洗衣粉、洗涤灵、白糖混合制成泡泡水，但是吹出来的泡泡较少或较小
		三级：能独立完成洗衣粉、洗涤灵、白糖的探究组合，成功制作泡泡水，并且吹出来的泡泡又大又圆
	11. 能利用矿泉水瓶、泡沫、木棍、纸、小型发动机、组合电池等材料制作简易的船；制作的船能浮在水面上并快速航行	一级：能运用材料成功制作 1 种船，但不能成功地浮在水面上
		二级：能运用材料制作浮在水面上的 1 种船，但航行缓慢
		三级：能运用材料制作浮在水面上的 1 种船，并且船能够快速地向前航行

五、主题活动教学计划（表 8-8）

表 8-8 主题活动教学计划

时间	活动名称	活动目标	重点领域	生活活动	区域环境与材料
第一周	我找到的水	1. 能够调查、统计、寻找身边的水，大胆讲述自己的发现 2. 萌发节约用水、保护水资源的意识	社会	1. 谈话活动：分享找到的水，以及水的用途 2. 家园共育：收集生活中水的资料并进行分享 3. 户外分散活动：进行运水游戏 4. 过渡环节：知道水对人身体健康的好处，养成爱喝水、主动饮水的好习惯	1. 语言区： ①收集关于生活中水的图书 ②投放自制图书《乌鸦喝水》 2. 美工区： 关于水（如瀑布、湖、海等）的欣赏画 3. 科学区： ①水的三态变化循环表 ②投放水盆、塑料袋等方便探究水特性的物品 ③投放运水游戏过程记录表 4. 建筑区： 自制幼儿园水系的辅助材料
	运水游戏	1. 在运水游戏过程中，通过探究发现水的特性 2. 在游戏中体验科学探究带来的快乐	科学		
	多喝水好处多	1. 知道水对身体的作用与好处，养成多喝水、爱喝水的好习惯 2. 愿意主动喝水，健康地生活，少喝饮料	健康		
	故事：《乌鸦喝水》	1. 仔细观看故事画面，大胆想象、猜测故事情节，理解故事内容，了解水位上升的秘密 2. 尝试仿编故事，能在集体面前讲述乌鸦喝到水的经过	语言		

（续）

时间	活动名称	活动目标	重点领域	生活活动	区域环境与材料
第二周	油水分离	1. 通过实验探究知道油不溶于水的特性 2. 通过科学实验激发幼儿动手操作及对科学活动的兴趣	科学	1. 过渡环节：愿意讨论水无色、无味、透明的特性 2. 家园共育：家长与幼儿收集节约用水的好方法 3. 户外分散活动：观察幼儿园玩水玩具 4. 午睡前故事环节：听一些关于水的故事，如《小水滴旅行记》《一滴水》	1. 语言区： ①投放有关水的诗歌，鼓励幼儿仿编 ②投放一些关于水的故事 ③投放关于水的词语，引导幼儿进行"词语开花"的游戏（组词） 2. 美工区： ①布置水墨情境，展示幼儿水墨画作品 ②利用瓶子制作水的音阶瓶 3. 科学区： ①投放油水分离实验材料，并进行记录 ②了解、发现水的特性有哪些，并进行记录
	歌曲：《泼水歌》	1. 感受歌曲欢快的情绪，大胆演唱歌曲 2. 能以活泼、嘹亮的歌声和形象的动作进行表演	艺术		
	生命之源：水	1. 知道水与人类、水与自然是密不可分的 2. 初步了解水污染以及水资源缺乏的现状 3. 有爱惜水资源、保护水资源的环保意识	社会		
	水墨画：荷花	1. 喜欢水墨画的艺术表现形式，愿意参与到水墨画的创作中 2. 喜欢用水调制颜料与墨汁，大胆表现荷花的形态	艺术		
第三周	故事：《一滴水》	1. 了解故事梗概，能复述故事，感受水资源的珍贵 2. 知道水污染对人类的危害，愿意向他人宣传保护水资源的好处	语言	1. 过渡环节：了解夏季自我保护的方法，形成健康的生活方式 2. 家园共育：收集生活中可以沉入水底、浮在水面的物品 3. 户外分散活动：水区游戏 4. 晨间播报：分享保护水资源的信息	1. 图书区： ①收集保护水资源的资料以及自制图书 ②投放绘本故事《一滴水》 2. 美工区： ①制作爱惜水资源、节约用水的宣传海报 ②制作幼儿园水区玩水玩具 3. 表演区： 对故事《一滴水》、歌曲《小水滴》进行创作表演 4. 科学区： ①收集溶解材料进行实验 ②收集沉浮材料进行实验
	水变清了	1. 对科学活动感兴趣，能积极动手操作，寻找答案，培养幼儿团结、合作的能力 2. 通观察、操作与比较，探究把污水变清的方法，感知污水通过多种过滤方法可以变清	科学		
	歌曲：《小水滴》	1. 对音乐活动感兴趣，萌发对水的喜爱之情 2. 提高音乐的感受力，体会音乐节奏的强弱与快慢	艺术		
	打水球	1. 了解夏天人们的活动，知道玩水的健康方式 2. 通过活动知道水是可以循环利用的，节约水资源	健康		
第四周	儿歌：《节水歌》	1. 能理解儿歌内容并复述儿歌，感受水资源的珍贵 2. 懂得按顺序轮流讲话，不随意打断别人	语言	1. 晨间播报：分享玩水安全的新闻（如防溺水） 2. 过渡环节：分享制作航行船的步骤和方法 3. 家园共育：为"水上航行赛"做准备 4. 户外分散活动：水区进行水游戏（泡泡水、水枪、航行船等）	1. 美工区： ①投放制作航行船、水枪、"喷泉"的材料，能够安全地使用简单的工具进行制作 ②尝试利用水墨绘画出墨色浓淡不同的作品 2. 语言区： 幼儿讲一讲自己设计保护水资源的宣传画 3. 科学区： 投放滤水工具、沉浮实验工具及材料 4. 建筑区： 投放自制水系的辅助材料 5. 棋区： 制作水滴旅行飞行棋
	自制泡泡水	1. 愿意积极参与活动，对科学探究感兴趣 2. 通过操作与比较，探究多种材料制作泡泡水的方法，通过记录、比较、发现最适合的材料	科学		
	节水小卫士	1. 积极与同伴合作交流，完成节约用水宣传活动的讨论与策划 2. 能在生活中节约用水，树立保护水资源的意识	社会		
	音乐欣赏：《水族馆》	1. 对音乐活动感兴趣，萌发对水族馆的喜爱之情 2. 感知水族馆的美，提高对音乐节奏快慢的把握	艺术		

六、科学领域集体教学活动

活动一：水变清了

（一）活动目标

1. 能积极参加科学探索活动，感受科学探究的乐趣。

2. 初步了解污水净化的过程，能够掌握多层过滤的方法。

3. 能根据动手操作中出现的现象，大胆讲述自己的发现。

（二）活动重、难点

1. 重点：了解污水净化的过程，能够掌握多层过滤的方法。

2. 难点：根据水中不同的杂质，选择适宜的过滤工具。

（三）活动准备

1. 经验准备：幼儿有吸水、灌水的游戏经验。

2. 物质准备：水瓶、捞网、自制滤水器等。

（四）活动过程

1. 谈话导入，引出问题：怎样让雨水变干净。

（1）出示幼儿园水区积攒雨水的照片，激发幼儿兴趣。

（2）提问：昨天下了一场大雨，水区里积了许多雨水。请小朋友们想一想，怎样才能让雨水变干净呢？

2. 观察雨水，猜测雨水变清的好方法。

（1）观察并猜测方法。

（2）观察收集的雨水，水里有树叶、石头、沙子。

（3）提问：

①雨水里都有哪些杂质？

②这些杂质有什么不同？

（4）幼儿猜测：如何让雨水变清。

（5）提问：使用什么工具可以让雨水变清呢？

3. 总结方法。

（1）鼓励幼儿与同伴互相交流自己的好方法。

（2）教师小结：可以使用海绵、漏斗、自制滤水器等工具让雨水变清。

4. 滤水游戏：实验验证并分享发现。

（1）幼儿分组活动，尝试将雨水变清。

（2）展示幼儿记录的实验结果（如用手捞出叶子、用捞网捞出等）。

5. 继续探索，运用层层过滤的方法让雨水变清。

（1）提出问题，引发幼儿思考。

（2）提问：我发现小朋友们把水里大的杂质都捞出来了，那沙子等细小的杂质怎么办呢？

（3）教师做实验：出示纱布、海绵等滤水材料，引导幼儿将水层层过滤，使雨水变得更清。

（4）幼儿自主分组，尝试并分享自己的发现。

（5）小结：大的杂质可以用手、捞网等捞出；小的杂质可以用纱布、海绵等材料进行过滤，使雨水变得更清。

6. 活动延伸。

鼓励幼儿与家长在家里共同收集多种材料，并制作层层过滤的滤水器。

（王　晴）

活动二：油水分离

（一）活动目标

1. 喜欢参与探究水的科学活动，体验科学活动的有趣。

2. 能够发现水和油混合后互不相溶的现象。

3. 能够大胆表达在探究过程中的发现。

（二）活动重、难点

1. 重点：通过实验，知道水和油不相溶。

2. 难点：通过实验，感知水和油的比重不同。

（三）活动准备

1. 经验准备：在生活中有玩水的经验，对水的特性有一定的了解。

2. 物质准备：清水、牛奶、红色水、蓝色水、油各一小杯，一小碗油，红色水、黄色水、蓝色水各半杯，一盆清水，一个空盆，每位幼儿两个透明玻璃杯，一把小勺，记录笔，大记录表，标有油水标记的杯子。

（四）活动过程

1. 巩固已有知识与经验。

（1）出示水，引发幼儿探究兴趣。

（2）提问：水是什么颜色的？

（3）小结：隔着透明玻璃杯，透过水，可以清楚地看到杯子后面的物体，所以水是透明的、无色的。我们还知道水是可以流动的。

2. 出示牛奶，与水进行对比。

（1）提问：请小朋友们说一说，牛奶是什么颜色的？

（2）小结：水是无色的，牛奶是白色的。

3. 油水分离小实验。

（1）出示花生油，请幼儿仔细观察。

（2）提问：

①请小朋友们说说，老师手上的花生油是什么颜色的？

②如果让油和水混合在一起，会有怎样的变化？

4. 幼儿做油水分离的小实验。

（1）提问：往玻璃杯里倒入半杯清水，再盛一勺油，放进清水里，看看会发生什么？

（2）教师引导幼儿观察油和水混合后，水在下面，油在上面，两者不相溶。

5. 通过操作感知油和水搅拌后分离的现象。

（1）教师引导幼儿观察油和水搅拌时和停止搅拌后的现象，并做记录。

（2）提问：

①用竹签搅拌时，出现了什么现象？停止搅拌后，有什么现象？

②为什么会出现这样的现象？

③小结：油不溶于水的原因是因为油比水要轻，所以经过搅拌、静置后，水在下面，油在上面，两者不相溶。

6. 交流实验结果：

（1）幼儿自由表达，讲述自己的实验过程和结果。

（2）提问：

①你刚刚是按什么顺序把水和油混合到一起的？结果是怎样的？

②为什么油不溶于水呢？

③小结：原来不论是把油倒进水里，还是把水倒进油里，还是用筷子搅动，最后的结果都是油在上面，水在下面，它们都是分离的，油是不溶于水的。因为水重一些，它沉在了下面；而油稍微轻一些，所以就浮在了水面上。

7. 生活中的油水分离现象。

油水分离画：用油画棒在纸上作画，然后将颜料水涂满纸的表面，也就是将颜料水和油画棒的颜色混合在一起，观察能否相溶。

（何鑫宇）

活动三：运水游戏

（一）活动目标

1. 乐于参与运水的科学活动，体验操作和发现的乐趣。

2. 尝试用多种方法运水，并在游戏中感知水的特性。

3. 喜欢和同伴合作，能够大胆表达自己的观点。

（二）活动重、难点

1. 重点：尝试用多种方法运水，探索运水的方法，知道水是可以流动的。

2. 难点：探索使用不同工具和材料运水的特点。

（三）活动准备

1. 经验准备：在生活中有玩水的经验，对水的特性有一定的了解。

2. 物质准备：塑料盆、篮筐、记录板、水、小水桶、饮料瓶、海绵、勺子、毛巾、碗、叉子、纸杯、各种塑料袋、纸、药盒、药瓶、硬纸板、水杯、手绢、果冻盒、漏斗、贝壳、各种瓶盖、水杯、橡皮泥桶、玩具、笔帽儿等。

（四）活动过程

1. 谈话导入，引出主题。

（1）提问：夏天到了，幼儿园里的水区开放了。你们在玩水的时候，观察到的水是什么样子的？

（2）小结：水是无色、无味、透明的。

2. 通过玩水，自由探索。

（1）徒手运水。

①角色扮演，完成任务。

教师：今天，我们接到了一个新任务，就是把这边的水运到那边的水箱里去。我们一起用手把水捧过去吧！

②幼儿徒手运水。

③教师：水是很珍贵的，别把它漏到地上了。（引导幼儿发现把手指闭得更紧，水就漏得少一些）

④教师小结徒手运水情况，鼓励幼儿寻找更好的运水方法。

⑤提问：用手运水，水容易漏掉，而且运水速度很慢。你们有其他好办法吗？

（2）活用工具，巧妙运水，填写记录表。

①通过观察，引导幼儿思考并自由选择工具运水。

②提问：你觉得什么工具可以把水运得又快又好、不会洒水和漏水？

③幼儿通过观察、比较、操作，选择和判断出适宜且高效的运水工具。

3. 引导幼儿使用吸水材料运水。

（1）水越来越少了，观察幼儿是否会转换工具运水。

（2）提问：水多的时候，我们可以选择杯子、瓶子等工具。水变少了，用什么工具更合适？

4. 师幼互相交流探索结果。

（1）出示运水工具。

（2）提问：

①刚才运水的时候，小朋友们都用了哪些工具呢？

②哪些工具不可以运水？

③怎么用吸水材料运水？

（3）教师引导幼儿根据工具的属性分类、摆放。

（4）检查工具摆放得是否正确。

5. 活动延伸。

教师：今天，我们的任务都完成得很好。下一次，我们还要想办法把这些漏水的工具改装成可以运水的工具。

（李婉晴）

活动四：自制泡泡水

（一）活动目标

1. 能够积极动手、动脑探究，感受泡泡水制作过程的神奇。

2. 探究用不同材料自制泡泡水，发现最容易吹出泡泡的组合方法。

3. 能够大胆分享制作过程中的发现。

（二）活动重、难点

1. 重点：探究用不同材料自制泡泡水。

2. 难点：发现最容易吹出泡泡的组合方法。

（三）活动准备

1. 经验准备：对泡泡水有一定的了解。

2. 物质准备：洗涤灵、洗衣粉、水、纸杯、醋、胶水、肥皂、糖、盐、甘油、记录表。

（四）活动过程

1. 任务导入，引起幼儿兴趣。

教师："吹泡泡"的游戏很有趣，我们都很喜欢玩，弟弟、妹妹也想玩。但是，泡泡水不太多了，我们应该怎么办？

2. 制作泡泡水。

（1）大胆猜想制作方法。

（2）提问：

①我们要怎样制作泡泡水呢？

②需要哪些材料呢？

③在制作泡泡水的时候，需要注意什么？

（3）小结：你们想到了很多材料组合的方法，一会儿都可以试一试，看看哪一种组合方法制作的泡泡水吹出来的泡泡最多。

3. 幼儿分组制作泡泡水并记录。

（1）提问：

①你们制作成功了吗？遇到了哪些问题？

②你们组使用了哪些材料？

③有和他们使用材料不一样的小组吗？你们组用的什么材料？

④哪种组合方法制作的泡泡水吹出来的泡泡最多呢？

（2）小结：原来洗涤灵、甘油、白砂糖、水组合起来的泡泡水，吹出来的泡泡最多。

4. 幼儿再次尝试制作泡泡水。

（1）提问：你们有什么新发现吗？

（2）小结：洗涤灵不能放太少；沾泡泡水的时候，要将小铁圈都浸在泡泡水里；加点儿甘油，泡泡不容易破。

5. 活动延伸。

幼儿使用自己制作的泡泡水玩"吹泡泡"游戏。

（徐　露）

七、与主题相关的科学游戏案例

神奇的泡泡水

案例背景：

天气越来越热，慢慢的，幼儿园开放了水区，并开展了一系列的水游戏。因此，班里的小朋友对水游戏的热情逐渐高涨。借此，我们开展了"神奇的泡泡水"科学主题活动。

案例实录：

今天开放户外水区，小朋友们来到了吹泡泡的区域。他们打开盖子，发现泡泡水已经干了。回班后，在进行区域游戏分享时，点点举手说："老师，我今天去了吹泡泡区域，但是泡泡水都干了，我没法玩吹泡泡，后来去的弟弟、妹妹也都没法玩，大家都很失望。我们最喜欢玩吹泡泡了。"教师说："那怎么办呢？哪个小朋友帮忙想想办法？"这时，云一举手说："老师，咱们自己做吧！我看见姐姐在家里做过泡泡水。"其他小朋友也纷纷举手表明想要一起制作泡泡水。教师说："好啊，你们的想法很好，哪个小朋友知道制作泡泡水都需要什么材料？"这时，孩子们争先恐后地分享着自己知道的材料，有肥皂、洗衣粉、洗衣液、洗涤灵、白糖、洗发水、胶水。于是，根据孩子们的猜想，教师收集了一些材料，开始和孩子们商讨制作泡泡水的方法。教师说："制作泡泡水的方法有很多，哪个小朋友来跟大家分享一下他的好方法？"这时，海洋说："老师，我知道，可以拿洗涤灵，放点水就可以啦！"宽宽急忙举手："老师，我妈跟我说过，得放点白糖，这样泡泡水会黏稠一些，吹出来的泡泡多，或者放胶水也行。"

讨论结束后，小朋友们开始自主制作泡泡水。拿到材料的小朋友又疑惑起来，括括说："老师，我们要加多少水呢？"老师说："这个配比，要看你倒多少材料，你们要自己试一试。"于是，孩子们开始反复尝试，一会儿加水，一会儿加材料。教室里热闹而有序，小朋友们不断地尝试。畅畅激动地叫道："老师，你快看啊！我的泡泡水成功了。"接着，其他小朋友也一个接一个地传来成功的喜讯。他们兴奋地分享着自己制作的泡泡水。"老师，你看。我的好像大大的水晶球。""老师，你来看，我的好像棉花糖。"

我们拿上自制的泡泡水来到户外吹泡泡，还组织了一场吹泡泡比赛，看谁吹得大，看谁吹得多。孩子们的笑声吸引了很多小班、中班的弟弟、妹妹过来，他们也一起吹泡泡。只见，畅畅在和弟弟、妹妹分享他制作泡泡水的方法。他特别骄傲地对弟弟、妹妹们说："这可是我自己制作的。下次，我再做一瓶送给你，好吗？或者，我也可以教你做。"

案例分析：

孩子们对于制作泡泡水遇到的问题能够自主寻求解决办法，主动探究或寻求教师的帮助。在同伴间的问答当中，大家能积极思考，探究出制作泡泡水的方法。幼儿在玩中学，在学中玩，让学习不再是孩子们的负担，更好地体验探索的乐趣。

（胡　悦）

自制船挑战赛

案例背景：

最近，班里开展了"好玩的水"主题活动。孩子们对于多种多样的水游戏十分感兴趣，纷纷寻找关于水的游戏，带到幼儿园来，和小朋友们一起分享。今天上午，我们开展了一节关于"自制船挑战赛"的教育活动。孩子们认真地设计着自己的船，不断尝试，不断改进。最后，我们利用户外分散游戏时间开始了我们班的自制船挑战赛！

案例实录：

熙熙说："老师，快看！这是我制作的船。我把好多木棍粘在一起制作完成的。但是，放进水里总是沉下去，不能浮在水面上。"我问道："那你找到原因了吗？为什么其他小朋友的船没有沉下去呢？"熙熙说："我再试一试吧！"这时，暖暖对熙熙说："熙熙，我的船和你的不一样。我用的也是小木棍，但是我加了泡沫板，和小木棍组合在一起，可以让小船浮在水面上，不会沉下去。"熙熙看了看暖暖的船，说道："噢，我知道了，暖暖。我再去改一改吧！"这时，暖暖对我说："老师，我跟明晨用的材料一样。但是，在实验的时候，我发现我的小船没有他的快，行驶的速度好慢。我用扇子使劲地给它扇风，小船才开始加速，也不怎么快。有时候，我的小船还转圈圈儿。"我问道："刚才，我看你们做实验的时候，也发现了这个问题。你觉得是你的小船没有力量，还是什么别的原因呢？"明晨说道："我这个加了上次科技节用的发动机，所以才会这么快！"暖暖说："这样呀！我的没有加发动机，可能没有明晨的小船有力量。回家，我再改一下，争取和明晨的一样快。"

这时，比赛的第一名产生了，乐乐开心得跳了起来。我问他："你的小船是今天航行比赛的第一名，好快呀！你的小船都用了什么材料呢？"乐乐回答道："我用了一个幼儿园发的小型发动机，还用了比较轻的泡沫做船体。因为船体比较轻，发动机不费力气。你看，我的船后边还安了一个螺旋桨，因为螺旋桨转起来的时候，可以推动我的小船，快速向前行驶。"我竖起了大拇指，说道："你真棒！可以让小朋友们欣赏一下你的快速小船吗？看看还有没有能让小船更完美的改进方案。"

案例分析：

在班级开展的主题活动"好玩的水"中，结合孩子们的兴趣，我决定鼓励孩子设计并制作自己的航行船，自主寻找泡沫、水瓶等废旧材料和简单、易于操作的工具，动手制作航行船。在制作过程中，通过小组合作、同伴比赛、教师参与、互相借鉴、改进等多种方式，引导幼儿发现物体的沉浮与水之间的关系。孩子们动手、动脑，一次一次尝试、探索、改进自己的航行船，最后取得了成功。

（王　晴）